# 네로황제 연구

안희돈 지음

다락방

(사진1) 후대에 만들어진 청동제 네로의 두상이다. 네로황제는 당대에 발행된 일부 주화에 턱수염이 있는 자신의 모습을 ㅅ
기도록 하였다. 턱수염은 친부의 가문인 도미티우스 아헤노바르부스 가문을 상징한다. 전설에 의하면 공화정 초기에 라티
인과의 전투에 나선 그의 조상 루키우스 도미티우스 장군에게 카스토르와 폴룩스 신이 나타나 승리를 약속하면서 그 징표
로 그에게 구리빛 턱수염을 선사하였다. 아헤노바르부스라는 이름은 구리(ahenum)빛 턱수염(barba)에서 나온 말이다. 네
로가 율리우스–클라우디우스 왕조에 입양된 후에도 친부의 가문을 강조한 사실은, 그 가문의 여러 제위 경쟁자들과 심각
한 긴장관계에 있던 그가 자신의 입장을 강조하려는 의도로 해석된다. 머리를 층이 지게 위로 올린 스타일은 당대 로마이
들 사이에서 열광적인 인기를 누리던 전차경주기수의 머리모습이다. 이것은 원로원의원들에게는 귀족층의 위엄을 깨뜨리
는 파격이고 충격이었지만 로마평민의 입장에서는 '인민적 친근성'을 과시하면서 자신들에게 가까이 다가서려는 황제의
노력으로 여겨졌을 것이다. (폰 마트L. von Matt 소장)

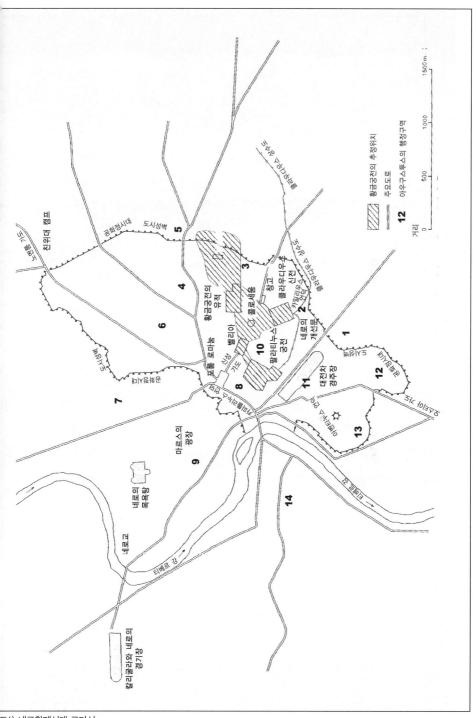

도1) 네로황제시대 로마시

(지도2) 율리우스-클라우디우스 왕조시대 로마제국(굵은 고딕체 글씨는 속주명을 나타냄)

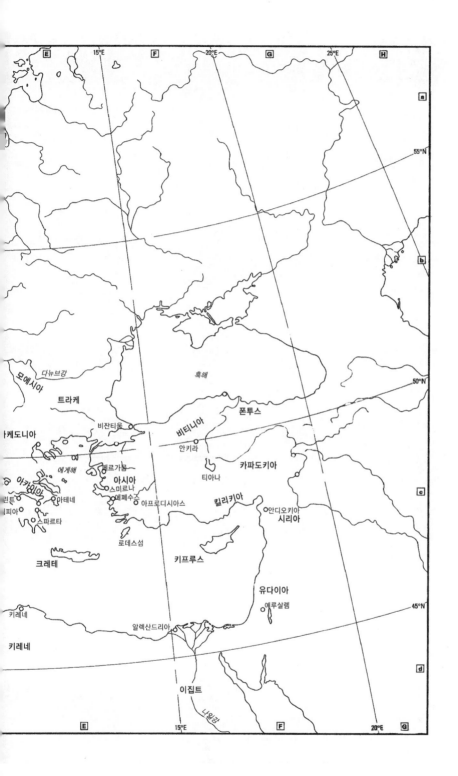

# 율리우스-클라우디우스 가계도

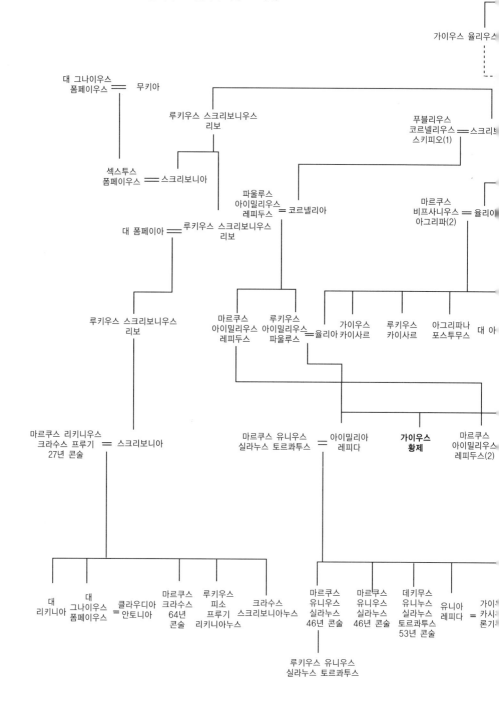

마르쿠스 아티우스
발부스
= 가이우스 옥타비우스

루키우스 도미티우스
아헤노바르부스
기원전 54년 콘술

구스투스
제(2) = (2)리비아
드루실라 = (1)티베리우스
클라우디우스
네로

옥타비아 = 마르쿠스
안토니우스

그나이우스
도미티우스
아헤노바르부스
기원전 32년 콘술

베리우스
황제 = (1)비프사니아

드루수스
클라우디우스
네로 = 소 안토니아

대 안토니아 = 루키우스 도미티우스
아헤노바르부스
기원전 16년 콘술

니쿠스
드루수스
율리우스
카이사르 = 리비아
율리아

딸? 아들? 도미티아

마르쿠스
발레리우스
메살라
바르바투스(1) = 도미티아
레피다 = (2)파우스투스
코르넬리우스
술라

리빌라
율리아 = 루벨리우스
블란두스

그나이우스
도미티우스
아헤노바르부스
32년 콘술(1)

소
= 아그리피나(4) = (2)클라우디우스 황제
= (3)발레리아 메살리나
= (2)아일리아
파이티나

스
루프리우스
크리스피누스
(1) = 포파이아
사비나(2) = 네로황제
(루키우스
도미티우스
아헤노바르부스) = (1)옥타비아

티베리우스
클라우디우스
카이사르
브리타니쿠스

대
그나이우스
폼페이우스(1) = 클라우디아
안토니아 = (2)파우스투스
코르넬리우스
술라 펠릭스
52년 콘술

루프리우스
크리스피누스

클라우디아
아우구스타

= 혼인관계 ----- 입양관계
( )안의 숫자는 상대방 배우자의 혼인횟수를 나타냄

# 네로황제 연구

**초판발행** ●───────────────────────
2004년 9월 20일

**지은이** ●───────────────────────
안희돈

**펴낸이** ●───────────────────────
김태문

**편집** ●───────────────────────
김방희

**디자인** ●───────────────────────
서혜원

**펴낸곳** ●───────────────────────
도서출판 **다락방**

1987년 12월 4일 (제10-162호)
서울시 서대문구 북아현 3동 1-546
대표전화 (02)312-2029  팩스 (02)393-8399
E-mail : darakpub@korea.com

ISBN 89-7858-041-6  03920

# 머리말

네로황제에 대하여 새로운 평가를 내리는 일이 가능할까? 너무나 악명 높은 인물이다보니 새로운 이야기를 거론하기가 부담스럽다. 인간 네로를 미화하여 말할 수는 없다. 어머니를 시해하고 이복 동생을 살해하는 등 그가 저지른 온갖 패륜적 범죄행위는 도덕적으로 변명의 여지가 없으며 비난받아 마땅하다. 그러나 개인의 행적에 초점을 맞춘 이러한 도덕적인 비판에 그쳐서는 역사 속의 네로황제를 제대로 이해하였다고 할 수 없다. 본서에서는 네로황제의 행적과 그의 치세를, 제정초기 로마사회의 정치와 문화 속에서 조명하고, 그를 통하여 로마사회에 대한 심도있는 이해를 도모하고자 한다.

남아 있는 사료 속에서 이러한 재해석을 시도하는 일은 쉽지 않다. 적대적인 태도로 서술된 문헌 사료 속에서, 네로에 대하여 새로운 평가를 내리는 일은 쉽지 않으며 어쩌면 불가능한 일인지도 모른다. 엄연히 존재하는 사료를 완전히 무시할 수는 없는 노릇이다. 결국 본서에서 시도하는 네로와 그 치세에 대한 재해석은 이러한 한계를 가질 수밖에 없다. 제기한 주장을 지지하는 근거가 미약한 경우도 있고, 다른 각도에서 필자의 주장을 반박하는 일도 어렵지 않을 것이다. 다만 이러한 논쟁을 통하여 로마제정 초기 사회에 대한 이해가 깊어질 수 있다면 본서가 목표로 한 바는 달성된 것이라고 생각된다.

필자는 박사학위논문을 토대로 하여 본서를 준비하였다. 네로황제의 치세에 대하여 주제별로 장을 구성하다 보니 네로의 치세 전반에 대하여 균형있게 서술하지 못하였다. 학위 논문에서는 네로황제의 몰락에 초점을 맞추었는데 본서에서는 그에 더하여 사료비판문제, 네로의 행적에 대한 수정주의적 해석의 문제와 그 사례들을 추가하였고, 전체적으로 내용을 재정리하였다. 주는 장별로 미주로 정리하였는데 인용문으로 제시한 경우와 논지전개상 꼭 필요한 경우에만 주를 달았다. 독자제현의 양해와 아낌없는 질정을 바란다.

　본서가 나오기까지 필자는 주위 여러분의 은혜를 크게 입었다. 로마사를 처음 공부하면서부터 지금까지, 게으르고 부족한 제자를 아낌없는 사랑으로 지도하여주시고 이끌어 주시고 계신 허승일 선생님께 감사의 말씀을 드린다. 올곧은 모습으로 역사학도가 가야할 길을 후학에게 몸소 보여 주시고 크신 사랑으로 제자를 지도하여 주시는 이원순 선생님, 윤세철 선생님, 김광수 선생님 그리고 이경식 선생님께 감사의 말씀을 드린다. 오랜 시간 지도편달의 말씀과 도움을 아끼지 않으신 김창성 선생님, 차전환 선생님, 김덕수 선생님 그리고 신상화 선생님께도 감사의 말씀을 드린다. 불초한 자식들을 위하여 한평생을 희생하시고 자식 걱정에 마음 편하실 날이 없으신 아버지 어머니께 감사드린다. 사랑과 이해로 10여년간 함께 한 아내와 건강하게 잘 자라준 아들 익균, 딸 지원에게도 고맙다는 인사를 하고 싶다. 끝으로 출판을 맡아준 도서출판 다락방의 편집부에게도 감사의 인사를 전한다.

2004. 8.　안 희 돈

# 목 차

머리말

제1장 서론 _ 14

제2장 사료 비판 : '네로 만들기'의 역사 _ 20
  1. 근대 대중매체 속의 네로  20
  2. 고대 문헌 사료 비판  25
  3. 일화의 역사적 가치 평가  31

제3장 수정주의적 해석의 대두 _ 36
  1. '네로의 5년'의 수수께끼  36
  2. 이분법적 치세 구분의 문제점  43
  3. 네로의 주연개최에 대한 재해석  51

제4장 네로 집권 후반기 정치위기 _ 58
  1. 율리우스-클라우디우스 왕조기 제위 계승의 문제점  59
  2. 원로원 세력과의 갈등  72
    1) 제정 초기 원로원의 정치적 위상
    2) 정치이념 논쟁
  3. 원로원 세력과의 대립의 심화  87
    1) 네로의 인사정책 변화
    2) 네로의 정치 탄압
    3) 칼푸르니우스 피소의 음모

제5장 네로의 친평민 정책 _ 106
  1. 네로의 '인민적 친근성'  109
  2. 문화의 보호자 네로  124

3. 네로의 그리스 여행 134

## 제6장   네로의 로마시 공공건설 사업 _ 142
1. 네로의 친평민적 재정 운영 142
2. 제정 초기 로마시 공공건설 사업의 정치적 의미 149
3. 로마시 대화재와 네로의 황금궁전 157
　1) 로마시 대화재
　2) 황금궁전의 건립

## 제7장   로마시 곡물위기 _ 172
1. 제정 초기 로마시 곡물공급 정책 172
2. 기근과 소요 사태 185
3. 로마의 곡창 아프리카 196
4. 68년 로마시 곡물위기와 네로의 몰락 210

## 제8장   '네로의 전쟁'과 네로의 몰락 _ 216
1. 가이우스 빈덱스 봉기의 성격 216
2. '네로의 전쟁' 기 군단의 동향 227
　1) 게르마니아 군단 사령관 베르기니우스 루푸스의 태도
　2) 군단의 동향
3. 클로디우스 마케르의 봉기와 네로의 몰락 251

## 제9장   결론 _ 258

미주 _ 264
참고문헌 _ 282
찾아보기 _ 297
연표 _ 303

● 표 목 차

1 네로 치하에서 정규콘술직에 오른 인물들의 신분 _ 90
2 68-235년간 원로원의원의 출신비율 _ 94
3 네로집권기 재정지출 분야의 변화 _ 143
4 율리우스-클라우디우스왕조시대 공공건설공사에 동원된 노동량 _ 145
5 베손티오전투직전 게르마니아 군단의 이동로 _ 238
6 69년 달마티아와 판노니아 속주 군단의 이동로 _ 245


● 사진목차

1 네로황제의 두상 _ 2
2 영화 「십자가의 징표」의 선전포스터 _ 21
3 영화 「쿠오바디스」의 선전책자 중에 삽입된 제품광고포스터 _ 22
4 영화 「쿠오바디스」의 한 장면 : 노래하는 네로 _ 34
5 세네카의 흉상 _ 86
6 네로시대의 주화 : 네로와 아그리피나상 _ 92
7 아프로디시아스의 부조 : 네로와 소아그리피나 _ 93
8 코르불로의 흉상 _ 102
9 폼페이시의 부조 : 제정초기 희극의 한 장면 _ 119
10 폼페이시의 벽화 : 기원후59년 폼페이시의 유혈사태 _ 131
11 네로시대의 주화 : 아폴로상 _ 133
12 네로시대의 주화 : 평화의 제단상 _ 151
13 네로시대의 주화 : 네로의 개선문상 _ 154
14 네로시대의 주화 : 야누스신전상 _ 156
15 네로시대의 주화 : 네로의 개선문상 _ 156
16 네로시대의 주화 : 대식료품시장건물상 _ 157
17 네로시대의 주화 : 베스타신전상 _ 157
18 황금궁전 중앙돔 만찬실의 유적 _ 167
19 황금궁전 중앙돔 만찬실의 모형 _ 168
20 황금궁전의 벽화 : 새의 방 _ 169
21 네로시대의 주화 : 오스티아항구상 _ 210
22 소아그리피나의 두상 _ 217
23 갈바시대의 주화 : 갈바황제상 _ 226

# 1 제1장 서론

68년 6월 9일 네로황제는, 로마시 근교에 있는 자신의 한 피해방민의 집에 피신하여 있다가, 자신을 체포하러 오는 군대의 말발굽 소리가 들려오자 자결하였다. 그의 죽음을 끝으로 율리우스-클라우디우스 황제 가문은 단절되었고, 로마는 또다시 끔찍한 내란을 겪어야 했다. 이른바 '네 황제의 해'라고 불리는 69년 한 해 동안 갈바, 오토, 그리고 비텔리우스가 제위에 올랐다가 비참한 최후를 맞이하였다. 원수정(Principatus) 체제를¹ 세우면서 로마인들이 회피하려한 공화정말기의 혼란이 다시 재연되고 만 것이다. 베스파시아누스는 그 내란의 최종 승리자가 되어 새로운 왕조를 열었다. 그는 나의 아들을 제외하고는 어느 누구도 나의 뒤를 잇지 못할 것이다라고 공언하여, 제위 세습의 원칙을 분명히 하였다. 이러한 공공연한 모습은 율리우스-클라우디우스 왕조기 정치 전통에서는 찾아보기 어려운 것이었다.

네로시대의 역사적 의미는 바로 이러한 전환기적 중요성에 있다. 즉 역사가에게 네로 치세의 의미는, 그의 개인적 성격이나 기행보다는 그가 왜 그리고 어떻게 몰락하였는가라는 물음에 답하는 데 있다.

네로황제에 대한 최초의 근대적 저서는 독일의 쉴러가 저술한 『네로 치하 로마제국사』다. 쉴러는 몸젠의 가르침을 받아서 문헌사료를 엄격하게 고증하였고 주화와 비문 등 새로운 사료를 이용하였다. 그는 네로황제의 기행보다는 그 시기 로마 세계의 객관적 상태에 대하여 연구하여 네로시대에 관한 이후의 연구에 토대를 닦았다. 그는 네로가 몰락한 이유는 그의 개인적인 범죄 행위 때문이 아니라 속주에서 일어난 빈덱스의 봉기때문이라고 주장하였다. 네로의 몰락원인을 그의 개인적인 잘못에서 찾던 기존의 해석을 극복하였다는 점에서 그의 저서는 연구사적인 의의가 크다.[2]

영국의 헨더슨은 쉴러의 견해를 수용하여 『네로황제의 생애와 원수정체제』를 저술하였다. 그는 네로가 타락한 행동을 하기는 했지만 그의 통치에 실제로 저항한 세력은 로마의 지배층 뿐이었다고 주장하였다. 그는 갈리아인들이 봉기한 이유는 네로의 범죄 행위를 응징하기 위해서도 아니고 원로원 귀족의 이익을 대변해서도 아니며 로마의 지배를 벗어나려는 갈리아인들의 민족주의적 대의를 위해서였다고 주장하였다.[3] 모밀리아노는 1934년 간행된 『케임브리지 고대사』 제 10권에서 네로에 관하여 서술하면서 네로가 군대의 지지를 얻지 못한 점을 강조하였다. 그러나 그 역시 갈리아인의 봉기를 민족주의 운동으로 파악하였고 네로가 몰락한 것은 그의 개인적인 잘못때문이 아니라 갈리아인들의 봉기때문이라고 주장하였다.[4] 즉 모밀리아노에 이르기까지 네로에 관한 학술서에서는 한결같이 네로의 몰락 원인을 빈덱스의 지도에 의한 갈리아인의 봉기로 파악하였다. 그러나 이 견해는 오늘날 수용되지 않고 있다. 빈덱스의 봉기는 갈리아인의 민족 봉기가 아니라 로마 원로원의원 빈덱스가 폭군의 학정에 반대하는 봉기였다는 견해가 대안으로 제시되었고 이 견해는 브런트의 연구에 의하여 오늘날 일반적으로 인정받고 있다.[5]

모밀리아노 이후 네로에 관한 연구서에서는 네로의 몰락 원인을, 고대 사료에서와 마찬가지로, 그의 개인적 행동에서 찾는 경향이 나타났다. 즉 네로는 사악한 행동으로 인하여 로마 지배층과 대립하였고 그 때문에 결국 몰락하였다는 논조다. 예를 들어 워밍턴은 네로는 천박하고 어리석은 행동때문에 몰락하였다고 저술하였고, 그랜트 역시 잔인하고 과대망상적 행동때문에 몰락하였다고 주장하였다.[6]

로마 제정 초기 원수정체제에 대한 그 동안의 연구는, 주로 아우구스투스 일인의 정치 업적이라는 시각에서 이루어졌고, 제정기 원로원의 위상과 로마시 평민의 지위는 제대로 평가받지 못하였다. 그러나 로마 제정 초기 궁정에서 이루어진 정치의 실상, 원로원의 정치적 위상, 평민의 정치적 역할 그리고 피호제의 기능 등에 대한 다양한 연구가 이루어지면서 원수정체제에 대한 이해가 진일보하게 되었다.[7] 이러한 연구 성과를 배경으로, 네로황제에 대한 수정주의적 견해가 최근 강조되고 있다. 수정주의자들은 고대 문헌 사료의 객관성에 대하여 강력한 의문을 제기한다. 그들은 고대 사료 저술가의 저술 의도와 그 시대 배경을 충분히 고려하면서 문헌 사료의 내용을 비판적으로 해석해야 한다고 주장한다. 엘스너와 매스터가 편집한 『네로에 대한 숙고』는 네로 시대에 저술된 저작들, 혹은 네로 치세에 관한 문학서, 역사서 등의 사료를 재검토하면서 네로 시대 정치와 문화에 대하여 새로운 해석을 시도하고 있다.[8] 이러한 수정주의적 시각은, 사료를 경시한다는 비판에도 불구하고, 네로에 대한 새로운 평가로 신선한 충격을 준다.

본서에서는 네로 당대의 주요 사건들에 대한 연대기적 서술이나, 그의 개인적 성격과 행동에 대한 전기적 설명은 지양할 것이다. 본서에서는 먼저 제 2장에서 네로 연구를 위한 기초 작업이라고 할 수 있는 사료 비판 문제를 다루었다. 이 작업은 온갖 소문과 일화, 전설 속에 파묻혀 있는 네로를 역사속에서 올바르게 파악하는 데 중요하다. 필자는 타키투스를 위시하여 네로에 관한 주요 문헌 사료들을 비판적으로 읽기 위해서 유의해야 할 점을 강조하였다. 제3장에서는 네로황제에 관한 연구에서 수정주의적 해석이 왜 필요한지 그리고 새로운 해석이 어떻게 가능한지를 실례를 들어서 소개하였다. 제4장에서는 제정 초기 원수정 체제 하에서 황제와 원로원의 위상을 살펴 보고, 네로가 당면한 정치적 긴장이 근본적으로 통치 체제의 문제에 기인하고 있음을 밝히고자 하였다. 제 5장에서는 네로는 로마시 평민을 정권의 주요 지지 기반으로 삼아 친평민 정책을 추구하였고, 특히 로마의 전통적인 피호제를 문화 영역으로 확대하여 친평민적인 모습을 강조하였음을 주장하였다. 제 6장에서는 네로 집권기 로마 정부의 재정 운영과 로마 시내 공공건설 사업은 무계획적으로 방만하게 운영된 것이 아니라 친평민 정책의 하나로서 효과적이고 용의주도하게 시행된 것임을 주장하였다. 제 7장에서는 네로황제가 로마시에 안정적으로 곡물을 공급하기 위하여 노력하였고, 친평민 정책의 일환으로 로마시 곡물공급 정책을 적극적으로 발전시켰음을 강조하였다. 마지막으로 제 8장에서는 네로의 몰락을 초래한 이른바 '네로의 전쟁'은 기원후 3세기 군대의 정치 개입과 같이 철저하게 군인 세력의 이해 관계에 의하여 좌우된 것이 아니라, 제정 초기의 정치 이념과 명분이 존중되는 속에서 원로원 신분의 인물들에 의해서 주도된 전쟁이었음을 주장하였다. 종합하여 말자하면 본서에서는 네로황제는 제정 초기 불안정한 황제의 지위 하에서 평민의 지지를 확보하고자 노력하는 가운데 원로원 세력과의 대립과 갈등을 야기하게 되었고 그로 인하여 몰락의 길을 가게 되었으며, 역사 서술을 장악한 원로원 신분과 대립하고 그들의 미움을 받았기 때문에 후세에 그 '악명'을 길이 남기게 되었음을 주장하였다.

# 제2장 사료비판 : '네로만들기'의 역사

## 1. 근대 대중매체 속의 네로

로마 황제 네로는 역사상 가장 포악하고 타락한 황제 중 한 명으로 꼽힌다. 그는 고금을 통해서 수많은 사람들의 흥미로운 이야깃거리가 되어왔다. 근대 일반 대중의 네로에 대한 이미지는 일차적으로 대중매체 속의 네로에서 기인한다. 네로에 대한 대중적 이미지 형성에 가장 큰 공을 세운 것은 영화다. 1901년 파리에서 「쿠오 바디스」(quo vadis)가 영화화된 이래, 이탈리아와 미국 등지에서 그에 관한 영화가 제작되었다.

1932년 말 미국 파라마운트 영화사는 세실 드미유 감독의 영화 「십자가의 징표」(The Sign of the Cross)를 상영하였다. 그 영화는 1944년 재상영되었는데 당시 연합국은 제2차 세계대전에서 이탈리아 본토를 공략하던 중이었다. 파라마운트사는 프롤로그를 덧붙여 영화 속의 네로를 히틀러에 비유하고 연합군의 전쟁 참여를 성전으로 미화하였다. 곧이어 로마가 연합국의 수중에 들어왔다. 파라마운트사는 개정된 「십자가의 징표」를 가지고 시장 공략에 나섰다. 그들이 당시 영화업자들에게 배포한 선전 책자에는, 급변하는 전쟁의 정세에 맞추어 영화를 정치적 목적을 위하여, 어떻게 수사적으로 이용할 수 있는지 잘 나타나 있다. 그 책자 안에 있는 선전 포스터에는 네로의 방탕한 모습이 그려져 있고, "젊은이들이여, 그대들이 가장 위대한 이야기에 영광스러운 장을 더하였도다!"라는 대담한 표제가 써 있으며, 그 위로는 십자가 형상을 한 연합군의 폭격기들이 위치해 있다(사진2). 폭군 네로에게서 로마 인민이 해방되고 기독교가 승리를 거두는 것처럼, 연합군의 '성전'에 의하여 히틀러의 독재 하에서 이탈리아인이 해방된 것으로 비유하고 있는 것이다.

이러한 심각한 비유 이외에도 드미유의 영화는 스펙타클한 장면들을 만들어 내었다. 영화 제작자들에게는 사실에 대한 과학적 검증보다는 흥행의 성공에 더 관심이 많았다. 그들은 영화의 상업성을 높이기 위하여 무대 장치와 경기장에서의

(사진2) 영화 「십자가의 징표」의 선전포스터

볼거리 등을 풍성하게 제공하였다. 마지막 격투장에서의 장면에서 거대한 규모로 늘어선 검투사, 씨름꾼, 권투선수들의 모습, 코끼리, 곰, 호랑이, 황소 등의 모습, 소녀와 고릴라의 싸움, 아마존과 피그미들의 싸움 그리고 마지막에는 굶주린 사자 앞에서 기도하는 기독교도의 모습 등이 나온다. 이어서 미국 헐리우드에서 1951년 피터

(사진3) 영화 「쿠오 바디스」의 선전책자 중에 삽입된 제품 광고 포스터

우스티노프 감독에 의하여 영화 「쿠오 바디스」가 제작되었다. 「쿠오 바디스」는 커다란 상업적 성공을 거두었고, 1950년대 미국에서 네로는 사치와 소비주의를 상징하였다(사진3).

영화 속의 네로가 제작자들에 의해서 순수하게 창작된 것은 아니었다. 제작자들은 19세기에 쓰여진 역사소설 중에서도 특히 셴키비치의 소설 『쿠오 바디스』에 기초하였다. 19세기 유럽에서는 비종교적인 태도가 만연해 있었다. 당시 유럽의 역사 소설은 이러한 사회 분위기에 맞서기 위해서, 로마 제국을 배경으로 하여 초기 기독교도의 고난과 이상을 많이 다루었다. 폴란드의 셴키비치가 지은 소설 『쿠오 바디스』는 이러한 배경에서 등장하였다. 『쿠오 바디스』는 1894-1896년 동안 「가제타 폴스카」(Gazeta Polska)라는 신문에 연재된 소설로 이후 여

러 나라 말로 번역되어 국제적인 성공을 거두었다.

센키비치는 고대 문헌뿐만 아니라 여러 역사서를 참고하였다. 그는 특히 르낭(Ernst Renan)의 『기독교 기원의 역사』(History of the origins of Christianity)를 기초로 하여 저술하였고, 특히 르낭의 저서 제4권에 근거하여 네로를 묘사하였다. 제4권은 '적크리스트' (anti-christ)라는 부제가 붙어 있다. 즉 르낭은 타키투스 등 고대 이교도가 전하는 네로에 대한 묘사를 거부하고 초기 기독교의 종말론에 관한 문헌에 나오는 네로의 모습을 받아들였다.

네로를 적크리스트로 여기는 태도는 아마도 기원후 60년대 혹은 90년대에 기록한 것으로 추정되는 『요한계시록』에 나타난다. 『요한계시록』의 저자는 당시 퍼져있던 네로가 돌아올 것이라는 소문을 수용하여, 부활한 크리스트에 대한 악마의 대응물로 네로를 묘사하였다. 그러나 네로를 적크리스트로 보는 이러한 태도는 점차 약화되었고 기원후 5세기 이후에는 기독교 저술에서도 사라졌다.

19세기 말에 르낭은 이러한 이야기를 다시 부활시켜서 『요한계시록』은 『네로의 서』라고 주장하였고 『요한 계시록』에서 다룬 주제에 대한 설명서로서 자신의 저서 제4권을 구성하였다. 그는 네로의 몰락에 대한 역사를, 기독교 신앙과 로마 황제권력 사이의 투쟁으로, 크리스트와 적크리스트 사이의 투쟁으로 그리고 네로와 순교자 베드로와 바울 사이의 투쟁으로 묘사하였다. 르낭에 이어서 센키비치는 초기 기독교 교부들에게서 나온 순교자에 대한 전설을 가지고 자신의 소설을 윤색하였다. 그는 당시 유럽의 비종교적 분위기에 맞서서 기독교 윤리를 강조하고 기독교 독자들에게 어필하기 위하여 이야기 속에 베드로와 바울의 순교 이야기를 네로 치세에 있던 것으로 저술하였다. 그는 기원후 2세기 이후 활약한 클레멘스, 테르툴리아누스, 유세비우스 등 기독교 저술가들이 전하는 전설을 근거로 하여 서술하였다.

센키비치의 소설에 대하여 당대 논평가들은 소설에 나오는 네로의 몰락과 기독교의 승리는 기독교를 위한 변론일 뿐만 아니라 당대 현실 속의 애국적인 태도를 비유적으로 보여주는 것이라고 해석하였다. 예를 들어 소설에 나오는 여주인공인 리기아(Lygia)와 충실한 노예인 우르수스(Ursus)를 각각 폴란드와 폴란드 인민으로 해석하였고, 리기아를 해치려한 야수를 독일과 러시아 그리고 오스트리아를 상징하는 것으로 보았으며, 우르수스가 야수의 공격에서 리기아를 구출한다거나 또다른 '야수'인 네로가 몰락하는 모습 등은 19세기 유럽의 여러 제국들의 침략으로부터 폴란드 인민이 결국 폴란드를 지켜낼 것이라는 믿음을 상징한다고 여겼다.

소설속의 이러한 비유적 해석은 네로에 관한 영화가 나오면서 더욱 발전하였다. 소설의 인기가 높아지면서 네로를 적크리스트, 난잡한 난봉꾼, 로마시 방화자, 최초의 기독교 박해자 그리고 인민의 힘에 의해 무너진 폭군의 상징으로 여기는 신화가 널리 확산되었다. 출판 후 소설은 베스트셀러가 되었고 1905년 센키비치는 노벨 문학상을 수상하였다.[9]

대중 매체 속에서 만들어지는 이러한 네로의 모습을 통해서 우리는 고대 사료들이 허락하는 범위 내에서, 때로는 상상력을 동원하면서, 사람들은 자신들이 원하는 네로의 모습을 만들고 싶어한다는 것을 알 수 있다. 헐리우드 영화의 강력한 매력을 통해서 네로의 신화는 많은 이들에게 볼거리를 제공하면서 널리 전파되었다.

## 2. 고대 문헌 사료 비판

네로의 원수정에 관하여 남아 있는 문헌 사료로서 대표적인 것은 타키투스의 『연대기』, 수에토니우스의 『황제 전기』 중 '네로' 편 그리고 카시우스 디오의 『로마사』가 있다. 그 중에서도 가장 오래되고 중요한 사료로 꼽히는 것은 네로가 죽은 후 약 50년이 지난 뒤에 타키투스에 의해서 쓰여진 『연대기』다. 타키투스는 97년 콘술을 역임하였고 112년 아시아의 총독을 지냈다. 그는 자신의 생애 마지막 20년 동안에는 관직에 오르지 않아 저술활동에 몰두할 수 있었다. 『연대기』는 저서 말미의 권들이 분실되어 온전하게 전하지 않으며 남아있는 권들은 황제 티베리우스가 즉위한 기원후 14년부터 네로가 죽기 2년 전인 66년까지를 다루고 있다. 타키투스의 이 저서는 해당 시기에 대한 근대 서술의 기초를 이루는 것이며 네로에 대해서도 마찬가지다. 타키투스를 이처럼 높이 평가하는 이유는 그의 서술 태도가 근대적 역사학과 많이 닮았기 때문이다. 그는 애매한 풍문, 즉 일화를 사료로 이용하기를 거부하였고 아첨과 증오를 모두 배격하는 비판적 저술가의 모습을 보여주었다.[10] 또한 그는 인과 관계를 중시하는 서술을 할 것이라고 주장하였고 폭군 하에서 살아간 사람들의 도덕적 타락이라는 테마를 비교적 일관되고도 비중있게 다루었다. 그러나 타키투스에 대한 이러한 긍정적 평가는 어디까지나 상대적인 것임에 유의해야 한다. 타키투스 역시 고대의 일반적인 역사 서술 경향에서 크게 벗어날 수는 없었다.

네로에 대한 『연대기』의 내용은 제13권 초반부에서부터 시작된다. 그러나 타키투스 자신도 밝히고 있듯이 『연대기』는 지금은 전해지지 않는 또다른 원사료를 근거로 하고 있으니, 네로 시대에 직접 살았고 이후 플라비우스 왕조하에서 저술활동을 한 플리니우스(Gaius Plinius Secundus), 루푸스(Cluvius Rufus) 그리고 루스티쿠스(Fabius Rusticus) 등의 역사서가 그것이다.

일명 노 플리니우스로 불리는 가이우스 플리니우스 세쿤두스는 자신이 저술한 『자연사』와 그의 조카 소 플리니우스가 쓴 『서한집』을 통하여 알려져 있다. 그는 총 31권으로 된 역사서를 저술한 것으로 알려져 있는데 전해오지 않는다. 그는 위 3인 중에서도 가장 맹렬하게 네로를 비난하였다. 그는 네로에 의해서 직접 탄압을 당하였고 이후 플라비우스 왕조의 대의를 열렬하게 지지하였다. 그 왕조의 황제들은 갈바의 후계자임을 자임하면서 네로 치세를 거칠게 비난하였다. 네로에 대한 혹평은 새로운 왕조의 정당성을 확보하기 위하여 필수적이었다. 그들은 귀족층을 안심시키기 위하여 네로와는 다른 정치를 할 것임을 내세웠다. 그들은 율리우스-클라우디우스 왕조를 비난하면서, 다른 한편으로는 자신들이 미미한 기사신분 출신임을 숨기려고 노력하였다. 노 플리니우스는 네로를 '인류의 파괴자' '세계의 독약'이라고 표현하였다. 『자연사』를 통해서 알 수 있듯이, 그는 사실 확인에 소홀한 채 풍문을 무비판적으로 수용하였고, 인기에 영합하는 일화를 마다하지 않았다. 베스파시아누스에 대한 열렬한 지지자로서 그가 남긴 네로에 대한 저술은 철저하게 적대적인 내용이었을 것이다.

루푸스는 네로 치세에 콘술을 역임하였고 오랫동안 네로의 '친구'이자, 궁정 써클의 일원이었다. 그럼에도 불구하고 그는 갈바 정권하에서 속주 히스파니아 타라코넨시스의 총독을 역임하였고, 69년 내란기에 처음에는 오토를 지지하다가 나중에 비텔리우스에게 넘어갔으며 이후 다시 플라비우스 왕조 하에서도 살아 남았다. 그의 저서인 『역사」가 어떤 것이었는지는 전혀 알려진 바가 없지만, 정치적 줄타기의 명수로서 그가 플라비우스 왕조 하에서 저술한 저서에서 네로에 대하여 좋게 기록하였을 리 없다.

루스티쿠스는 세네카와 마찬가지로 스페인 출신으로 그의 후원에 힘입어 공직의 경력을 쌓았으며 기원후 2세기에 명성을 날렸다. 타키투스는 그를 찬양하였고 소 플리니우스는 그에게 문학 공부를 배웠다. 그는 자신의 보호자(patronus)인 세네카 그룹의 이념을 옹호하였고 그를 열렬하게 찬미하였다. 그는 75년에서 85년 사이 언젠가에 『역사』라는 제목의 역사서를 저술한 것으로 알려져 있는데 지금은 전해오지 않는다. 아마도 그는 그 저서에서 세네카를 죽음으로 몰아넣은 네로를 맹렬하게 비난하였을 것이다.

타키투스의 저술과 수에토니우스, 카시우스 디오 등 다른 저술가들의 서술에는 차이점도 있지만 유사한 내용들이 많이 있으며 심지어 어느 경우에는 표현 어구까지 같은 경우가 있다. 후대의 인물인 수에토니우스와 디오가 각각 타키투스의 저서를 보지 않고 독립적으로 저술하였다는 것이 인정됨에 따라 그들도 타키투스가 이용한 원사료를 함께 본 것으로 여겨진다. 그외에도 타키투스는 자신이 직접 밝히고 있지는 않지만 네로 당대의 인물들이 남긴 회고록, 공식 기록문 등을 이용하였을 가능성이 있다. 네로 시대의 장군 도미티우스 코르불로와 수에토니우스 파울리누스 외에도 네로의 생모 아그리피나도 회고록을 저술한 것으로 알려져 있다. 네로 당대에는 당연히 그를 칭송하는 글이 있었겠지만 전해오지 않고 있다. 네로 시절 저술가들에 대하여 요세푸스는, "일부 사람들은 황제에게 아첨하고 일부 사람들은 증오심에서 거짓말을 하고 있다."고 평하고 있는 바, 그에 대한 다양한 평가가 당대에 있었음을 보여준다.

　타키투스는 중세 동안 사람들로부터 무시되었다. 그의 세속적인 저술 태도는 기독교적 도덕론의 입장에서 이용하기가 어려웠다. 다른 한편으로 그는 당대 로마사회의 도덕적 타락을 비난하기는 했지만 기독교적 관점이 아니라 반(反)기독교적인 로마의 도덕성에 기반하였다. 따라서 타키투스의 저작은 이상적인 도덕성을 위한 모델로나 급진적인 계시적 사고를 위한 근거로도 사용되기 어려웠다. 결정적으로 타키투스는 기독교인들을 타락한 자들이라고 심하게 비난하였다.

　그러나 타키투스의 저서는 르네상스기에 들어서 즉, 15세기 이탈리아의 인문주의자들인 브루니(Leonardo Bruni), 비온도(Flavio Biondo), 발라(Lorenzo Valla) 등에 의해서 자주 이용되었다. 16세기 말에 이르러서는 타키투스에 대한 관심이 소규모 써클을 넘어서서 하나의 운동으로 유행처럼 사람들 사이에서 퍼져나갔다. 이러한 문화 운동은 약 100 여년 동안 지속되었는데 이것을 타키투스주의라고 한다. 사람들은 스타일리스트로서, 역사가로서, 도덕론자로서 그리고 뛰어난 정치가로서 타키투스의 면모에 대하여 커다란 관심을 보였다. 타키투스에 대한 사람들의 이러한 열광은 역사서술 분야에도 영향을 끼쳤다. 즉, 사람들은 자신들이 생각하는 타키투스의 역사 서술 태도를 모델로 삼았고 그 결과 자신들의 정치적 입장과 도덕적 태도가 크게 반영된 저서들이 등장하였다. 사람들은 타키투스의 드라마적인 내러티브를 추종하였고 원인과 동기를 밝히고 그것들을 심도있게 분석한 타키투스의 역사 서술을 찬양하였다. 루비에는 우리가 타키투스를 통하여 네로를 파악하는데 이러한 타키투스주의가 또하나의 굴절로 작용하고 있음을 주장하였다. 즉, 타키투스주의에 의하여 저술가의 정치

적, 도덕적 입장이 크게 개입된, 네로에 관한 서술이 나오게 되었다.[11]

역사란 흔히 승리자의 선전이라고 이야기된다. 로마의 경우도 이 점은 예외가 아니었으며 로마인들이 저술한 역사서들은 철저하게 자신들의 입장을 정당화하고 있다. 로마인들의 이러한 태도를 잘 보여 주는 것이 리비우스다. 그는 로마 공화정과 원수정의 등장에 대하여 설명하면서 이러한 로마인의 자기 합리화를 잘 보여 주었다. 역사서는 대부분 원로원 귀족 출신의 인물들이 저술하였고 그들의 이해 관계와 생각을 반영하였다. 고대의 역사가들의 주요 관심사는 정치였고 따라서 그들을 편견에 빠지게 하는 주요 원인도 그들의 정치적 입장이었다. 타키투스는 당대의 정치 체제인 원수정에 대하여 이중적인 생각을 가지고 있었다. 즉, 그는 감상적으로는 공화주의자였지만 피비린내 나는 내란을 피하기 위해서는 원수정이 불가피하다는 점을 인정하였다.[12]

제정기에 들어서도 여전히 역사 서술은 제한된 상층 신분의 인물들이 저술하였다. 그러나 공화정기와는 다른 제정기의 정치적 상황으로 인하여 역사 서술은 원로원신분과 황제 사이의 쓰디쓴 대결을 주요 주제로 삼게 되었다. 즉, 제정 초기의 역사 서술은 승리자의 선전이라기보다는 황제의 권력 하에서 억압당한 희생자들의 자기 선전이 주류를 이루었다.

이러한 정치적 당파성 이외에도 우리는 고대 저술가들의 글쓰기에 나타나는 수사학적 경향을 인식하고 있어야 한다. 서양 고대 세계의 학문과 교육의 왕좌의 자리를 굳게 지킨 것은 수사학이었다. 고대 로마의 학교에서 역사는 독립된 교과목이 아니었다. 그것은 문법학교에서 문학 작품을 공부하면서 간접적으로 학습되거나 수사학 학교에서 모의 연설을 위한 소재로 취급되었다. 로마제정기에 들어서 수사학은 문화 전반에 확산되었고 역사가들의 저작도 마찬가지로 수사학의 영향을 받았다. 로마의 역사가들은 저술 속에 등장하는 여러 인물이나 사건에 관하여 칭찬과 비난이 필요할 때마다 수사학교의 연설기법을 활용하였다. 타키투스는 젊어서 훌륭한 연설가였고 수사학에 상당히 심취해 있었다. 그는 상투적인 수사학적 표현을 많이 사용하였고 때로는 그 때문에 연대상의 중대한 착오를 범하기도 하였다. 예를 들어, 『연대기』에서 브리튼 섬에서 일어난 부디카의 반란을 설명하면서 수사적 효과를 얻기 위하여 그 시기를 잘못 설정하는 중대한 오류를 범하고 있다.[13] 네로에 대한 그의 설명에도 이러한 수사학적 기술이 발휘되고 있음을 우리는 주의해야 한다.

고대 역사서는 연설문 조로 저술하는 것이 보통이었다. 연설문조의 저술이란 수사학의 규칙들과 조화를 이루면서 순서가 잡히고 예술적으로 구성된 전체를 만들어내는 서술을 의미한다. 그들은 수십 년, 수백 년 전의 이야기를 하면서 주요 인물의 연설을 마치 자신이 직접 들은 것처럼 전한다. 이러한 연설문조 저술은 신빙성이 의심스럽다. 그러나 그들은 독자의 여론을 올바르게 선도하여야 한다는 책임감에서 그러한 서술을 마다하지 않았다.

고대의 역사가들에게 수사학 못지 않게 큰 영향을 끼치면서 역사와 가까운 거리에 있던 분야는 문학이다. 투키디데스 이래 고전 고대의 일부 역사가들은 이러한 경향에 반대하면서 문학과 역사의 차이를 강조하였다. 그러나 호메로스의 서사시적 전통은 직접적으로 혹은 간접적으로 고대 세계의 대부분의 역사서술에 영향을 주었고, 비극시도 역사 서술에 커다란 영향을 주었다. 고대 역사가들은 종종 사실적 정확성보다는 일반적인 '시적 진실'을 선택하였다. 역사적 사실의 기록을 강조한 타키투스에게도 이점은 예외가 아니었다. 심지어 그는 로마의 몇 안되는 위대한 시인들 중 한 명으로 설명되기도 한다.[14]

## 3. 일화의 역사적 가치 평가

고대의 역사 저술가들은 역사적 사실의 기록을 염두에 두면서도 문학과 가까운 관계를 유지하였다. 특히 그들은 독자에게 즐거움을 제공하고 교훈을 제공하려는 목적을 항시 염두에 두고 있었다. 이러한 배경에서 고대의 역사서에 빈번하게 등장하는 것이 바로 일화(anecdotes)다. 사전적인 의미로 일화란 '별도의 한 사건(incident)에 대한, 즉, 단일의 한 사건(event)에 대한 내러티브로서, 그 자체로 흥미롭거나 충격적인 것으로 이야기되는 것'이다. 즉, 일화에는 두 가지 요소가 필수적인 바 첫째, 일화는 내러티브적 요소를 가지고 있어야 한다는 점이다. 그러므로 단순한 격언은 일화라고 할 수가 없다. 둘째, 일화는 별도로 분리된 하나의 사건이어야 한다. 그러므로 그보다 긴 역사의 내러티브들은 일화라고 할 수 없다.

네로는 센세이션하고 적대적인 내용의 여러 일화를 통하여 비난의 대상이 되었다. 사료로서 일화의 가치를 어느 정도 인정하여야 하는가? 일화에 대한 기존의 평가는 커다란 변동을 겪어왔다. 20세기 초까지 일화는 사료로서 역사 연구자들로부터 외면당하였다. 그들은 일화란 정해진 형식이 없으며, 담화자들이 상상력을 발휘하여 이야기를 꾸미려하기 때문에 내용이 들쑥 날쑥하다는 점 등을 들어서 일화를 사용하지 말 것을 경고하였다.

로마 제국사를 연구하는 일부 연구자들은, 정치에 관한 담화들이 무시하고 있는 사회, 경제 그리고 행정적인 세부 사항들을, 일화를 이용하여 재구성하였다.[15] 특히 밀러의 저서는 사료로서 일화의 가치에 대한 논쟁을 불러 일으켰다. 밀러의 『로마세계에서 황제』에 대한 논평에서 맥뮬런 교수는 황제의 지위는 공식적인 규칙과 절차들에 의해서 고도로 구조화된 것이 아니었으므로, 일화는 추상적으로 혹은 형식적으로가 아니라 생생하게 황제를 묘사하는 데 도움을 준다고 주장하였다. 맥뮬런은 일화는 '가능성의 범주를 드러내어 주기 때문에' 타당성을 지닌다고 주장한다. 그러나 본질상으로 일화는 일상적이지 않은, 즉 충격적인 사실을 대상으로 삼는다. 따라서 일화를 통하여 당대의 사회 모습을 파악하는 데 우리는 세심한 주의를 기울일 필요가 있다.

샐러는 보다 조심스럽게 일화의 사료로서의 이용 가능성을 설명하였다. 즉, 그는 일화를 보다 깊고 넓게 이해한 후에 조심스럽게 사용한다면 당대 사람들의 태도와 이데올로기를 밝힐 수 있는 귀중한 증거가 될 수 있으며, 일화를 통하여 로마인들의 도덕적이고 권위적인 심성구조를 밝힐 수 있다고 주장하였다.

로마 사회에서 일화의 신빙성을 알아보기 위해서는 그것이 어떻게 만들어지고 전달되었는지를 알아볼 필요가 있다. 그러나 일화를 처음 만들어낸 사람이 누구인지, 그리고 그것을 전하는 사람이 꾸며낸 것인지, 변경을 가하였는지 등을 밝히는 일은 어렵다. 일화들이 말해지고 다시 말해지는 상황들은 한담에서 공식 문헌에 이르기까지 다양하였다. 샐러는 일화가 만들어지고 유통되는 과정을 여섯 단계로 나누어 분석하였다. 그에 따르면 일화는 처음에는 한담이나 만찬석상의 이야깃거리로서 흔히 시작되었고, 모의연설(declamationes)의 '실례'

(exempla)로서 옮겨져 사용되었다. 실례는 모의연설에서 사용되는 작문상의 전형적 소재를 말한다. 실례가 실제 사실에 부합하는지는 문제가 되지 않았다. 따라서 그것은 상투적인 모습으로 나타났는데 예를 들어, 세네카의 철학 저서들에는 로마 황제들에 대한 판에 박힌 설명이 잘 나타나 있다.[16]

일화는 문헌 전승에 포함된 이후에 고물 애호가와 전기작가에 의해서 채택되어 이용되었다. 그들은 이야기의 흥미를 더하고 자신의 박식함을 과시하기 위하여 이야기를 다시 꾸몄다. 결국 일화는 듣는 이에게 흥미와 도덕적 교훈을 줄 목적으로 만들어진 것으로, 그 발생 근원과 유통 · 발전 과정을 생각해 볼 때 사실성의 면에서는 매우 부족한 것이다. 수에토니우스의 『황제전기』(De Vita Caesarum)와 『황제사』(Scriptores Historiae Augustae)는 이러한 부류의 저작이다.

특히 수에토니우스의 『황제전기』는 전기물이기 때문에 신빙성에서 더욱 떨어진다. 고대의 전기물은 역사에서 개인의 역할을 지나치게 강조하고 사실을 과장하거나 왜곡하는 경향을 보여, 신빙성은 더욱 떨어질 수 밖에 없었다. 독자들은 정치사에서와는 달리 전기물에서 주인공의 교육, 사랑 그리고 성격 등에 대해서 알고자 한다. 그러나 이러한 내용은 전쟁과 정치 등에 관한 이야기보다 기록으로 전해오기가 어려웠다. 결국 전기작가들은 독자들을 만족시키기 위하여 허구에 의존해야 했다. 일화는 이러한 전기작가의 구미에 잘 들어맞아 그들은 일화를 열심히 이용하였고, 수에토니우스는 황제들의 성격묘사를 위하여 일화를 이용하였다. 예를 들자면, 수에토니우스는 칼리굴라의 잔인성을 일련의 스토리들을 가지고 설명하고 있다. 후술하겠지만 64년 로마의 대화재와 관련하여 네로가 방화하였다거나, 불타는 도시를 보면서

리라를 연주하면서 노래를 불렀다는 이야기는 수에토니우스의 일화에서 기인한 것들이다(사진4).

이에 비하여 타키투스는 일화를 많이 이용하지 않았다. 그러나 인물의 묘사에서 타키투스도 고대 전기작가들의 과장된 표현을 일부 사용하고 있다. 네로의 어머니인 소 아그리피나와 네로의 두번째 부인인 포파이아의 역할을 그는 지나치게 강조하였고, 코르불로와 장인인

(사진4) 불타는 로마시를 내려다 보면서 노래하는 네로 : 영화 「쿠오 바디스」 중에서

아그리콜라의 모습은 과장하여 이상적으로 표현하였다.[17] 특히 자신의 장인인 아그리콜라에 대한 서술이 그러하였다. 이것은 저술을 통한 타키투스의 자기 변명일 수 있다. 타키투스는 폭군 도미티아누스의 치하에서 많은 원로원 귀족들이 죽음을 당하는 상황을 겪으면서 출세의 길을 갔다. 이러한 자신의 행동에 대해서 그는 양심의 가책을 느끼면서 자신의 행동을 변호하고자 하였을 것이다.[18] 그리하여 그는 폭군 하에서 맞서서 저항하다 죽는 길보다는 폭군 하에서도 자신의 길을 꿋꿋하게 간 아그리콜라를 이상적인 인물로 강조한 것이다.

# 3장 제3장 수정주의적 해석의 대두

## 1. '네로의 5년'의 수수께끼

네로의 치세에 대한 평가와 관련하여 우리의 관심을 끄는 문헌 사료 상의 한 언급이 있다. 그 언급은 기존 평가를 고려해 볼 때 매우 기이한 것이며, 특히 현제로서 칭송을 받고 있는 트라야누스 황제가 그러한 언급을 하였다는 점에서 더욱 그러하다. 이른바 '네로의 5년' (quinquennium Neronis)이 그것이다. 많은 역사가들이 이 문제를 두고 많은 논란을 벌였지만 그것은 '풀리지 않는 수수께끼'로 여겨져 왔다.

네로에 관한 주요 문헌 사료인 타키투스, 수에토니우스 그리고 디오 등의 저술에서 '네로의 5년'이 언급되지 않는 점은 주목된다. 타키투스와 디오 모두 네로를 비방하는 데 여념이 없었으므로 '네로의 5년'에 대해서 언급하지 않았을 것이다. 사료를 살펴보자.

그는 단순한 젊은이로서(adolescens) 자신의 양부(養父)와 같은 햇수 동안 통치하면서도, 5년 동안(quinquennium) 특히 그 도시를 향상시키는 (augeo) 일에서 매우 훌륭한 업적을 남겼다. 트라야누스는 어느 다른 황제도 네로의 5년에(Neronis quinquennio) 미치지 못한다고 종종 말하였는데 그것은 올바른 판단이었다. 그 이외에도 그 기간 동안 그는 폴레몬(Polemon)의 허가 아래 폰투스를 속주의 지위로 낮추었고, 그의 이름을 따서 폰투스 폴레모니아쿠스라고 불렀으며, 또한 국왕 코티우스(Cottius)가 죽자 속주 코티우스의 알프스를 만들었다. 따라서 다음과 같은 사실이 분명해지는 바 즉, 젊다는 것은 덕을 갖추는 데 방해가 되지 않는다는 점 그러나 방종에 의하여 인품을 망친다면 덕은 쉽게 타락한다는 점 그리고 젊음의 법칙이라고 불릴 수 있는 것이 무시된다면, 그것은 더욱 심각한 재앙으로 바뀔 것이라는 점 등이 그것이다. 그는 그렇게 치욕스럽게 남은 생을 허비하였다……[19]

위 구절에서 'augeo'는 '증가시키다', '확장시키다'라는 의미보다는 '향상시키다'는 의미로 보는 것이 적당하다. 네로 치세 동안 로마시 신성경계선(pomerium)이 확장된 일이 없기 때문이다. 빅토르의 글을 요약한 익명의 인물이 쓴 두번째 구절은 다음과 같은 방식으로 같은 내용을 말하고 있다.

도미티우스 네로는 도미티우스 아헤노바르부스와 아그리피나의 아들로서 13년동안 통치하였다. 그의 '5년' 동안 그의 통치는 견딜 만 하던 것 같다. 그러한 근거에서 일부 저술가들은, 트라야누스는 다른 어느 황제의 치세도 '네로의 5년'에는 미치지 못한다고 종종 말한 것으로 전한다. 그는 그 도시에 격투기장과 목욕탕을 세웠다. 그는 폴레몬의 허가 아래 폰투스를 속주로 만들었고 그의 이름을 따서 폰투스 폴레모니아쿠스라고 불렀으며, 마찬가지로 국왕 코티우스가 죽은 후 코티우스의 알프스라고 불리는 속주를 만들었다. 네로는 나머지 생애를 창피스럽게 살았으므로 그런 인격의 소유자를 기억하는 것은 부끄러운 일이다.[20]

두 번째 인용문에서 요약자는 그 도시의 개선과 관련하여 보다 구체적인 빅토르의 진술을 전하고 있다. 즉, 그는 도시의 개선된 모습들로 격투기장, 공중 목욕탕 등 건축에 관련된 요소를 강조하고 있다.

'네로의 5년' 즉, 네로의 덕치 5년이란 실재하였는가? 실재하였다면 네로가 즉위한 기원후 54년부터 그가 몰락한 68년까지의 해들 중에서 과연 언제를 가리키는가?

참고로 네로에 관한 주요 사건들을 정리해 보면 다음과 같다.

### 〈네로 원수정기의 주요 사건〉

| 연도(기원후) | 사 건 |
|:---:|---|
| 37 | 네로 출생하다. |
| 49 | 클라우디우스에 의해 양자로 채택되다. |
| 53 | 옥타비아와 혼인하다. |
| 54 | 황제가 되다. |
| 54 | 아르메니아 전쟁이 시작되다. |
| 59 | 어머니 아그리피나를 시해하다. |
| 60 | 브리튼에서 부디카의 반란이 일어나다. |
| 62 | 부루스가 죽고 세네카가 공직에서 물러나다. |
| 62 | 옥타비아를 죽이고 포파이아와 혼인하다. |
| 64 | 로마의 대화재가 일어나다. |

| 65 | 피소의 반역 음모가 적발되다. |
|---|---|
| 66 | 티리다테스가 로마를 방문하다. |
| 66 | 네로가 그리스를 여행하다. |
| 68 | 빈덱스와 갈바가 반란을 일으키고 네로가 몰락하다. |

위의 연표를 보면 그가 즉위하고 나서 처음 5년을 가리키는 것으로 보인다. 그러나 문제는 그렇게 볼 경우 내용상 모순이 발생한다는 점이다. 문헌, 주화, 비문 등 다른 증거를 통해서 볼 때, 인용문에 나오는 두 속주는 63년과 64년 사이에 병합되었다. 그 시기는 네로 집권기 처음 5년에서 4년 내지 5년이 지난 후다. 또한 네로의 건설 프로그램은 주로 치세 말기에 집중되어 있으며 처음 5년 동안에는 거의 진행되지 않았다. 즉, 처음 5년 간을 '네로의 5년'으로 보아서는 건설 활동 및 대외 정복 활동과 시간상으로 맞지 않는다.

그럼에도 많은 연구자들은 '네로의 5년'을 집권 초기 5년으로 파악하였다. 그들은 처음 5년 동안 네로는 그의 강력한 두 조언자인 세네카와 부루스의 조언을 받아가면서 훌륭하게 통치를 하다가, 그들의 영향력이 사라진 치세 후반기에는 본색을 드러내어 포악하고 수치스러운 삶을 살았다고 생각하였다. 그들은 네로의 치세에 대한 타키투스의 이분법적 구분에 맞추어 '네로의 5년'을 해석하였다. 타키투스는 원로원 귀족의 입장을 대변하였고 세네카를 미화하여 묘사하였으며 따라서 그의 지도를 받은 네로 치세 전반기를 후반기와 분명하게 대조하여 서술하였다. 헨더슨은 초기 네로 정부에 대하여 다음과 같이 논평한다.

> 황제 트라야누스는 '네로의 5년'은 -즉 네로의 원수정 통치의 처음 5년은 -
> 어느 다른 황제의 정부보다 우월하였다고 종종 말하였다···우리는 그 칭찬을
> 외교 분야에 한정할 수 없을 것이다. 왜냐하면 외교 분야에서는 네로의 치세
> 처음 5년 동안에는 그러한 찬사를 끌어낼 만한 업적을 거의 이루지 못하였
> 기 때문이다.[21]

즉, 헨더슨은 '네로의 5년'이 외교분야에 국한된 칭찬이 아니라고
하면서도 그것은 그의 치세 처음 5년이라고 보았다. 그 이후 이러한
견해는 오랫동안 지배적이었다. 모밀리아노는 네로 치세 초기의 경제
정책은 세네카와 부루스가 주도한 것이었고 따라서 그에 대한 칭찬은
그들의 현명함에서 나온 것이라고 말하였다. 그들은 황제의 권력과 위
신을 높이기 위하여 노력하였고, 정의와 경제적 번영에 기반하여 황제
가 권력을 행사하기를 희망하였다.[22] 워밍턴은 네로의 재정 정책은 두
시기로 나뉘는 바, 첫 시기는 일반적으로 조심성있던 시기이고 두번째
시기는 여러 요소들로 인하여 네로가 타락하게 된 시기라고 말한다.
그는 첫 시기동안에는 세네카의 재정적인 재능과 부루스의 풍부한 경
험이 효과를 발휘한 시기였다고 말한다.[23] 그랜트 역시 마찬가지 견해
를 보인다. 그는 세네카와 부루스가 통제하던 때에는 전체적으로 근면
하고 올바르며 자비로운 통치가 이루어졌다고 말한다.[24] 머레이도 같은
견해를 보이면서 특히 트라야누스의 언명 뒤에는 스토아 철학자들이
그 배경으로 존재한다고 말하였다. 그는 다음과 같이 말한다.

> '네로의 5년'의 언급이 나오게 된 주요 목적은 네로를 훌륭한 통치자로 내세
> 우려는 것이 아니라, 네로하에서의 저명한 스토아 철학자 트라시아 파이투

스의 행동을 정당화하려는 것이었다.[25]

그러나 일부 학자들은 '네로의 5년'을 집권 초기 5년으로 볼 수 없다고 주장한다. 앤더슨은 네로의 치세 마지막 5년으로 보는 것이 합당하다고 주장하였다. 네로가 활발하게 건축 활동을 벌이고 그 두 속주를 병합한 시기가 이 시기였기 때문이다.[26] 하인드는 마찬가지 근거에서 처음 5년이라는 견해에 반대하면서도 그 시기는 치세 중반기 즉, 60-65년이라고 주장한다.

> 처음 5년은 자랑할 만한 건축 활동이나 제국 영토의 확장 업적이 거의 없었고 마지막 5년은, 심지어 트라야누스처럼 실용적인 황제로부터도 지지를 얻기 어려울 정도로, 너무나 많은 음모와 탄압에 의해서 얼룩졌다. 네로의 치세 중반기가 트라야누스에게 추천할 만한 많은 업적을 이룬 시기다.[27]

'네로의 5년'으로 그가 중반기를 제시하는 이유는 다음과 같다. 첫째, 그 시기에 네로가 외교와 영토의 확장 분야에서 주목할 만한 성공을 거두었고 둘째, 국내에서 네로의 건축 활동이 활발하였으며 셋째 이 시기동안 네로가 5년 주기의 축제를 거행한 점 등이다.

그 동안에 학자들은 'adulescens'라는 단어를 10대 소년을 의미하는 것으로 보아서 'quinquennium'이란 당연히 네로의 치세 초기를 가리키는 것이라고 생각하였다. 네로의 즉위 시 나이는 17세였다. 그러나 쏜튼은 'adulescens'라는 단어의 용례를 제시하면서 그 단어는 10대 만이 아니라 30대 심지어는 40대까지도 포함할 수 있다고 주장하였고, 따라서 'quinquennium'은 네로의 치세 전 시기를 포함할 수 있다고 보았다. 쏜튼은 네로의 치세 후반기가, 통치, 예술 그리고 경제 정책면에서 탁월하였음을 보여주는 증거들이 많이 있다고 주장하면서, 빅토르의 구절에 나오는 네로의 속주 정복 활동과 건설 활동을 근거로 하여, '5년'은 네로의 치세 말기라고 주장하였다.[28] 그러나 쏜튼은 이후에 발표한 논문을 통하여 이전의 자신의 견해를 수정하고 새로운 견해를 발표하였다.[29] 그는 로마시 곡물 공급 문제를 안정적으로 해결하기 위하여 노력한 네로황제의 모습에 주목하였다. 그는 '5년'의 수수께끼를 풀기 위해서 먼저 네로와 트라야누스의 공통적인 업적에 주목한 후에 트라야누스가 왜 그러한 언급을 하였을까를 생각해야 한다고 주장하였다. 일찌기 싸임이 이러한 주장을 제기한 바 있다. 싸임은 네로와 트라야누스의 공통점은 인민을 기쁘게 하는 볼거리를 제공한 점이었다고 주장하였다.[30] 양인의 공통적인 대평민 정책으로는 우선 활발한 건설 활동을 들 수 있다. 그러나 무엇보다도 가장 중요한 업적은 그가 평민들의 절실한 요구이던 안전한 곡물 공급문제를 해결하여 평민들의 인기를 확보한 점을 들어야 할 것이다. 트라야누스는 네로가 완성한 오스티아 항구가 불완전하다는 점이 알려지자 그 곳에 새로운 내항을 건설한 인물이다. 그는 공사를 수행하면서 항구 건설 작업이 대단히 어려운 일이라는 것을 실감하고 네로의 업적을 평가하게 되었을 것이다. 네로가 제 1차 오스티아 항구 건설을 완공한 해가 정확하게 언제인지는 알 수 없지만 그가 주도적인 역할을 하였음은 분명하다. 그 공사는 비록 클라우디우스에 의하여 시작되기는 했지만 네로 치세인 63년 혹은 64년경에 완공되었으며 네로는 자신의 업적으로 주화상으로 그 사실을 선전하였다. 황제의 제일 과제는 무엇보다도 인민을 먹이는 일이었다.

'네로의 5년'은 네로 연구에 시사하는 바가 크다. 그것은 네로에 대한 기존의 평가에 대하여 심각한 이의를 제기하고 있다.


## 2. 이분법적 치세 구분의 문제점

네로의 치세에 대한 타키투스의 이분법적 시기 구분에 따르면, 세네카와 부루스 등의 선인의 지도를 받던 치세 전반기는 훌륭하게 통치가 이루어지던 시기였고, 그들이 제거된 치세 후반기에는 간신들에게 둘러싸여 네로가 온갖 실정과 죄악에 빠져든 시기였다고 이야기 된다. 간신의 대표자는 부루스의 후임 친위대장직에 오른 티겔리누스다. 과연 이러한 구분은 정당한가? 티겔리누스의 경력을 재검토함으로써 이러한 이분법적 평가의 문제점을 지적하겠다.

티겔리누스라는 인물은 세네카와 정반대되는 인격의 소유자로서 극악무도하고 네로를 타락시킨 사악한 인물이며, 세네카는 그의 등장으로 인하여 몰락한 것으로 묘사되고 있다. 대표적으로 헨더슨은 그에 대하여 다음과 같이 말한다.

> 역사가로서의 학문적 자세는 전혀 없이 소설가적인 상상력을 가지고 그를 변호하는 사람일지라도 그러한 피호민에 대해서는 거의 할 말이 없을 것이다.[31]

티겔리누스는 네로와의 우정으로 자신의 공직경력을 시작하였다고 그 동안 여겨져왔다. 사료상으로 티겔리누스에 대하여 처음 이야기되는 내용은, 기원후 39년에 가이우스의 누이이자 네로의 어머니인 아그리피나와의 간통 혐의로 추방되었을 때다. 그러나 당시 티겔리누스는 단순히 아그리피나와의 사적인 관계때문에 추방된 것은 아니었다. 당시 아그리피나와 레피두스의 역모가 적발되어 그에 연루된 다른 인물들과 함께 그가 추방되었다는 사실과, 그리스에서 유배생활을 하다가 나중에 이탈리아로 소환이 허용된 후에도 로마시에는 들어올 수가 없었던 점 그리고 기원후 42년에 세네카도 역시 가이우스의 또다른 누이 율리아와의 간통혐의로 추방되었고, 그를 추방시킨 메살리나가 죽을 때까지는 로마에 돌아올 수가 없었던 점 등을 고려해 볼 때, 그의 추방이 결코 사적인 이유에서 이루어진 것이 아니라는 점을 알 수 있다.[32] 티겔리누스와 세네카의 추방 모두 그 배후에는 메살리나의 견제의도가 담겨져 있는 바, 그녀는 게르마니쿠스 가문의 딸들인 율리아 리빌라와 아그리피나를 정치적 경쟁세력으로 경계하였고, 그녀들과 가까이 지내는 자들을 추방시킨 것이다. 티겔리누스는 39년 추방되기 이전에 이미 정치 활동을 하고 있었다. 세네카와 티겔리누스는 가이우스의 누이들과의 연계를 통하여 클라우디우스에 반대하는 세력을 이루었다.

양인 사이의 유대는 여기에서 그치지 않는다. 그 동안 티겔리누스가 정치적으로 승진하게 된 것은 네로와의 친분때문이라고 이야기되어 왔다. 티겔리누스는 55년에서 62년 사이 언젠가 소방대장직에 올랐다. 그러나 이 시기 제국 관리의 임명권을 통제하는 자는 네로가 아니라 아그리피나와 세네카였다. 세네카와 아그리피나는 네로 치세 초기에 보호자(patronus)의 권리를 행사하여, 자신과 피호제 관계에 있던 자들을 많이 관직에 앉혔다. 예를 들자면 55년에 아그리피나는 네 명의 요직 인사에 개입하였다. 세네카에 의한 인사는 더 많았다. 그는 자신의 형인 유니우스 갈리오(Annaeus Junius Gallio)를 55년 보궐 콘술직에 오르도록 하였고, 처남인 폼페이우스 파울리누스(Pompeius Paulinus)를 하부 게르마니아 속주의 총독에, 54년 경에 친구인 아나이우스 세레누스(Annaeus Serenus)를 소방대장직(praefectus vigilum)에 임명되도록 하였다. 세네카의 영향력은 이후에도 계속되었다. 60년 경에는 조카인 루카누스를 법정 연령보다 5년 일찍 콰이스토르직에 오르도록 하였고, 62년경에는 시실리의 프로쿠라토르직에 오르도록 하였다.

따라서 티겔리누스는 네로가 아니라 아그리피나에 의하여, 혹은 아그리피나를 매개로 하여 맺어진 세네카와의 유대를 통하여 정치적으로 승진하였다. 소방대장이 된 이후와 62년 친위대장직에 오르기 이전 언젠가에 티겔리누스는 파이니우스 루푸스(Faenius Rufus)를 아그리피나와 친분이 있는 자라는 혐의로 제거하였다. 즉, 티겔리누스는 친위대장이 되기 이전에 아그리피나와의 유대를 단절하였다.[33] 따라서 티겔리누스는 아그리피나와의 관계를 청산하고 세네카, 부루스 등과 공동보조를 취하였고 세네카의 후원을 받았을 것이다. 그들은 이번에는 반아그리피나라는 대의를 통하여 다시 한 번 그 유대를 강화한 것이다. 티겔리누스의 전임 소방대장 아나이우스 세레누스(Annaeus Serenus)는 세네카가 임명한 자였다. 즉, 이 당시 세네카는 관리 임명에 커다란 영향력을 행사하고 있었고 따라서 소방대장직을 티겔리누스가 차지한 것도 아그리피나보다는 세네카의 후원에 힘입은 것이라고 생각할 수 있을 것이다. 설사 전통적인 견해대로 네로가 티겔리누스를 그 지위에 임명하였다고 할지라도 세네카의 승인을 얻었을 것이다. 이 당시 세네카는 자신의 뜻에 반하여 관리를 임명하려는 네로를 제지할 수 있었다. 이처럼 티겔리누스는 정치적 승진과정에서 세네카와 긴밀한 유대관계에 있었다.

양인을 대조시켜 서술하고 있는 타키투스는 세네카가 몰락한 시기와 원인에 대해서도 그러한 시각에서 서술하고 있다. 타키투스는 특유의 간결한 문체로 부루스의 죽음이 세네카의 권력을 파괴하였다(mors Burri infregit Senecae potentiam)고 말한다. 그는 계속해서 말하기를 이러한 상황이 발생한 이유는 첫째, 세네카가 더 이상 부루스의 지지를 받지 못하였기 때문이며 둘째, 네로의 새로운 조언자들이 그를 공개적으로 공격하였기 때문이라고 말한다. 타키투스는 티겔리누스를 구체적으로 지목하여 말하고 있지는 않지만 문맥상으로 티겔리누스가 세네카를 몰락시켰다고 여기고 있음은 분명하다.

그러나 이 주장은 왜곡된 것이다. 세네카는 부루스가 죽은 62년 이후 정치적 영향력을 상실하지 않았다. 62년에서 세네카가 죽은 65년 사이에도 피호제를 통하여 세네카와 연계된 인물들은 실제로 활발하게 활동하였다. 그의 동생인 아나이우스 멜라(Annaeus Mela)는 황제의 프로쿠라토르직을 계속 역임하였고, 세네카와 함께 56년에 콘술직을 역임한 트레벨리우스 막시무스(Trebellius Maximus)는 63년에 브리튼 섬의 총독이 되었다. 62년에 세네카는 칼푸르니우스 피소와 친분이 있다는 기소를 당했지만 무사하였다. 기소자는 네로황제의 피해방민이던 로마누스(Romanus)라는 자로 여겨진다. 뿐 만 아니라 그는 그 기소를 역전시켜 오히려 기소자를 공격할 수 있었다.

타키투스는 세네카가 부루스가 사망한 62년에 정계에서 밀려났다고 서술한다. 그러나 세네카의 정확한 은퇴시기는 알려져 있지 않으며,

은퇴 이유가 권력에 의하여 밀려난 것인지 아니면 세네카가 네로에게 간청한 바대로 고령에 의한 것인지 확실하지 않다. 수에토니우스는 그 시기를 밝히지 않으면서 세네카가 여러 번 네로에게 은퇴를 간청했다고 밝힌다. 세네카는 진심으로 은퇴를 원하였을 것이다. 타키투스가 전하는 네로와 세네카의 대화에서 세네카는 자신의 은퇴이유를 밝히고 있다. 그는 자신은 나이가 많고 피곤하여 더 이상 공무를 감당하기 힘들다고 말한다. 타키투스가 덧붙이는 그 말에 대한 자의적 해석이 없었더라면, 충분히 타당한 은퇴 이유다. 세네카의 말은 그 자신의 편지에서도 확인되는데 그 서신에서 세네카는 자신의 고령과 다가오는 죽음에 대한 생각에 온통 정신을 빼앗기고 고통스러워하는 모습을 드러내고 있다. 그 외에도 세네카는 자신의 거대한 재산에 대한 죄책감과 철학공부를 정치에 희생시켰다는 두려움 등으로 정계 은퇴를 결심하였을지도 모른다. 따라서 그의 지지자인 부루스의 죽음은 세네카로 하여금 정계 은퇴의 결심을 실행하도록 하였을 뿐이며 그가 몰락한 원인이라고 설명하는 것은 지나치다.

65년 세네카는 피소의 음모에 연루된 혐의를 받게 되자 자결하였다. 세네카가 권좌에서 밀려난 후 네로 정권에 반대하여 피소의 음모에 가담하였다는 설명이 있지만[34], 이 해석은 그 증거가 빈약하여 수용하기 어렵다. 아마도 세네카는 피소의 음모와 무관하지만 65년 경에 이르러 네로로부터 충성심을 심각하게 의심받은 것으로 보인다.

타키투스는 티겔리누스와 세네카를 정반대의 성격과 인품을 지닌 자로 묘사하고 있다. 타키투스는 해당 인물의 행적에 대한 자신의 평가에 따라서 그 인물의 성격을 평가하고 묘사하는 것으로 잘 알려져 있다. 타키투스는 세네카에 대하여 호의적인 편견을 가지고 있었다.

예를 들어 타키투스는 『연대기』에서 세네카에 대하여 처음 언급하면서 그가 아그리피나에 의하여 추방지에서 돌아왔다고 말하는데, 그 때 타키투스는 그 소환 이유에 대하여 세네카가 유명한 문인이었기 때문이라고만 말할 뿐 그와 아그리피나의 유대에 대해서는 거론하지 않고 있다. 또한 그는 브리타니쿠스의 죽음 이후 네로로부터 선물을 받은 자들을 그 이름을 거명하면서 비난하는데, 세네카는 거론하지 않고 있다. 세네카야말로 그 사건에 연관된 주요 인물이었음이 분명하다. 반면 그는 티겔리누스에 대하여 나쁜 편견을 가지고 있었다. 타키투스는 티베리우스 시절 친위대장이던 세야누스의 인간성에 대한 묘사를 그대로 인용하여 티겔리누스의 인간성을 묘사하고 있다.[35] 그런데 세야누스의 인간성에 대한 묘사는 공화정 말기 귀족 세력의 원성을 한몸에 받던 카틸리나의 인간성에 대한 묘사를 또한 그대로 모방한 것이다. 이러한 판에 박힌 인물의 성격묘사가 과연 진실인지 의심스럽다. 타키투스는 티겔리누스를 악당으로 묘사함으로써 세네카를 돋보이게 한 것이다.

타키투스는 티겔리누스가 타락하고 방자한 성격의 소유자로서 네로를 타락시켰다고 비난한다. 그러나 네로에 영향을 끼친 점에 대해서 말하자면, 티겔리누스는 소극적으로 자신이 맡은 임무를 수행하였을 뿐이었고 오히려 세네카와 부루스가 더 큰 영향을 주었다. 세네카와 부루스는 귀족들에게 커다란 비난을 받던 네로의 무대 연기를 허용하였고, 네로가 정부인 악테(Acte)와 혼외정사를 하도록 도와 주었다. 더욱 심각한 것은, 디오에 따르면 세네카는 젊은 네로에게 고의로 좋지 못한 자신의 행동을 보여 주어 그의 타락을 부추겼다. 티겔리누스가 궁정에 들어온 시기는 네로가 이미 성년이 된 후였다. 어린 시절부터 가정교사로서 영향력을 행사해 온 세네카에 비할 바가 못되었을 것이다. 또한 세네카와 부루스는 함께 협조하면서 어린 네로를 통제할 수 있었지만 그는 혼자였다. 디오는 티겔리누스에 대하여 "그는 단지 네로의 식객이었다."고 표현하였는데 그의 수동적인 처지를 잘 표현한 말이다.[36] 그는 네로에게 단순한 조언자였을 뿐이다.

티겔리누스에 대하여 가해지는 대표적인 비난은 그가 네로 하에서 이루어진 귀족처형을 주도한 인물이라는 것이다. 대표적인 경우가 술라 펠릭스(Cornelius Sulla Felix)와 루벨리우스 플라우투스(Rubellius Plautus)였다. 타키투스에 따르면 티겔리누스는 그들로 하여금 네로의 의심을 사게 만들어 처형당하도록 만들었고, 그 결과 황제의 신뢰를 얻었다. 그러나 볼드윈이 지적한 바 있듯이, 타키투스의 이러한 설명에는 문제가 있다.[37] 타키투스는 이 두 명의 희생자에 대하여 서술하면서 그들이 왕조의 혈통을 이은 후계자들로서 제위에 대한 잠정적 경쟁자로 그 동안 여러 역모 의혹의 중심에 있던 인물들이라는 사실을 전혀 거론하지 않고 있는 것이다. 예를 들어, 부루스와 팔라스는 56년에 술라 펠릭스를 황제로 추대하려 했다는 혐의로 기소를 당하였고, 58년에는 술라 자신이 황제가 되려 한다는 혐의로 기소를 당하였다. 티베리우스의 증손자 루벨리우스 플라우투스는 55년에 아그리피나가 그를 제위에 앉히려 음모를 꾸미고 있다는 혐의로 고소당하였다. 60년에는 로마시 내에서 불길한 징조가 나타나자, 네로가 곧 죽고 그 뒤를 플라우투스가 이을 것이라는 소문이 로마에 널리 퍼졌다.

네로는 당연히 그들을 경계하였고 티겔리누스는 황제의 보안을 책임진 친위대장으로서 역모 혐의에 대하여 당연히 앞장서서 조사해야 할 위치에 있었다. 익명의 저자가 남긴 희곡 『옥타비아』에는 네로의 탄압에 관한 이야기가 묘사되고 있는데, 티겔리누스로 여겨지는 친위대장은 네로의 정적 탄압을 선동하는 역할이 아니라 단순히 명령을 집행하는 인물로 묘사되고 있다. 세네카는 정치적 영향력을 행사하던 시절에, 역모 혐의를 받은 피고인들의 처형에 개입하였다. 세네카는 네로의 친모 아그리피나와 네로의 이복동생 브리타니쿠스를 제거하는 데 개입하였다. 아그리피나의 처형에 직접 세네카가 개입하였는가하는 문제에 대하여 디오는 분명하게 그의 개입사실을 기록하고 있고, 타키투스도 그 가능성을 열어둔 모습으로 서술하였다. 모친 시해 후 원로원에 보낸 네로의 해명 서신을 작성한 사람은 세네카다. 따라서 적어도 세네카는 사후에 그 행위를 지지하였다. 브리타니쿠스의 경우에는 만약 세네카가 그의 살해를 직접 꾸미지 않았더라도 적어도 그 사실을 사전에 알고 있었다는 점에서 그 음모에 개입되어 있었다. 그 사건 후에도 세네카는 네로에게는 죄가 없다는 주장을 하는 강력한 찬양의 글을 썼다.[38]

티겔리누스를 비난하는 고대의 전승들은 많이 있다. 특히 디오, 플루타르쿠스, 필로스트라토스 등 그리스 출신의 역사가들의 저서에 그러한 내용이 많이 담겨져 있다. 이에 대하여 시제크는 그리스 출신 저술가들은 그리스를 해방시킨 네로에게 호의적이었고, 따라서 치세 후반기에 나온 온갖 잘못이 네로 때문이 아니라 티겔리누스의 사주에 의한 것으로 서술하려는 의도가 있었기 때문이라고 분석하였다.[39]

제정 초기를 다룬 타키투스의 모든 저서들은 원수정 체제에 대한 그 자신의 정치관을 일관되게 반영하고 있다. 그는 티겔리누스를 나쁜 인물로 설명함으로써 네로 정권이 도덕적으로나 정치적으로 완전히 부패하였다는 것을 강조하고자 하였고, 따라서 율리우스-클라우디우스

시대를 '악의 승리' 또는 '장악된 도시'라고 하는 시각으로 묘사하고
자 한 것이다.[40]

　결론적으로 말하자면 티겔리누스는 역사가들이 묘사하듯이 강력한
권한을 행사하지도 못하였고 흉악한 인물도 아니었다. 더욱이 그는 세
네카의 정적이 아니라 오히려 그의 정치적 동지이던 것으로 보이며,
세네카가 그의 등장과 함께 몰락하지도 않았다. 티겔리누스가 네로정
권기 정치적 사태의 추이에 전혀 책임이 없는 것은 아니다. 문제는 그
러한 비난이 과장되었다는 점과 그리하여 그와 세네카가 정치적 유대
관계가 있었다는 점조차 애매해졌다는 점이다. 세네카는 타키투스가
비난하는 자들과 유대관계가 있던 것으로 확인되고 있다. 세네카는 세
야누스의 저명한 친구들과 연계를 맺고 있었고, 네로 하의 최초의 대
역재판에서 사형을 제안한 인물 유니우스 마룰루스(Q. Junius
Marullus)와도 연계가 있었다.[41] 이렇게 볼 때 네로의 치세를, 세네카
의 영향을 받은 훌륭한 통치기와 세네카의 몰락 이후의 폭군 정치 시
대로 나누어 설명하는 타키투스의 서술은 문제가 있다고 하지 않을 수
없다.


## 3. 네로의 주연개최에 대한 재해석

　최근 고대 저술가들의 '뒷궁리'(hindsight)에서 벗어나 네로의 행적
에 대한 새로운 해석을 시도하는 수정주의적 견해가 대두되고 있다. 네
로의 치세에 대한 재해석은 사료상의 제약으로 한계를 가질 수 밖에 없
다. 그러나 이러한 새로운 해석은 폭군 네로의 기존 이미지에서 벗어나

제정 초기 정치가로서 네로의 역할을 평가하고 있다는 점에서 긍정적이다. 이러한 새로운 시각 하에서 네로황제의 주연개최를 재해석하여 보자. 네로는 고대 문헌상으로 대식가이자 폭군으로 묘사된다. 그들은 네로의 온갖 죄악이 만찬과 취중에서 이루어진 것으로 묘사한다.

> 점차로 네로의 악행들은 우세해졌다. 그는 더 이상 그것들을 웃어넘기거나 숨기거나 부정하려 하지 않았다. 그는 공공연하게 더 심각한 범죄로 빠져들었다. 그의 주연은 이제 정오부터 한밤중까지 이어졌고 따뜻한 목욕탕에서 목욕을 하거나, 여름철일 경우에는 눈 녹은 시원한 물에서 목욕하기 위하여 잠시 중지되었을 뿐이다.[42]

> 아그리피나는 권력을 지키려는 열망으로, 음식과 술로 네로가 열이 오르기 시작할 무렵인 정오에, 그녀의 술취한 아들 앞에 치장한 채 여러 번 나타나 유혹하였다.[43]

근대의 저술가들도 마찬가지 태도를 취하고 있다. 그랜트는 다음과 같이 말한다.

> 목소리 연습과 체육 훈련이 필요하였지만 네로는 대부분의 시간을 식사와 주연에 소비하였다. 주연은 때로는 정오부터 자정까지 이어졌다.[44]

네로가 대식가라는 인식이 쉽게 수용되었다. 그리하여 폭군 네로를 묘사할 때 대식가의 이미지가 필수적인 부분으로 자리를 잡게 되었다. 월터는 다음과 같이 말한다.

네로는 젊은 나이에 이미 뚱보가 되었다. 모든 이들이 술을 많이 마셨다. 네로와 오토도 마찬가지였다. 그러나 아그리피나는 그렇지 않았다.[45]

만취와 포식에 관한 이야기는 네로의 범죄 이야기를 꾸며 주는 구실을 한다. 그러나 한 걸음 물러서서 이러한 고대 저술가들의 묘사를 숙고해 보면, 욕구 충족에만 몰두하는 인물로서 네로를 묘사하는 고대 저술가들의 이야기 이면에는, 네로 정권에 대한 그들의 가치 판단이 자리하고 있음을 알 수 있다. 그들의 가치 판단에 이끌리지 않고 좀더 냉정하게 그 이야기를 고찰한다면, 우리는 이러한 이야기를 통하여 황제 자신이 주연을 베풀면서 가진 정치적 의도가 무엇이었는지를 생각해 볼 수 있을 것이다.

고대 로마에서 위인들이 먹고 마시는 방식은 그 인물의 됨됨이를 잘 보여주는 것이라고 여겨졌다. 예를 들어 소 플리니우스는 트라야누스 황제가 베푼 주연을 가지고 그를 칭송하는데, 그는 주연을 베풀면서 사람들을 환대하고 개방적인 태도를 보였다고 말한다. 반대로 트라야누스와 대조하면서 폭군으로 묘사하는 도미티아누스에 대해서는 그가 주연석상에서 손님들을 감시하고 비판하였으며, 나중에는 비밀리에 대식을 하고 사적으로 폭식하는 습관에 빠져들었다고 비난한다.

우리는 네로의 주연에 대한 고대 저술가들의 비난을 좀더 구체적으로, 그리고 다른 황제의 주연에 대한 묘사와 비교하여 검토할 필요가 있다. 제정기 황제들은 경축일을 맞이하여 인민에게 주연을 베풀었다. 축제일과 휴일의 숫자는 원수정기에 크게 증가하였다. 신정권 수립에 연관된 사건들을 기념하기 위한 새로운 경축일들이 추가되었다. 율리우스 카이사르와 아우구스투스는 새로운 게임들을 제도화하였고 게임이 진행될 때마다 주연을 개최하였다. 극장과 써커스내에서 황제는 원로원 의원, 기사 그리고 남녀의 주민들에게 모두 음식을 나누어 주었다. 일부 황제들은 주민을 위해 기분 내키는 대로 게임을 열기도 하였다.

사람들은 황제가 주연을 통하여 자비심과 제국 정부의 부를 과시하면서 장려한 모습을 보여주기를 기대하였다. 특히 상층 신분은 황제가 자신들의 특권을 존중한다는 것을 주연석상에서 보여주기를 기대하였다. 일반 주민들은 주연에 참석하면서, 잠깐이나마 부자와 유력자들의 생활에 동참할 수 있었다. 도미티아누스 시절의 시인 스타티우스는 그 황제가 베푼 주연을 묘사하면서, 온갖 사치스러운 음식들을 황제의 장려함을 보여주는 것으로 칭송하고 있다.

> 잘생기고 잘 차려 입은 또다른 무리의 노예들이 좌석 사이로 들어온다. 일부는 빵 바구니와 하얀 냅킨 그리고 더욱 화려한 음식들을 가지고 들어온다. 다른 노예들은 취기를 돋구는 포도주를 풍부하게 대접한다. 고대인들이여, 이제 태고적 유피테르가 지배하던 시절과 황금 시대를, 우리 시대와 비교해 보라. 그 시절에는 포도주도 지금처럼 풍부하지 않았고 수확을 거두어도 여유로운 생활을 보장할 수 없었다……. 한 식탁에서 모든 계층이 함께 식사를 한다. 아이도 여성도, 인민도, 기사들도 원로원 의원들도 함께 한다……. 부자든 가난한 사람이든 모든 이들이 황제의 손님이 된 것에 만족해 한다. 그렇게 흥겹고 새로우며 화려한 광경들 사이로 기쁨이 넘쳐난다.[46]

황제 자신이 잔치에 몸소 참석하는 일은 인민적 친근성과 애정 등의 미덕을 선포하는 행위였다. 도미티아누스의 사치스러움은 다양한 목적들을 위하여 기여하였다. 그것은 모든 신분들 내에서 황제의 자비로움과 애정을 보여주었고, 로마 인민의 복지를 위해 기여하였으며, 특히 중요한 점은 그 행사를 통하여 로마 인민의 일체감을 드높일 수 있었다.

도미티아누스는 자기 과시를 좋아한 인물로 알려져 있다. 그러나 그러한 사치는 그에게만 한정된 것이 아니었다. 아우구스투스는 물론 인색하기로 유명한 베스파시아누스도 사치스러운 주연을 열고 그 행사에 참석하였다. 후사(liberalitas)와 자비(clementia)의 덕목을 사람들에게 과시하기 위하여 사치스러움은 없어서는 안되는 것이었다.

주연석상에서도 사회의 신분 질서는 존중되었다. 도미티아누스는 모든 인민들에게 사치스럽게 음식을 베풀 때조차 상층 신분의 위신을 존중하여 주었다. 그는 원로원 의원들과 기사들에게는 뚜껑이 있는 광주리(panaria)에 빵을 담아 주었고, 인민은 그 보다 작은 바구니(sportellae)에 담아 주었다. 아우구스투스는 이러한 사회적 구별에 많은 배려를 하였다. 그는 손님에게 주어지는 음식물뿐만 아니라 좌석의 위치도 구별하였다. 원로원과 황제는 카피톨에서 만찬을 벌였고 나머지 인민은 다른 곳에서 만찬을 먹었다. 티베리우스가 자신의 개선식을 경축하면서 벌인 만찬 행사에서도 여성들은 카피톨에서 열린 축연에 참석하지 못하고 별도로 접대받았다. 별도의 좌석과 특별한 음식을 대접받으면서 상층 엘리트들은 자신들의 사회적 지위에 어울리는 명예와 그에 대한 황제의 배려를 확인할 수 있었다. 황제가 궁정으로 손님을 초대하여 만찬을 벌일 때에도 마찬가지였다. 사치는 여전히 표준적인 덕목이었고, 자비, 환대, 사회적 신분 질서에 대한 존중 등의 덕목이 칭송을 받았다.

그러나 수에토니우스와 디오 그리고 타키투스는 한결같이 네로의 주연에 대해서 비난한다. 그들이 비난하는 이유는 단순히 네로가 사치스럽고 낭비가 심하였기 때문이 아니었다. 네로에게서 문제가 된 점은 주연에서의 계서적 질서 즉, 사회 엘리트들에 대한 적절한 예우를 하지 않았기 때문이다. 네로는 알려지지 않은 시인들을 대접하였고 평민들과 함께 마시고 먹었다. 때로는 상층 시민들로 하여금 노예, 검투사 그리고 매춘부 등과 자리를 바꾸어 앉도록 강요하였다.

베인(P. Veyne)은 네로는 로마 상층 시민의 지지를 얻는 대신에 평민의 인기를 확보하고자 하였고, 그 결과 그들은 네로가 먹고 마시는 행태에 대하여 과장된 비난들을 하게 되었다고 지적한다. 엘리트 계층과 도시 평민들은 황제의 관심을 서로 차지하기 위하여 경쟁하는 잠재적 경쟁자 관계에 있었다. 황제가 인민의 연인이 되면서, 원로원의원들을 그들의 신분에 걸맞는 예우를 갖추어 대하기는 어려웠다. 네로는 원로원 의원들에게는 폭군이고 로마의 평민들에게만 인기있는 그러한 황제였다.[47] 야베츠도 같은 주장을 한다. 네로는 원로원의 지지를 희생하여 인민의 지지를 얻고자 갈망하였다. 야베츠는 네로는 단연 뛰어난, 절대적이고 인기있는 지배자가 되려는 소망을 갖고 있었으며 그의 모든 행동은 '인민적 친근성'(levitas popularis)의 표현이었다고 주장한다.[48]

지배자가 변장을 하고 인민들 사이를 암행하는 이야기는 여러 나라의 역사에 나온다. 그들은 때로는 사법행정을 점검하고 관리들의 업무를 감독하기 위해서, 때로는 궁중이 아니라 인민 사이에서 자신에 대한 평가와 비판을 듣고 싶어서, 때로는 단순히 신민들 중 가장 미천한 자들과 함께 있고 싶은 욕구에서 잠행을 하였다. 이처럼 군주의 잠행

이야기는 대부분 인기 있는 국왕들에 관한 것이다. 그들은 인민의 복지에 대하여 진심으로 관심을 가진 국왕들이었다. 아우구스투스에 대해서도 그와 유사한 이야기가 나온다. 디오에 따르면 아우구스투스는 일년에 한 번씩 걸인으로 변장한 후 사람들에게 구걸을 하러 다녔다.

그러나 네로의 잠행이야기는 다른 경우와는 달리 적대적인 태도로 서술되어 있다. 그는 변장을 한 후에 자신의 신민들을 위해서 일한 것이 아니라, 그들을 공격하고 그들의 재산을 도둑질하였다. 이러한 서술은 진실인가? 황제가 평민 사이에 잠행을 하면서 도둑질을 한다는 말은 도대체 부자연스럽다. 이에 관련하여 고려해 볼 이야기는 네로가 죽은 후 그에 관한 평판과 소문이다. 그의 사후에도 지중해 동부 지역을 중심으로, 그는 살아있으며 때가 되면 돌아와 다시 로마를 통치할 것이라는 소문이 오래도록 퍼져 있었다. 죽은 사람을 죽지 않았다고 믿으면서 언젠가 귀환하여 정의를 회복할 것이라는 믿음은, 생시에 인기를 누리던 영웅적 통치자들에게 자주 나타나는 이야기다. 찰스워스는 네로의 생존과 귀환에 관한 소문이 사후에 존재하였다는 사실은, 그의 귀환을 염원하는 사람들이 존재하였음을 보여주는 강력한 증거라고 주장한다.[49]

따라서 수에토니우스와 디오가 전하는 네로의 잠행에 관한 비난은, 네로가 본래 인기 있는 군주였음을 암시하는 것이라고 보아야 한다. 인민의 인기를 누리던 네로에 관한 이러한 전승은 귀족 엘리트 저술가들에 의하여 왜곡되었을 것이다. 그들은 평민들과 그렇게 편한 사이였고 그들과 좋은 관계를 맺으려 한 황제를 보면서 그 의의를 인정하고 싶지 않았을 것이다.

# 제4장 네로 집권 후반기 정치위기

●

　네로황제의 제위를 위협하는 가장 큰 문제는 제위 계승의 원칙이 마련되어 있지 않다는 점이었다. 아우구스투스는 양부(養父)인 카이사르의 비참한 최후에서 교훈을 얻어 '공화정의 회복'을 선언하고, '국가를 자신의 권력에서 원로원과 로마 인민에게' 반환하였다.[50] 자신의 지위를 후손에게 물려주는 태도는 세대를 이어가면서 가문의 권력과 영향력을 물려받아 온 로마 공화정기의 전통에 비추어 볼 때 낯선 것이 아니었다. 제정 초기 황제의 지위는 왕조 내에서 세습되어야 한다는 생각이 사람들 사이에서 인정되고 있었다.

　그러나 문제는 왕조 내에 제위 계승에 대한 정해진 룰이 없다는 점이었다. 로마에서는 장자 상속의 개념이 결여되어 있었다. 따라서 정치적 위인의 후손들은 남녀 모두, 조상의 재산과 정치적 위광을 누릴 자격이 있었다. 이러한 로마의 전통은 제정 초기 제위 계승의 문제를 두고 왕조 내 구성원들 간의 치열한 암투를 초래하였고, 정략적 혼인

관계로 인하여 그 문제는 더욱 심각해졌다. 제정 초기 율리우스-클라우디우스 가문의 복잡한 가계도와 폭력적인 죽음을 당한 구성원들을 보면, 제위 계승의 문제를 둘러싸고 얼마나 복잡한 계산과 암투가 진행되었는지를 알 수 있다(율리우스-클라우디우스 왕조의 가계도 참조). 먼저 율리우스-클라우디우스 왕조기 제위 계승 과정을 통하여 나타난 제위 계승의 양상 및 그 문제점을 살펴보겠다.


## 1. 율리우스-클라우디우스 왕조기 제위 계승의 문제점

티베리우스가 아우구스투스에 의해서 후계자로 최종 선정되는 과정에는 많은 우여곡절이 있었다. 아우구스투스는 자신의 혈육으로 뒤를 잇게 하려는 의도를 집요하게 고수하였다. 친아들을 두지 못한 그는 기원전 25년에 조카인 마르켈루스를 자신의 딸 율리아와 혼인하도록 하여 후계자로 삼고자 하였다. 그러나 2년 후 그가 죽자 아우구스투스는 미망인 율리아를 자신의 동료이자 부하 장군인 아그리파와 혼인하도록 하였다. 당시 아그리파는 아우구스투스의 질녀와 혼인한 상태였는데 그녀와 이혼을 강요한 후 율리아와 혼인하도록 하였다. 디오의 말에 따르면 이러한 조치는 그의 조언자 마이케나스의 조언에 따른 것이었다. 마이케나스는 아우구스투스에게 다음과 같이 조언하였다.

> 그대는 아그리파를 매우 강력한 존재로 키우셨습니다. 이제 그대는 그를 당신의 양자로 맞이하든지 아니면 그를 제거해야 합니다.[51]

디오의 이러한 설명이 역사적 진실인지, 아니면 그 시대의 정치 분위기를 과거에 투영하여 서술한 것인지는 확실하지 않다. 아그리파의 나이를 생각해 볼 때 아우구스투스의 양자 채택은 그를 후계자로 인식해서라기 보다는 그와 자신의 딸 사이에서 손자를 얻고자 하는 욕심인 것 같다. 아우구스투스의 소원대로 율리아는 두명의 아들을 아그리파와의 사이에서 낳았다. 기원전 20년에 가이우스가 태어났고 기원전 17년에 루키우스가 태어났다. 둘째 손자인 루키우스가 태어나자 아우구스투스는 그들을 양자로 맞이하고 카이사르의 칭호를 주었다. 또한 아그리파의 지위도 더욱 확고해졌다. 기원전 18년에 아우구스투스는 아그리파와 호민관의 권한을 공유하였다. 기원전 13년에 발행된 주화에는 아우구스투스와 아그리파가 나란히 등장하고 있다. 일찍이 코르네만은 프린켑스의 이러한 권력 분할에 주목하고, 아우구스투스의 원수정 체제를 프린켑스와 공동통치자(Mitregent) 사이의 공동통치제(Doppelprinzipat)라고 주장하였다.[52] 그러나 프린켑스의 공동통치자가 프린켑스와 동등한 권력을 실질적으로 행사한 것은 아니었다. 아우구스투스는 자신의 후계문제를 해결하는 수단으로 공동 통치제를 택하였다고 보는 것이 적절하다. 이러한 아우구스투스의 조치는 이후 티베리우스를 양자로 채택할 때 다시 이용되었으며, 율리우스-클라우디우스 왕조기를 지나 원수정 체제의 발전 과정에서 후계자 문제를 해결하는 하나의 방법으로 자리 잡았다.

기원전 12년에 아그리파가 죽은 후에도 자신의 혈육으로 후계자를 삼겠다는 아우구스투스의 의지는 집요하였다. 그는 법정 연령에 훨씬 못미치는 가이우스와 루키우스를 각각 기원후 1년과 4년에 콘술로 지명하였다. 그러나 기원후 2년 루키우스가 콘술에 오르기도 전에 요절하고, 가이우스마저 기원후 4년에 죽자 율리우스 가문의 제위 계승은 불가능해지고 말았다. 이미 고령이 된 아우구스투스로서는 이제 티베리우스를 제외하고는 선택의 여지가 없었다. 그는 티베리우스를 즉각 양자로 맞이하였다. 그럼에도 불구하고 티베리우스는 기원후 10-11년이 되어서야 제국의 주화상으로 겨우 등장하였고 그것도 로마의 동화에만 나타났을 뿐이다.[53] 티베리우스가 양자로 채택된 것이 기원후 4년이므로 그로부터 6년이 지나서야 제국의 주화를 통하여 처음으로 그 지위가 선전이 되고 있는 것이다.

티베리우스는 군사적 업적이 탁월하였다. 로도스섬으로 은퇴하기 이전에 그는 일리리쿰을 속주로 만들고 군사적 안전지대로 만들었으며, 라인강 동안으로 로마의 국경을 전진시켰다. 기원후 4년 이후 그는 로도스섬에서 돌아와 판노니아 반란을 진압하였고 9년 바루스의 재난(clades Variana)이 있고 난 후에 라인 변경을 유지하였다.

티베리우스는 12년에 모든 속주와 군대에 대하여 아우구스투스의 임페리움과 대등한 권한을 수여받았다.

> 그가 바다와 육지에서 군사 원정을 통하여 적을 물리친 후에…그는 모든 속주와 군대에서 자신의 권력과 대등한 권력을 가져야 한다는(aequum ius in omnibus provinciis exercitusque esset, quam erat ipsi) 그의 아버지의 요청에 따라 원로원과 로마 인민은 그렇게 결정하였다.[54]

수에토니우스도 역시 이 시기에 콘술의 발의에 의해서 티베리우스가 아우구스투스와 함께 속주를 다스리고 함께 켄수스를 실시하도록 하는 입법이 이루어졌다고 말한다. 즉, 이때가 되면 그는 명실공히 아우구스투스의 후계자의 자리를 확보하였다. 따라서 아우구스투스가 사망하였을 때 그는 이미 법적으로나 현실적으로 제국을 통치할 권력을 장악한 상태였다.

그러나 아우구스투스는 티베리우스를 양자로 맞이하고 나서도 혈육을 후계자로 삼으려는 생각을 포기하지 않았음이 분명하다. 왜냐 하면 그는 티베리우스에게 그의 친자가 있는데도 게르마니쿠스를 양자로 맞이하도록 강제하였기 때문이다. 게르마니쿠스는 티베리우스의 조카인데 클라우디우스 가문의 인물이지만 그의 어머니를 통하여 율리우스 가문의 혈통을 잇고 있는 인물이다.

아우구스투스가 사망한 직후인 14년 9월 원로원은 오랜 토론 끝에 티베리우스에게 아우구스투스와 같은 지위를 부여하였다. 이때 수여된 국법상의 권한은 아우구스투스가 부여받은 권한과 비교해 볼 때, 주목할 만한 차이가 있다. 즉, 그것은 아우구스투스의 경우와는 달리 권한의 행사 기한이 뚜렷하게 정하여지지 않은 것으로 보인다. 아우구스투스는 속주에 대한 권한을 5년 혹은 10년 등의 제한된 기간 동안 취하였을 뿐이다. 그런데 티베리우스의 경우 14년으로부터 10년 이후인 24년 혹은 34년에 그 권한을 갱신하였다는 이야기가 나오지 않는다.

> 티베리우스의 다양한 행동들은 매우 커다란 대조를 이루었다. 십년 기간의 통치가 끝났을때 그는 그것을 갱신하기 위하여 어떠한 투표결의도 요구하지 않았다. 왜냐 하면 그는 아우구스투스처럼, 그것을 한시적으로 수여받고 싶은 생각이 전혀 없었기 때문이다.[55]

콘술인 루키우스 비텔리우스와 파비우스 페르시쿠스는 그의 두번째 십년이 지났음을 경축하였다. 원로원 의원들은 그의 20년의 기간이라고 부르기보다는 그의 두번째 십년이라는 말을 썼는데 왜냐 하면 자신들이, 아우구스투스의 경우에 그러하였듯이, 또다시 국가의 지도력을 그에게 수여하고 있음을 암시하기 위해서였다.[56]

위 두 인용문을 통하여 티베리우스의 권한에 일정한 기한이 있던 것이 아니라는 점을 짐작해 볼 수 있다. 국법상의 절차를 중시한 그가 그 권한의 연장을 취하지 않았다면 그 이유는 14년의 권한 수여가 기한이 정해진 것이 아니라 총체적인 황제의 대권을 수여받았음을 의미하는 것이라고 볼 수 있다. 수에토니우스는 이 부분에 대하여 다음과 같이 묘사한다.

마침내 그는 마치 강제로 당하듯이, 자신이 마치 노예처럼 비참하고 부담스러운 짐을 지고 있다고 불평하면서 임페리움을 수락하였다. 그러나 그는 자신이 미래 언젠가 그것을 덜기를 원한다고 암시하였다. 그 자신의 말을 빌자면 "그대들이 한 늙은이에게 휴식을 주는 것이 좋겠다고 여겨질때까지" 그 직책을 맡겠노라고 말하였다.[57]

타키투스의 어조는 다분히 티베리우스를 위선에 찬 인물로 보는 비판적인 것이다. 티베리우스의 진심이 어떻든지 간에 이러한 배경하에서 티베리우스는 아우구스투스처럼 기한이 정해진 권한을 수여받은 것이 아니라 '휴식이 필요할 때까지'라고 하는 애매한 표현을 통하여 무기한의 권한이 수여되었고 그 결과 그의 경우에는 권한의 갱신이 불필요했을 것이다. 이것은 아우구스투스 시대와 비교해 볼 때 황제권의 국법상의 발전과정에서 중요한 변화임이 분명하다. 즉, 원로원은 이제 황제의 지위가 공화정기 정무관의 권한으로는 커버될 수 없는 존재라는 점을 현실적으로 인정한 것이라고 할 것이다.

또한 여기에서 사용되는 임페리움이라는 말은 단순히 군대의 명령권을 의미하는 것이 아니었다. 임페리움은 본래 로마 국가에서 정무관이나 그 대행자가 명령을 내릴 권한을 의미하였다. 임페리움은 본래 법적으로 뿐만 아니라 종교적 토대에 근거한 것이었으며, 멀리는 왕정기 왕의 명령권에 기인한 것이었기 때문에 권력을 한 사람에게 집중시켜주는 합법적인 수단으로 이용될 가능성이 많았다. 제정기 들어서 임페리움은 공화정기의 용례와는 달리 '제국의 통치'는 넓은 의미로 사용되기 시작하였다. 일례로 타키투스는 아우구스투스 치세 말기에 대한 설명에서 다음과 같이 임페리움이라는 단어를 사용하고 있다.

> 그 당시 게르만인들에 대한 군사 작전을 제외하고는 전쟁은 전혀 없었다. 그 군사 작전은 임페리움을 확대하거나(proferendi imperii) 적절한 댓가를 기대하고 수행한 것이라기 보다는 퀸틸리우스 바루스와 그의 군대와 함께 상실한 위신을 회복하기 위한 것이었다.[58]

티베리우스는 '국부'와 '임페라토르'라는 칭호를 거부하였고 자신의 저택 입구에 '시민의 관'(corona civica)을 걸어두는 것을 거부하였다. 수에토니우스에 따르면 그는, 비록 상속에 의해서 아우구스투스라는 이름을 합법적으로 사용할 수 있었지만 피호민 국왕들에게 보내는 편지를 제외하면 어떠한 공식 서한에서도 '아우구스투스'라는 이름을 덧붙이지 않았다. 그러나 주화와 비문의 내용을 통해 볼 때 아우구스투스라는 칭호 사용에 대해서 그가 그러한 제한을 둔 것 같지는 않다.

'시민의 관'(corona civica)이란 전쟁터에서 동료 시민의 목숨을 구한 자에게 수여되던 월계수관이다. 이러한 티베리우스의 겸양의 태도는 타키투스의 다음 일화에서도 확인된다.

> 그 전투에서 헬비우스 루푸스는 사병으로서 동료 시민의 목숨을 구하는 뛰어난 공적을 남겼다. 아프로니우스는 그에게 목걸이와 창을 수여하였다. 티베리우스는 '시민의 관'을 추가하여 수여하였다. 그러면서 그는 비록 화를 내지는 않았지만 프로콘술인 아프로니우스가 이 일을 했어야 했다고 불평하였다.[59]

30년대 초반에 아프리카에서 반란을 일으킨 타크파르나스를 진압하면서 헬비우스 루푸스라는 한 사병에게 티베리우스가 시민의 관을 수여한 일화다. 티베리우스는 아프리카 총독이던 아프로니우스가 그것을 수여해주는 것이 마땅하였으며 뒤늦게 자신이 그 일을 하게 된 것에 대하여 그 총독을 질책하고 있는 것이다. 기원전 27년 1월 13일 원로원은 아우구스투스에게 시민의 관을 수여하여 그의 집 입구에 걸어 놓았다. 아우구스투스가 내란을 종식시켜 '시민들을 지켜주었기 때문'(ob cives servatos)이었다. 그러나 티베리우스는 자신은 그런 공적을 이루지 못하였으므로 그 명예를 누릴 자격이 없다고 생각하였다.

> 그는 자신이 혼인의 음모와 노망들린 양자 채택에 의해서 권력을 잡은 개입자로 여겨지기보다는 국가의 부름을 받고 선택된 자로 여겨지도록 여론에

신경을 썼다.[60]

그가 이렇게 원로원의 여론에 신경을 쓴 이유에 대하여 타키투스는 게르마니쿠스가 선택되지 않을까 두려워하였기 때문이라고 말하고 있다. 이러한 티베리우스의 태도를 통하여 당시 황제의 국법상의 지위가 불안정하였음을 짐작할 수 있다.

그러나 37년 가이우스의 즉위시에는 티베리우스의 경우와 사정이 달랐다. 그는 즉위 직전에 티베리우스처럼 자신의 지위를 공고히 하지 못하였고 한낱 일개 시민에 불과하였다. 그러나 그는 군대와 로마 평민의 열렬한 지지를 받고 있었다. 그는 티베리우스와는 달리 아버지와 어머니 양측으로부터 율리우스 가문의 혈통을 잇는 인물이었고, 특히 고인이 된 아버지 게르마니쿠스가 로마 주민은 물론 속주민들 사이에서도 커다란 인기를 누리던 인물이었기 때문에 로마 주민과 군대에서 그의 인기는 열광적이었다. 즉, 즉위 직전 공직에 오르지 않은 사인(privatus)이었고 커다란 인기를 누리고 있었기 때문에 그는 즉위시 한꺼번에 황제의 여러 권한을 수여받게 되었다.

그가 도시에 들어가자 원로원과 원로원 의사당에 몰려 들어온 군중은 만장일치에 의해서…그에게 절대적인 권한을 수여하였다.[61]

그는 아우구스투스가 오랜 제위 기간동안에 수여받은 모든 명예들을 하룻만에 수여받았다. 그 명예들 중 일부는 티베리우스가 한사코 거부하던 것들이다. 가이우스는 국부의 칭호를 제외하면 그 어느 것도 거부하지 않았고 국부조차도 오래지않아 획득하였다.[62]

클라우디우스가 즉위한 41년에도 그와 비슷한 일이 일어났다. 클라우디우스 역시 제위에 오르기 전 사인이었다.

> 그들은 최고주권에 관련된 모든 권한을 그에게 투표를 통하여 수여하였다.[63]

> 그는 즉각 국부라는 칭호를 제외하고는 그에게 투표로 수여된 권한을 받아들였다. 이후에 그는 국부의 칭호도 받아들였다.[64]

클라우디우스 역시 즉위시에 이전 황제들이 누리던 황제의 지위에 걸맞는 권한과 칭호를 일시에 원로원의 투표결의를 통하여 수여받았음을 짐작할 수 있다. 클라우디우스는 가이우스 이후 혼미하던 당시 상황에서 친위대 병사들의 주도에 의하여 뜻하지 않게 황제가 된 인물이었다. 이러한 사정은 네로 즉위시에도 마찬가지였음이 짐작된다.

> 그는 임페라토르로 (친위대 병사들에 의해서) 환호되었고 그러한 군대의 결정에 뒤이어 원로원의 결의가 이루어졌다.[65]

이처럼 가이우스 즉위시에 황제의 여러 권한이 처음 원로원 결의를 통하여 일시에 수여된 이래 율리우스-클라우디우스 왕조기에는 그것이 하나의 관행으로 자리잡아 갔음을 짐작할 수 있다. 이렇게 볼 때 신임 황제에게 전임 황제가 누리던 여러 권한을 단일의 입법을 통하여 '일시에'(statim) 수여하는 관행은 기원후 37년으로 소급될 수 있을 것이다.

'베스파시아누스 황제의 임페리움에 관한 법'(lex de imperio

Vespasiani)의 여섯째 조문의 내용은 바로 이러한 선례가 법조문으로 정착되어 전해진 것이다. 황제가 원로원으로부터 황제의 여러 권한을 수여받는 내용으로 이루어진 '임페리움에 관한 법'은 제정초기 원로원의 정치적 위상에 대한 기존의 평가를 생각해 볼 때 매우 기이하게 여겨진다. 그러나 우리는 본 법의 역사적 배경을 고찰함으로써 제정초기 정치 현실, 특히 황제권과 원로원의 상호 관계에 대하여 이해를 증진시킬 수 있을 것이다.

황제권의 이양 문제와 관련된 본법의 조문 내용은 다음과 같다.

> 그리고 그는 신성하신 아우구스투스와 티베리우스 율리우스 카이사르 아우구스투스와 티베리우스 클라우디우스 카이사르 아우구스투스 게르마니쿠스가 행사하였듯이 그가 생각하기에 시민에게 유익하고 국가의 중요한 이익을 위해 도움이 되는 일이라면 신에 관한 그리고 인간에 관한 공적인 그리고 사적인 어떤 일이든지 처리할 수 있는 권한을 가진다.[66]

일부 학자들은 본 조문에 대하여 로마의 원수정이 독재정으로 변화하는 법률적 기초를 제공하여 주는 것이라고 평가하고, 플라비우스 왕조의 마지막 황제인 도미티아누스 시절의 독재정이 이에 근거한 것이라고 주장한다.[67] 그러나 하나의 입법 조치를 통하여 원수정 체제가 일시에 독재정으로 변모하였다고 보는 것은 성급한 판단이다. 도미티아누스의 독재정은 통치 원리상의 문제에서 비롯된 것이 아니라 그의 개인적 자질에 보다 근거한 것이었다. 본 조문을 황제에게 절대적 권리를 부여하는 것으로 보면 본 법에 규정된 다른 조문들은 모두 불필요한 것으로 된다. 따라서 본 조항은 이전 황제들이 누리던 국법상의 권한을 신임 황제에게 일시에 수여하기 위하여 등장한 것으로 보아야 한다.[68] 이러한 자유 재량권이 베스파시아누스 황제에 이르러 처음 나온 것이 아니라 이전의 황제들이 행사하던 것이었음은 본 법의 몇몇 다른 조문에서 '…께서 그러 하였듯이'(ita uti licuit)라는 표현과 함께 아우구스투스, 티베리우스 그리고 클라우디우스를 들고 있는 점을 통해 짐작할 수 있다.

미미한 기사 신분 출신인 베스파시아누스가 율리우스-클라우디우스 왕조의 뒤를 이어 새로운 왕조를 연 것은 당대 로마인들에게는 커다란 충격이었다. 타키투스는 이러한 당대인의 심정을 "로마 밖에서 황제가 배출될 수 있다는 제국의 비밀이 드러났다."는 말로 적절하게 표현하였다. 본 법은 이러한 충격적인 변화속에서 제위에 오른 베스파시아누스에게 전임 황제들이 누리던 황제의 권한을 확보하여 주기 위하여 탄생한 것이다. 또한 본 법은 원로원 존중의 로마의 정치 전통을 준수하여 로마에서의 권력 기반을 확고하게 하고자 하는 베스파시아누스의 의도를 반영하는 것이기도 하였다.

율리우스-클라우디우스 왕조시대에 이루어진 제위 계승에는, 이렇게 황제의 권한이 단일의 입법을 통하여 수여되는 경향을 보인 점 이외에도, 그 과정에 군대의 힘이 개입되는 경향을 보이기 시작하였다는 점을 지적할 수 있다. 앞서 지적하였듯이 티베리우스 즉위시에 그는 이미 자신의 지위를 공고하게 다진 상태였기 때문에 군대의 개입을 용납하지 않았다. 그러나 가이우스의 즉위시에는 사정이 달랐다.

가이우스는 티베리우스의 유산을 마치 자기 것인 것처럼 나누어 주었고 그로 인하여 도량이 크다는 명성을 널리 얻었다. 그 후 그는 친위대 병사의 퍼레이드를 가졌는데, 원로원이 보는 앞에서 그들을 사열하고 그들 각자에게 티베리우스가 유산으로 남긴 250 데나리우스씩을 나누어 주었으며, 자신의 재산에서 또한 그와 같은 양을 각각에게 나누어 주었다.[69]

그는 친위대 병사를 사열하면서 하사금을 전달한 것으로 보인다. 티베리우스는 죽으면서 자신의 뒤를 이을 인물로 게르마니쿠스의 아들인 가이우스와 자신의 친자인 드루수스의 아들 티베리우스를 공동 상속자로 지명하고, 자신의 유산을 베스타 신전의 여사제, 병사들과 로마 평민들에게 나누어 주도록 유언하였다. 가이우스는 자신이 제위를 독차지하여 티베리우스의 유언을 위반하면서도 유산을 분배하여 주도록 하는 조항만은 그대로 따랐다. 그 외에도 그는 친위대 병사들에게 자신의 재산에서 또다른 하사금을 지급하였다. 친위대 병사들에게 하사금을 지급한 선례는 아우구스투스와 티베리우스 치세에도 있었다. 사인으로 제위에 오르자 마자 친위대에게 하사금을 지급한 가이우스의 경우는 자신의 정권을 지지하여 주는 주요 기반으로써 그들을 중시하였음을 보여주는 것으로 이러한 선례는 클라우디우스 즉위시에 선례로 작용하였다.

한 병사가 달려가다가 그의 발을 보고 숨어 있는 클라우디우스를 찾아내어 그를 끌어내었다. 클라우디우스는 공포심에 그앞에 무릎을 꿇었지만 그는 그를 황제로 환호하였다…다음날 그는 병사들이 그에게 충성의 맹세를 올리는 것을 허락해야 했고 그들 각자에게 15,000 세스테르케스의 하사금을 지불하겠다고 약속하였다. 그는 돈으로 군대의 충성심을 산 최초의 황제가 되었다.[70]

한편 여러 병사들이 궁중에 몰려가서 약탈할 물건을 찾다가 어두운 구석에 숨어 있는 클라우디우스를 발견하였다…그들은 그를 알아보고는 황제로 환호하였고, 그들 자신들의 병영으로 데리고 갔다…그들은 그에게 최고의 권한을 주었다.[71]

이러한 군대의 중요성은 네로의 즉위시에 노골적으로 드러난다.

마침내 10월 13일 한낮에 팔라티움의 문이 갑자기 열리고 네로는 부루스를 대동하고 도시 보병대에 갔다. 그들은 언제나 근무에 충실한 자들이었다. 그곳에서 그는 한 지휘관의 신호에 따라 환호를 받았고 가마에 앉았다…네로는 친위대 병영으로 안내되었다. 그는 간단한 연설을 한 후에 그들에게 자신의 아버지 경우와 같은 규모로 하사금을 주겠다고 약속하였고 임페라토르로 환호받았다. 군대의 결정에 뒤이어 원로원의 결의가 나왔다.[72]

그러나 이 시기 군대의 정치개입은 3세기 군단의 정치 개입과는 달랐다. 원수정 체제는 평민과 군대의 환호 속에서 등장하였다. 국법상으로 지위가 불확실하던 황제는 평민에게는 보호자이자 시혜자로서 그리고 군인들에게는 그들을 지휘하고 생계를 책임지는 장군으로서 연결된 존재였다. 신의(fides)에 기반하고 선행(beneficia)을 주고 받는 상보성의 원리에 의하여 운영되는 피호제는 로마 사회내 인간 관계에서 커다란 영향을 발휘하였다. 이 시기 황제의 하사금 수여는 단순한 뇌물제공 행위가 아니라 황제와 병사 사이의 이러한 특별한 일차적 인간관계를 확인시켜주는 상징적 의미를 지닌 것이었다.[73] 군대의 무력이 제정기 황제권의 실질적 기반이었음은 부인할 수 없다. 그러나 황제는 군대의 무력을 정권 유지의 유일한 수단으로 공공연하게 이용한 것이 아니었고 3세기의 혼란상황에서처럼 군대가 노골적으로 집단 이익을 추구하여 정치에 개입한 것은 아니었다.

## 2. 원로원 세력과의 갈등

### 1) 제정 초기 원로원의 정치적 위상

제정기 원로원은 공화정기의 정치적 위상을 상실한 채 황제에게 복종하는 굴욕적인 집단으로 여겨져 왔다. 타키투스로 대표되는 제정기 저술가들은 황제와 원수정 통치 체제가 내란의 혼란을 피하기 위해서는 필요하다는 것을 인정하면서도 공화정의 이상을 포기하지 않았다. 그 이상에 비추어 볼 때 제정기 원로원의 모습은 그들에게 너무도 실망스러웠다. 타키투스는 제정기 원로원의 모습을 다음과 같이 묘사한다.

> 저항은 존재하지 않았다⋯.노예와 같은 굴종이 정치적으로 그리고 재정적으로 성공하는 길이었다.[74]

> 이 시대는 타락과 아부의 시대였다.[75]

이러한 고대 저술가의 판에 박힌 설명은 근대 역사가에게 강력한 영향을 주었다. 예를 들어서 싸임은, 황제는 '명목상의' 권력 배후에 있는, '실제적이고 궁극적인' 권력이었고, 원로원은 황제의 결정을 선전하거나 형식적으로 인준하였을 뿐이라고 생각하였다. 많은 역사가들은 황제의 통제로부터 자유를 얻기 위한 원로원 의원의 투쟁만을 원로원의 독립성을 보여주는 것이라고 생각하였고 현실 정치 질서에 대한 타협은 용기가 없는 태도라고 여겼다.

그러나 제정기의 원로원이 그처럼 무력한 집단이었다면 황제는 왜 원로원에 대하여 그처럼 배려하였으며, 원로원은 어떻게 해서 거의 일천년이 넘게 존재하고 기능할 수 있었는가? 제정기 원로원의 정치적 위상에 대한 평가는 공화정기 원로원과의 비교를 통해서가 아니라 달라진 시대 상황 속에서 내려져야 한다. 로마 제정기 원로원은, 합리적인 방식으로 분명한 목적과 과제들을 추구한 하나의 통합체였으며 제국의 통치에서 중요한 역할을 하였다. 제정 초기 원로원은 로마의 정치적 지혜와 행정상 경험의 저수지였으며 국정의 중요한 동반자였다.

국법상 최고 기구의 구성원으로서 그리고 로마 세계 지배 신분으로서 원로원의 지지는, 원수정기 국정의 원활한 운영과 황제권의 안정을 위하여 절대적으로 중요하였다. 다른 한편으로 원로원은 황제에 대한 가장 강력한 위협 세력이기도 하였으니, 속주 총독과 군단 사령관은, 대부분 바로 이 원로원 신분에서 배출되었다.

아우구스투스 이후 사실상의 일인 지배 체제가 나타나면서 로마의 정치 권력의 핵심은 쿠리아에서 '궁정'(aula)으로 이동하였다. 'aula'라는 라틴어는, 궁정(court)을 뜻하는 그리스어 'aule'에서 파생되어 나온 것으로, 헬레니즘 시대 오리엔트와 그리스 국왕들의 궁정을 가리키는 말이다. 리비우스를 포함하여 공화국 시대 로마 저술가들의 글에서는 전혀 알려지지 않던 이 용어는, 제정 초기에 급속하게 사용되기 시작하였다. 베스파시아누스가 황제의 지위에 오르기 이전에 겪을 경력상의 우여 곡절을 통해서, 우리는 한 인물의 출세와 좌절에 궁정의 역할이 얼마나 막강한 것이었는지를 알 수 있다. 그러나 궁정에서 이루어지는 일은, 공화정기 정무관들의 직무 수행과는 달리 그 모습을 제대로 파악하기가 어려웠다. 디오는 그 이유를 다음과 같이 명확하게 말하여 준다.

> 그러나 이 때 이후로 일어나는 대부분의 일들은 비밀에 부쳐지고 숨겨졌다. 그리고 어쩌다가 일부 일들이 공표되었지만 그것들은 진실을 확인할 수 없기 때문에 불신되었다.[76]

일인 지배가 시작되면서 정치 생활과 의사 결정 과정은 원로원이나 포룸과 같은 공공 장소로부터 은밀한 궁중으로 숨어 들어갔다. 이러한 사정으로 인하여 고대의 사료상으로는 물론이고 근대의 연구서에서도 로마 제정 초기 궁정의 생활과 운영 실태에 대해서는 제대로 알려진 바가 없다.

이러한 변화에도 불구하고 원로원 귀족의 정치적 역할이 사라진 것은 아니었다. 1930년대 말 싸임이 집단전기학(prosopography)의 연구 방법을 동원하여 제정 초기 원로원 엘리트들 간의 연계를 연구한 이래, 황실 피해방민들에 관한 연구, 기사 출신 '황제의 친구들'(amici principis)에 관한 연구 등이 나오면서 제정 초기 궁정에 대한 이해가 크게 향상되었다. 특히 황제와 신민 사이의 접촉, 의사 결정의 과정, 자원의 분배와 피호제 등에 관한 연구가 나오면서 궁정에서 그 역할을 수행하던 자들의 관계 그물망과, 그들이 움직이던 구조가 제법 그 모

습을 드러내게 되었다.[77]

제정 초기 황제는 국가의 주요 정책을 결정하면서 '친구들(amici)'의 조언을 받았다. 공화국 말기 원로원 의원의 써클에서 '우정'(amicitia)라는 말은 정치적 동맹 관계로부터 보통의 사적인 우정에 이르기까지 넓고도 다양한 관계를 의미하였다.[78] 그러나 이러한 황제의 친구들이 모두 다 황제와 가까이서 정책을 토론하고 조언을 한 것은 아니었다. 그 친구들 중에서 황제는 가까이 하는 친구를 분류하여 대하였다.

> 그대의 고조부께서는 추방자들을 용서하셨습니다. 추방자들을 용서하지 않았다면 그가 누구를 다스려야 하였겠습니까? 쌀루스티우스와 코케이우스, 데일리우스 그 밖의 처음으로 만나는 자를 모두(cohors primae admissionis), 그는 자신의 정적 중에서 모집하셨습니다.[79]

비문 사료에도 아우구스투스 혹은 티베리우스가 '먼저 접견을 한'(exprima admissione) 기사와, 안토니누스 피우스에게 '그 다음에 문안을 드린'(salutatio secunda) 원로원 의원에 관한 이야기가 나온다. 또한 클라우디우스는 아끼는 사람들에게 자신의 초상이 새겨진 금반지를 나누어 주었고, 그 금반지를 낀 자들은 언제나 원하는 경우에, 자신을 만날 수 있도록 하였다.

제정 초기에 황제와 친구들 사이의 이러한 '우정'에도, 로마 사회 우정의 특징을 이루던 상호 의무가 존재하였다.

> 타리우스가 자신의 아들에 대한 심판을 시작하면서 아우구스투스 카이사르

를 그 가족회의(consilium)에 초청하였다. 아우구스투스는 또다른 한 시민의 가정에 초청받아 그의 곁에 앉아서 가족회의에 참여하였다. 그는 차라리 그 자를 나의 집으로 오게 하라고 말하지 않았다. 왜냐하면 만약 아우구스투스가 그렇게 이야기하였다면 그 심판은 아버지에 의해서가 아니라 카이사르에 의해서 진행될 것이기 때문이다.[80]

제정 초기 타리우스라는 자가 '부권'(patria potestas)에 의하여 자신의 아들을 심판하면서, 친구이자 황제인 아우구스투스에게 가족회의에 참가하도록 초청하였고, 그는 친구의 자격으로 그에 응하고 있는 모습이다. 아우구스투스는 친구를 돕기 위하여 법정에 서기도 하였다. 아우구스투스뿐만 아니라 제정 초기의 황제들은 이러한 친구관계에 있어서 상호간의 의무(officia)를 수행하였다.

이러한 궁중 내 황제의 친구들은 자연스럽게 국가 정책 문제에 대해서도 영향력을 행사하였으니 '황제협의회'(consilium principis)가 바로 그것이다. 제정 초기 불안정한 국법 상의 지위를 지닌 프린켑스로서는 정책 결정을 위해서 자문기구가 필요하였다. 원로원은 황제에게 필요한 조언을 해 주기에는 그 규모가 너무 컸고, 또 제대로 통제하기도 어려웠다. 이런 상황에서 원로원의 여론을 대변하고 황제에게 필요한 조언을 해 주던 기구가 바로 협의회다. '황제의 친구들'은 로마 제국의 문제를 해결하는 데 그들의 경험을 바탕으로 지속적이고 커다란 영향력을 행사하였다.[81]

네로 치하에서도 협의회는 활발하게 기능하였다. 특히 네로는 미숙한 10대의 나이에 제위에 올랐기 때문에 국정의 운영에서 조언자들에게 많이 의존하였다. 56년에 네로는 '피해방민의 범죄에 대한'(de fraudibus libertorum) 논의가 원로원에서 황제에게 이관되자 '몇몇 조언자들'(inter paucos)에게 자문을 구하였다. 58년에도 네로는 푸블리카니의 횡포에 대한 속주민의 탄원을 듣고 '속주세' 폐지안을 제안하였다가 '나이많은 조언자들'의 반대 의견을 듣고 자신의 견해를 철회하였다. 네로는 군사 문제에서도 협의회를 통하여 원로원 귀족 출신의 조언자들에게 조언을 구하였다.

> …네로는 위험한 전쟁을 벌일 것인지, 모욕적인 강화를 할 것인지를 결정하기 위하여 국가의 가장 저명한 자들에게 자문을 구하였다. 즉각 전쟁이 결정되었고 병사와 적들에게 오랫동안 잘 알려진 코르불로가 작전의 사령관으로 임명되었다.[82]

동부 국경 지역은 파르티아와 로마가 아르메니아 지역을 두고 오랫동안 분쟁을 일으켜 온 지역이었다. 네로는 클라우디우스 치세 말년에 상실한 지배권을 되찾기 위하여 즉위 초부터 노력하였으며 그 때마다 협의회의 자문을 구하였다.

'황제의 친구들'로 이루어진 협의회는 이러한 국가 운영에 관한 일 뿐만 아니라 황제의 개인사에 대해서도 협의하였다.

> 네로는 악테라는 이름의 한 여자 피해방민과 사랑에 빠졌다…. 황제의 나이 많은 친구들조차 그런 지위의 여자가 황제의 욕망을 충족시켜주는 것을 반대하지 않았다.[83]

황제의 사생활 문제까지 '나이 많은 친구들'이 논의하였다는 사실은 이 협의회의 역할과 성격에 대하여 시사하는 바가 크다. 로마 제정 초기 정치는 바로 궁중 내의 이러한 모임을 통해서 이루어졌고 원로원은 유력한 '황제의 친구들'을 통하여 정책 결정에 영향력을 행사한 것이다.

황실 협의회의 존재와 관련하여 황제와 '황제의 친구들' 간의 관계가 어떠하였는가를 밝혀주는 연구가 로저스에 의해서 이루어졌다.[84] 제정 초기 황제의 '절교선언'(amicitiam renuntiare)은 궁중에서 이루어지던 황제와 그의 조언자들 간의 관계를 암시하여 준다. 일부 근대 연구자들은 황제는 비판이나 조롱, 모욕 등을 당하면 대역죄(crimen maiestatis)로 처벌하였다고 생각하였다.[85] 그러나 대부분의 법률 문헌에는 말이 아니라, 황제의 신성한 조상(彫像)을 의도적으로 훼손하는 행위 등, 행동에 의한 불경 행위만을 문제삼고 있다. 이 문제에 대하여 제정기 황제는, 율리우스 카이사르 이래 관습적으로 인정되어 온 태도를 취하도록 요구받았다. 즉, 그에 의하면 황제가 주위 사람의 비난을 받으면 조리있는 주장으로 그 비난을 논박해야 하고, 황제를 소재로 한 농담에 대해서는 웃어넘기거나 그 보다 더 심한 농담으로 맞받아쳐야 하며, 황제를 경멸하고 욕하는 자에 대해서는 무시해야 했다. 왜냐하면 그에 대응하는 것은 황제의 위신에 걸맞지 않기 때문이다. 이러한 도발 행위에 대해서 황제는 대역죄를 적용하여 처벌한 것이 아니라 그저 '절교선언'을 하였다. '절교선언'은 공화정 사회의 전통에서 발전해 온 것으로 네로황제 시절에도 여전히 궁중에서 황제와 그 친구들 사이에서 시행되었다. 즉, 이 제도는 황제가 제정 초기에 대역죄를 남발하지 않았음을 보여줄 뿐만 아니라 황제가 원로원 귀족에 대하여 군림하는 존재가 아니라 그들과 함께 국정을 논의하는 파트너로 행동하였음을 보여주고 있다.

현실적으로 황제에게 도전할 수 있는 '친구들'은 없었다. 그러나 이러한 황제의 태도를 위선적인 것으로 간단히 비난하는 것은 원수정 체제의 본질을 놓치는 성급한 태도다. 황제들은 단지 위선적으로가 아니라 매우 진지하게 이러한 '겸손의식'(ritual of condescension)을 준수하였다.[86] 일인권력자인 황제가 이러한 '형식적' 절차에 마음을 쓰지 않을 수 없었다는 사실을 통하여 제정초기 정치내에 상존하던 내적 긴장감을 잘 알 수 있다.

## 2) 정치이념 논쟁

제정 초기 로마인들은 원수정 통치 체제에 대해서 뜨거운 논쟁을 벌였다. 그들은 체제의 기반을 확립한 아우구스투스와 당대의 통치자들을 비교하고 평가하였다. 세네카가 추방지에서 돌아오고 특히 헬레니즘 정치 사상이 점차 로마에 커다란 영향을 끼치면서 정치 사상 논쟁은 더욱 가열되었다. 이 논쟁은 공화국 시절과는 달리 포룸이나 콘티오(contio)에서가 아니라 사적 집단과 문학 작품에서 이루어졌다. 헬레니즘 세계의 전체주의적 성격과 그와 연관된 전제 왕권 개념은 황제권의 강화를 노리는 로마의 황제에게 편리하였다. 제정 초기 로마 황제들은 이러한 헬레니즘 정치 사상에 접하면서 불안정한 국법상의 지위를 강화하고자 시도하였다. 반면 로마의 귀족들은 헬레니즘 세계의 렉스(rex)와 튀라누스(tyrannus)에 대한 토론을 윤리적인 차원에서 도입하여 바람직한 군주상을 제시하고자 하였다. 그들은 이제 로마 공화정의 부활을 기대하지 않았다. 그들은 쿠리아를 보전하고 자신의 재산을 지키는 일을 최상의 목표로 삼아 이상적인 군주의 모습을 헬레니즘 사상에서 찾고자 하였다. 렉스란 훌륭하고 자비로우며 정의를 존중하는 군주인 반면 튀라누스는 잔인하고 이기적이며 탐욕스러운 전제군주로서 형평을 위반하는 자이다. 또한 렉스란 자신의 신민에 대하여 아버지처럼 행동하는 자이고, 그들을 노예가 아니라 자유인으로 보는 자이며, 보다 훌륭한 시민들의 동의에 의해서 안내를 받는, 즉, 원로원에게 자문을 구하는 자이다. 반면 튀라누스는 '야수를 닮은 자'다. 렉스와 튀라누스를 둘러싼 논쟁은 단순히 문학적, 이론적 논쟁에 머무르지 않았다. 그 논쟁은 종종 민감한 이데올로기적 충돌을 불러일으켰고, 때로는 피를 부르는 대결과 공포를 일으키기도 하였다.[87]

제정 초기 황제가 취한 여러 행정 조치와 원로원의 일상적인 의사일정의 이면에는 여러 모임의 토론이 이루어지고 있었다.

> 나는 만찬 파티와 써클에서(conniuiis et circulis) 이러한 것들이 비난되고 그에 대한 제한이 가해져야 한다는 주장이 있다는 것을 모르는 바가 아니다.[88]

티베리우스는 로마에서의 사치스러운 생활을 개탄하면서, '만찬 파티와 써클'에서 이에 대한 비난의 소리가 높다는 사실을 언급하고 있다. 이처럼 로마에서 사람들은 잔치를 벌이거나, 길거리나 집안에서 친구들과 모여서 여러 문제를 토론하였다. 이러한 써클들은 공식적으로 만들어진 동지회나 근대적 의미의 정치적 당파는 아니었다. 그러나 구성원들은 공통의 관심사를 중심으로 긴밀한 유대를 지니고 있었고 문학, 정치, 철학 등의 영역에서 주도적 역할을 수행하였다. 그 써클은 여가를 보내기 위한 가벼운 것이 아니라 매우 진지한 성격의 모임이었

고, 이데올로기 논쟁에서 중요한 역할을 하였다.[89]

타키투스는 도미티아누스가 고발인(delatores)을 이용하여 써클의 활동을 탄압하고 침묵을 강요한 일을 엄청난 정치적 재난으로 여겼다.

> 그리고 옛 세대가 극단적인 자유를 누린 반면, 우리는 극단적인 노예 상태를 감수하고 있다. (고발인들의) 조사를 통해서 심지어 말하고 들을 자유조차 우리는 박탈당하였다.[90]

타키투스는 써클의 자유로운 활동이 보장되지 않는 상황을 노예와 같은 상태로 비유하고 있다.

주요 써클은 50년대에 집중적으로 등장하였고 네로 시대에는 그에 대응한 정치적, 문화적 주장들이 본격적으로 등장하여 논쟁을 벌였다. 여러 이데올로기 집단은 써클을 통하여 사회적, 정치적, 문화적 요구에 대응하였다.

황제들은 자신들에게 호의적인 써클의 활동을 격려하였고 이에 부응하여 그들은 황제를 적극적으로 지지하기도 하였다. 제정 초기 황제는 정권의 정당성을 선전하기 위하여 문학 활동을 중시하였다. 이러한 황제와의 관련성이 지나쳐서 권력에 아부하는 문필가들이 등장하기도 하였지만 대체로 정치, 문학 써클은 원로원 귀족의 이상을 반영하였다.

가장 중요한 이데올로기 집단은 아나이우스 집단이었고 그 집단의 두 써클 중에서 세네카 써클이 가장 대표적이었다. 그는 이미 칼리굴라 시절부터 연설가로 명성을 날리었고, 많은 재산을 소유하여 당대 최고의 재력가이자 대토지 소유자 중 한사람으로 꼽히었다. 그 써클은 클라우디우스 치세 마지막 3년 동안, 즉 52-54년 동안, 문학과 정치 분야에서 활동하였고 이후 네로 시대 문학 발전에 결정적인 공헌을 하였으며, 네로 치세 전반기 7년을 지배하게 될 정치 이데올로기를 마련하였다. 세네카의 써클에는 그의 친척, 친구뿐만 아니라 수많은 젊은 이들이 참여하였는데 특히 제국의 서부 출신이 많았다. 세네카 써클의 주요 인물로는 그의 아우인 유니우스 갈리오(L. Junius Gallio), 아나이우스 멜라(Annaeus Mela), 멜라의 아들이며 세네카의 조카인 시인 루카누스, 저술가 콜루멜라, 파비우스 루스티쿠스 그리고 친위대장 부루스 등이 유명하였다. 그 점은 세네카가 제국 서부의 루시타니아 속주 출신이라는 점이 크게 작용하였을 것이다. 이 써클에서 세네카의 영향력은 지대하였고, 세네카의 생각과 관심사가 그 써클 내 추종자들에게 커다란 영향을 끼쳤다.

세네카는 로마화된 제국 서부 속주 출신 신진 엘리트의 입장을 반영하여, 정치적 쇄신을 주장하였다. 그는 로마 공화국을 찬양하는 카토를 가혹하게 비판하고 로마 제국을 지지하였다. 즉 세네카의 정치적 성공은 로마 정치의 주도 세력이 바뀌어가고 있음을 보여주는 것이다. 로마의 정치가 로마와 이탈리아의 토지귀족들의 전유물이던 시절이 서서히 종말을 고해가고 있는 것이다. 즉, 세네카는 전통주의적이지도 않았고 고대 노빌리타스의 관점을 대변하지도 않았다. 이러한 세네카의 입장은 그의 저서 중 여러 곳에서 발견된다.

> 플라톤은 "모든 국왕은 노예의 한 종족으로부터 나오고, 모든 노예는 조상 중에 국왕을 가지고 있다."고 말한다…그렇다면 태생이 좋은 사람이란 누구인가? 그것은 자연에 의해서 덕을 갖춘 사람을 말한다…우주의 시작에서부

터 현재에 이르기까지, 우리는 저명한 혹은 천한 기원으로부터 비롯되어 왔다. 연기로 그을린 흉상들이 가득 놓여 있는 아트리움을 가졌다고 해서 그가 고귀하게(nobilem) 되는 것은 아니다. 어떠한 과거도 우리에게 영광을 제공하지는 않으며 우리 이전에 존재하던 것이 우리의 것은 아니다. 정신만이 (animus) 우리를 고귀하게 만든다. 그리고 이전의 조건이 어떠하였든지 간에, 그 정신은, 그러한 조건으로부터, 운명(fortuna)보다 우월한 지위에 오를 수 있다.[91]

이러한 세네카의 태도는 다음 구절에서도 나타난다.

우리는 모두 같은 곳에서 왔고 같은 기원을 가지고 있다. 본성이 보다 정직하고, 훌륭한 행동을 보다 잘 할 수 있을 때에만 우리는 그가 보다 고귀한 존재라고 말할 수 있다.[92]

우리의 시대만이 악덕을 가진 것은 아니다. 우리 조상들도 그들의 악덕을 가지고 있었다.[93]

즉, 그는 귀족의 우쭐거리는 태도를 비난하였다. 그러나 공화정기 구귀족을 배척한 것이 아니라 새로이 원로원에 등장한 신귀족을 중심으로 귀족층의 통일을 주장하였다. 즉, 아나이우스 이데올로기 집단은 새로이 등장한 귀족의 정치적 입장을 대변하였다.

이와는 달리 트라시아 써클은 스토아 사상에 열정을 보이면서 옛 전통을 고수하였다. 트라시아 그룹에 속한 인물들로 트라시아의 사위 헬비디우스 프리스쿠스(Helvidius Priscus), 페르시우스(Persius) 등이

유명하다. 그들은 속주민이 원로원에 들어오는 것에 반대하였고 기사 신분에 대해서도 관심을 보이지 않았다. 예를 들어, 트라시아는 크레타의 한 유력자가 속주민을 탄압한 죄목으로 재판을 받게 되었을 때, 그의 오만한 태도에 대하여 다음과 같이 크게 분노하였다. 그 자는 크레타의 총독이 크레타인으로부터 감사를 받고 못 받고는 자신의 손에 달려 있다고 오만하게 말하였다.

> 속주민의 이러한 오만함을 로마 신의와 강고함에 어울리는 결정을 내려서 응징합시다.[94]

위의 법정 연설에는 트라시아의 태도가 잘 나타난다. 트라시아 써클의 사람들은 헬레니즘 문화에 대하여 반대하였고, 강력한 결집력을 보여 주었다.

칼푸르니우스 피소 가문 써클은 정치 분야에서 소극적인 태도를 보였고, 에피쿠로스적인 소양을 지닌 자들이 주로 모여 들었다. 그 써클의 우두머리는 가이우스 칼푸르니우스 피소인데, 이 자가 바로 65년에 네로에 대항한 음모를 꾸민 주동인물이다. 칼푸르니우스 피소가는 저명하고 오랜 전통을 지닌 가문이었다. 칼푸르니우스 써클은 귀족이 주도하기는 했지만 매우 온건하였고, 사회내 최하층민내에서, 특히, 대가문의 피해방민과 피호민 중에서 많은 지지세력을 가지고 있었다. 이처럼 네로 시대에는 다양한 정치, 문학 써클이 활발하게 활동하였고, 치열한 정치, 사상 논쟁이 전개되었다.

그러나 네로 치세 전반기에는 이러한 이념적 긴장이 정치적 갈등으로 표출되지는 않았다. 세네카는 원로원과 황제 사이에서 어린 황제에게 영향력을 행사하면서 긴장관계에 빠지기 쉬운 양 세력간의 조화를 꾀하였다. 56년에 저술된 『자비론』에는 그의 그러한 노력이 반영되어 있다. 그는 당시 로마에 풍미하던 헬레니즘 정치사상에서 군주의 상을 적극 수용하여 저술하였다. 여기에서 이야기되는 군주의 자비란, 지나치게 자선을 베풀고 모든 허물을 보아 넘기는 감정적인 정책을 의미하는 것이 아니라, 훌륭한 통치자에게서 기대되는 자질들을 포함하는 박애의 의미였다. 그것은 기본적으로 국왕의 의무에 대한 헬레니즘의 스토아적 저술의 전통을 잇는 것이었다. 그 저서에서 세네카는 황제의 권력을 크게 강조하였다. 모든 것이 황제에게 의존하며 황제의 권력은 절대적이고 단지 자신의 양심에만 굴복된다.

나는 모든 이들 중에서 하늘의 뜻에 따라 지상에서 신들의 대리자로 봉사하도록 선택된 것이 아닌가? 나는 여러 민족의 삶과 죽음을 결정하는 자다.[95]

이처럼 세네카는 군주의 방대한 권력을 설명하면서 다른 한편으로는 그 권력을 제한해서 사용할 것을 권하였다. 세네카에 의해서 제시된 이상적인 군주상은 현실적으로 서로 모순되는 두개의 이데올로기 모델을 포함하였다. 하나는 아우구스투스가 세운, 공화정의 전통을 존중하는 프린켑스의 모델이었고 다른 하나는 자비를 베푸는 일인 지배자의 모델이었다. 네로는 스승 세네카가 제시한 두 측면 중에서 자신의 마음에 맞는 후자의 모습을 받아들였다(사진5).

디오는 세네카를 '폭군의 스승'이라고 불렀다. 네로에게 끼친 세네카의 이러한 영향을 생각할 때 일리 있는 표현이다. 세네카는 네로를 자신의 영향력 하에 두기 위하여 의도적으로 노력하였다.

세네카는 스승에 대한 네로의 존경의 마음을 보다 오래도록 유지하기 위하여 그로 하여금 초기 연설가들의 글을 읽지 못하도록 하였다. [96]

네로에 대한 세네카의 영향은 적지 않았다.

세네카와 부루스는 정부를 자신들의 수중에 장악하였고, 그들이 할 수 있는 가장 훌륭하고 공정한 방식으로 업무를 처리하여, 그들은 모든 이들에 의해서 똑같이 칭송을 받았다. [97]

세네카가 국정을 장악하고 주도했다는 점은 인사 정책에 잘 나타난다. 네로 집권 초기에 정치에 새로이 들어선 인물 중에는 세네카와 같은 히스파니아 속주 출신의 신인이 두드러지게 많았다. 속주 출신의 인물이 원로원에 가입하는 일은 당시로서는 흔치 않았다. 네로 시대에 속주로부터 원로원에 들어오는 사람이 크게 증가하였고, 서부 지역 특히 히스파니아 출신이 많았다는 점은 세네카의 영향때문인 것으로 보아야 한다.

이러한 세네카의 영향력은 원로원에서가 아니라, 황제의 협의회에서 실행되었다. 이것은 세네카가 로마

(사진5) 세네카의 흉상, 베를린국립박물관

의 전통적인 귀족 가문 출신이 아닌 점과 관련이 있을 것이다. 그 협의회에서 실질적인 권력을 행사한 자는 세네카와 친위대장 부루스였다. 세네카와 부루스는 '황제의 친구'였다. 타키투스는 부루스와 세네카의 관계를 다음과 같이 서술한다.

> 그들은 권력의 동반자들로서는 보기 드물게 의견의 일치를 보였고, 여러 방식을 통해서 동등하게 권력을 행사하였다. 부루스의 영향은 군사적 재능과 성실한 인격에 있었고, 세네카의 영향은 웅변교육과 위엄을 갖춘 상냥함에 있었다.[98]

두 사람 모두 서부 속주 출신인 점이 주목된다. 그들은 로마의 전통귀족들보다 제국 내 속주사정에 대하여 더 잘 아는, 따라서 제국의 행정에 보다 적합한 인물들이었다.


## 3. 원로원 세력과의 대립의 심화

### 1) 네로의 인사정책 변화

세네카가 정계에서 은퇴하고 네로황제가 정치의 주도권을 장악한 62년 이후 황제와 원로원 세력 사이의 정치적 긴장은 표면화되었다. 이 시기 이후 네로는 유력 가문의 원로원 귀족을 중용하지 않았다. 이점은 그의 콘술직 인사 정책에서 나타난다.

치세 전반기의 콘술 명부(fasti)를 살펴보면, 네로가 원로원 신분과 좋은 관계를 유지하려고 노력하였음이 드러난다. 55년에서 60년까지 정규 콘술들(consules ordinarii)은 모두 콘술급 인물의 아들이었고, 일부는 공화정 귀족 가문 출신이었다.제정기 '노빌레스'(nobiles) 연구의 출발점을 확립한 인물은 겔쩌다. 그는 타키투스의 『연대기』에 나오는 29명의 노빌레스의 인명을 분석하여 제정기 노빌레스는 공화정기 콘술의 후손들에게만 사용되었고 따라서 제정기에는 새로운 노빌레스 가문은 더해지지 않았다고 주장한다. 그러나 29명중 『연대기』 제11권에서 제16권에 나오는 13명의 노빌레스에게는 겔쩌의 이론이 적용되지 않는다. 결국 겔쩌의 이론은 수정되어 제정기에 들어서도 공화정기의 관행과 마찬가지로, 콘술직을 역임한 새로운 가문의 사람들이 노빌레스로 임명이 되었고 특히 비로마인의 경우에 그러하듯이, 노빌레스라거나 '노빌리타스'(nobilitas)라는 용어는 귀족을 가리키는 넓은 의미로 사용되었다. 따라서 본서에서는 공화정기 콘술직을 역임한 자의 후손을 '공화정 귀족', 기원전 49년 이후 콘술직을 역임한 자의 후손을 '제정 귀족' 그리고 콘술직을 역임하지 않은 자의 자손을 '신인'으로 정의하겠다. 신인의 범주에는, 자신의 가문 내에서 처음으로 원로원 의원이 된 자들 뿐만 아니라 콘술직에 도달하지 못한 원로원 가문이나 심지어 프라이토르급 가문의 후손들도 포함된다.[99]

네로는 모두 네 번 콘술직에 올랐는데 그 중에서 공화정 귀족을 동료 콘술로 삼은 경우는 세 번에 달한다. 57년의 칼푸르니우스 피소(L. Calpurnius Piso), 58년의 발레리우스 코르비누스(M. Valerius Corvinus) 그리고 60년의 코르넬리우스 렌툴루스(Cossus Cornelius Lentulus)가 그들이다. 롤런드(R. Rowland)는 네로가 원로원과의 좋은 관계를 맺기 위해서 뿐만 아니라, '아우구스투스의 가르침에 따라'(ex Augusti parescripto) 통치하겠다는 자신의 약속을 선전하기 위

하여 처음 네 번의 콘술직 동료들을 선택하였다고 주장한다.[100]

55년에서 60년까지 콘술직에 오른 자 중에는, 네로 이전 정권하에서 박해를 당한 인물이 상당수 들어 있다. 이것은 원로원과 화해하려는 네로 정권 초기의 노력을 분명하게 보여주는 것이다. 예를 들면, 55년 보궐 콘술인 마르쿠스 유니우스 실라누스(M. Iunius Silanus)의 경우다. 그의 할아버지 가이우스 유니우스 실라누스는 10년의 콘술이었는데, 부당취득재산 반환법 위반과 대역죄 혐의로 기소되어 22년에 추방되었고, 그의 아버지인 가이우스 아피우스 유니우스 실라누스는 28년의 콘술이었는데, 32년의 대역죄 혐의는 무사히 피하였지만, 42년에 가서 클라우디우스 치세 하에서 메살리나와 나르키수스가 꾸며 낸 혐의를 받고 처형되고 말았다. 그 외에도 55년의 보궐 콘술 렌툴루스 가이툴리쿠스(Cn. Cornelius Lentulus Gaetulicus), 56년의 보궐 콘술 트라시아 파이투스(P. Clodius Thrasea Paetus), 57년의 정식 콘술 칼푸르니우스 피소(L. Calpurnius Piso) 그리고 60년의 정식 콘술 코르넬리우스 렌툴루스(Cossus Cornelius Lentulus)의 조상이 이전 황제의 치세 하에서 탄압을 당하였다.[101]

그러나 이러한 화해 노력에도 불구하고 네로황제는 유력 가문의 인물들에 대한 경계심을 늦추지 않았다. 이 점은 콘술직을 역임한 자들이 그 이후에 담당한 직책을 보면 분명히 알 수 있다. 즉, 네로는 55년 동료 콘술 안티스티우스 베투스의 경우를 제외하면, 정식 콘술을 역임한 자를 많은 군대가 주둔해 있는 황제 속주의 총독직에 앉히지 않았다. 노빌레스들을 군대가 주둔해 있는 속주 총독의 자리에서 배제시키는 정책은 이미 아우구스투스에 의해서 분명하게 추진되었다. 따라서 원로원 귀족과 화해하고자 하는 네로의 초기 정책도 그 한계를 가질

수 밖에 없었다.[102]

그러나 60년이 지나면서부터 네로는 정식 콘술직을 더 이상 공화정 귀족과 전통 귀족(patricii)에게만 한정하지 않았다. 이 변화를 표로 정리하면 다음과 같다.

**(표 1) 네로 치하에서 정규 콘술직에 오른 인물들의 신분**

|  | 공화정 귀족 | 제정 귀족 | 신인 |
|---|---|---|---|
| 55–60년 | 4 | 4 | – |
| 61–68년 | 1 | 6 | 9 |

61년에 투르필리아누스(P. Petronius Turpilianus)와 파이투스(L. Caesennius Paetus)가 정식 콘술로 임명된 사실은, 이후 네로의 치세 동안 콘술 인사 정책의 방향을 분명하게 보여 준다. 전자는 티베리우스 시절에 콘술을 역임한 자의 아들이고, 후자는 49년의 베라니우스(Q. Veranius) 이후 정규 콘술직에 오른 최초의 신인이었다. 61년 이후 네로 집권기에 공화정기의 귀족 출신으로 콘술에 오른 자는 64년 정식 콘술에 오른 크라수스 푸루기(M. Licinius Crassus Frugi)가 유일하다.[103]

이러한 변화는 누구에 의해서 이루어진 것인가? 그 동안 그에 대한 대답은 타키투스 서술의 영향에서 벗어나지 못하였다. 부루스의 죽음은 세네카의 권력을 파괴하였다고 말한 타키투스의 설명에 근거하여, 부루스가 죽은 62년이 네로의 정책이 바뀐 시기라고 여겨져 왔다. 예를 들어서 사임은 61년과 62년의 콘술 명부를 근거로 하여 네로 하에서 강력한 영향력을 행사하게 된 자들이 등장하였는데, 비텔리우스 가문과 플라비우스 가문이 그들이라고 주장하였다. 싸임은 61년의 콘술

페트로니우스의 등장도 그러한 새로운 가문의 등장과 관련이 있는데 그가 비텔리우스 가문과 사돈 관계를 맺고 있었기 때문이라고 주장한다. 그리핀은 한 걸음 더 나아가 그러한 변화는 네로 정권의 타락을 의미하는 것이며, 페트로니우스 투르필리아누스가 콘술의 아들이었는데도 콘술직에 늦게 오른 이유는 세네카가, 페트로니우스의 친척인 비텔리우스(A. Vitellius)에게 적대감을 갖고 있었기 때문이라고 주장한다. 그리핀은 61년 페트로니우스 투르필리아누스의 콘술직 취임과 함께 브리튼과 아르메니아에서의 정책도 변화하였는데, 이러한 일련의 변화는 네로와 '타락한 자들'(deteriores)에 의한 것이라고 주장하였다. '타락한 자들'이라는 타키투스의 용어를 싸임과 그리핀이 그대로 사용하고 있는 점은 시사적이다. 즉, 그들은 타키투스의 판단에 휩쓸려 네로 시대를 구분하고 있는 것이다.[104]

그러나 이 주장은 사료상으로 반박된다. 예를 들어서 티투스 플라비우스 싸비누스는 53-60년 동안 모에시아의 레가투스로 근무한 후에 61년에 로마시장직에 오르는 반면, 그의 동생인 베스파시아누스는 클라우디우스 황제의 브리튼 원정에서 활약을 하고 51년에 콘술직에 올랐는데도 61년 혹은 62년에 아프리카의 프로콘술로 나갈 때까지 공직에 오르지 못했다. 싸임과 그리핀의 주장대로라면 같은 플라비우스 가문에 속하는 두 형제가 다른 공직 경험을 갖게 된 것은 이해하기 어렵다. 이것은 네로의 정책 변화가 타키투스가 말하고 싸임과 그리핀이 주장한 것처럼, 세네카로부터 '타락한 자들'로 주도권이 넘어갔기 때문이 아니라는 것을 보여준다. 플라비우스 가의 두 형제 이외에도 술피키우스 갈바(Servius Sulpicius Galba)의 경력과 실바누스 아일리아누스(Tiberius Plautius Silvanus Aelianus) 등의 경력을 볼 때에

(사진6) 네로시대의 주화 : 54년, 네로와
아그리피나상
정부의 공식입장을 선전하는 주화에 아그
리피나가 네로와 마주한 모습으로 등장한
것은 그녀의 정치적 영향력이 강력하였음
을 잘 보여준다.

도 아그리피나가 이들의 경력에 해로운 영향을 끼쳤음을 알 수 있다.[105]

네로 집권 초기 아그리피나의 정치적 영향력은 강력하던 것으로 추정된다. 네로의 콘술 인사 정책상의 변화, 이전에 아그리피나에 의해서 저지당한 자들이 정계에 등장한 시기 그리고 아르메니아와 브리튼에서의 새로운 정책이 실시된 시기 등이 모두 아그리피나의 정치적 몰락 이후였다는 사실은 그 점을 입증하는 것으로 볼 수 있다. 즉, 세네카와 부루스 혹은 비텔리우스 가문과 플라비우스 가문의 인물을, 특정 정책을 주도한 인물로 생각하던 기존의 견해는 잘못된 것이다(사진6, 7).

또한 아그리피나가 제거된 60년 이후 네로의 콘술 인사 정책이 '타락한 자들'에 연관되어 있다는 주장도 근거가 없다. 60년 이후 네로가 어떤 자들을 콘술의 자리에 임명하였는가를 분석해 보면, 무엇보다도 율리우스-클라우디우스 왕조와 우의가 깊고 충성을 바치는 집안의 인물들이었다. 61-68년 사이에 정식 콘술을 역임한 신귀족 6명 중에서, 61년의 페트로니우스 투르필리아누스(P. Petronius Turpilianus), 63년의 메미우스 레굴루스(C. Memmius Regulus) 그리고 66년의 수에토니우스 파울리누스(C. Suetonius Paulinus) 등 세 명이 그러한 집안 출신이었다. 신인으로는 65년의 정규 콘술인 베스티누스 아티쿠스(Vestinus Atticus)와 68년의 갈레리우스 트라칼루스(P. Galerius

Trachalus) 등이 있다.

다음으로 네로는 군사적 경험을 중시하였다. 이 시기 정규 콘술을 지낸 자 중에서 나중에 황제 속주에서 콘술급 레가투스로서 군대를 지휘한 인물은 네 명이 있었다. 61년의 페트로니우스 투르필리아누스는 61-63년 동안 속주 브리타니아의 레가투스를 역임하였고, 61년의 루키우스 카이세니우스 파이투스는 61-62년 동

(사진7) 네로에게 왕관을 씌워주고 있는 아그리피나 아프로디시아스의 부조, 뉴욕미술관

안 속주 카파도키아의 레가투스였으며, 63년의 루키우스 베르기니우스 루푸스는 67-68년에 속주 상부 게르마니아의 레가투스였고, 67년의 폰테이우스 카피토는 68년에 속주 하부 게르마니아의 레가투스였다. 이러한 군경력 중시의 태도는 보궐 콘술(consules suffecti)을 선발할 때에도 적용되었다. 즉, 61년 이후 네로의 보궐 콘술들 중에서 이전에 코르불로 장군 밑에서 군단 지휘관(legati legionum)으로 근무한 경력이 있는 자는 세 명이었는데, 63년 혹은 64년의 보궐 콘술 리키니우스 무키아누스(Gaius Licinius Mucianus), 66년의 베티우스 볼라누스(M. Vettius Bolanus) 그리고 66년 혹은 67년의 베룰라누스 세베루스(L. Verulanus Severus) 등이다.

셋째는 유능한 속주 통치 능력이 기준으로 작용하였다. 예를 들어, 62년의 보궐 콘술 티투스 페트로니우스 니게르는 타키투스에 의하면 주색을 밝히던 인물이지만 비티니아의 총독으로, 이후에는 콘술로서 능력을 발휘하였다. 63년의 정규 콘술 베르기니우스 루푸스도 비티니아의 총독으로서 능력을 입증하였다. 이처럼 네로는 61년 이후 정치를 주도해 가면서 자신에게 위협이 되는 공화정기 구귀족 대신에 제정기 신귀족과 신인을 중용하였다.

제정기 들어서 이탈리아 인들 이외에도 속주 출신 유력자들에게 점차 원로원이 개방되었다. 아래의 표는 68년 네로의 몰락 이후부터 235년까지 시기동안 원로원 의원의 출신 지역을 분류한 것이다.[106]

출신 지역이 확인된 원로원 의원의 비율이 절반 정도에 불과하지만 네로의 몰락 이후 원로원이 점차적으로 속주 출신 유력자에게 개방되

**(표2) 68-235년간 원로원 의원의 출신 비율**　　　　　　　단위: 명(%)

| 황제명 | V. | D. | T. | H. | A. | M. | C. | SC. | EA. |
|---|---|---|---|---|---|---|---|---|---|
| 등록된 전체 원로원 의원수(A) | 386 | 404 | 428 | 332 | 355 | 342 | 259 | 937 | 471 |
| 출신이 확인된 원로원 의원수(B) | 178 | 163 | 152 | 156 | 167 | 180 | 114 | 479 | 238 |
| 확인된 비율 (=B÷A×100) | 46.1 | 40.3 | 35.5 | 47.0 | 47.0 | 52.6 | 44.0 | 51.0 | 50.0 |
| 이탈리아 출신 원로원 의원 수 (백분율) | 148 (83.2) | 125 (76.6) | 100 (65.8) | 88 (56.4) | 96 (57.5) | 98 (54.4) | 63 (55.3) | 204 (42.6) | 113 (49.5) |
| 속주 출신 원로원 의원수(백분율) | 30 (16.8) | 38 (23.4) | 52 (34.2) | 68 (43.6) | 71 (42.5) | 82 (45.6) | 51 (44.7) | 275 (57.4) | 125 (52.5) |

(황제명: V.=베스파시아누스, D.=도미티아누스, T.=트라야누스, H.=하드리아누스, A.=안토니누스, M.=마르쿠스 아우렐리우스, C.=코모두스, SC.=셉티미우스 세베루스와 카라칼라, EA.=엘라가발루스와 알렉산데르)

어 갔음을 알 수 있다. 3세기 세베루스 왕조기에 이르면 그 비율은 절반을 넘어선다.

원로원을 속주 출신 유력자에게 개방하는 조치는 멀리 카이사르 시기까지 거슬러 올라가지만, 개별적 차원이 아니라 하나의 정책으로써 변화가 처음 일어난 것은 클라우디우스 시절이었다. 특히, 네로 시대에는 세네카의 영향력이 크게 작용하면서 서부 속주 출신의 속주민이 대거 원로원에 가입하였다. 네로황제 시절에 원로원에 들어온 속주 출신 유력자는 모두 42명인데, 이는 클라우디우스 황제 시절의 15명에 비하여 훨씬 증가된 수치였다. 그 결과 네로는 원로원의 특권이 이탈리아 인에게 한정되기를 바라는 귀족과 심각한 갈등을 불러일으켰다.

이러한 네로의 태도 변화는 원로원 귀족 출신의 사령관에 대한 포상에서도 나타난다. 치세 전반기에 네로는 전공을 세운 코르불로(Gn. Domitius Corbulo), 아비투스(Duvius Avitus), 파울리누스(Suetonius Paulinus) 등 원로원 출신 장군들을 크게 포상하였다. 브리튼 섬의 부디카(Boudicca)의 반란을 진압한 파울리누스의 경우, 네로는 그의 귀환시 로마 평민에게 곡물을 분배하는 특별 조치를 통하여 축하하였다. 그러나 네로는 치세 후반기에 들어서는 원로원 귀족 출신의 총독이 세운 전공에 대해서 전혀 포상하지 않았다. 예를 들어, 아일리아누스(Plautius Silvanus Aelianus)는 60년대에 모에시아의 총독으로 있으면서 커다란 업적을 남겼지만 그에 대한 포상은 베스파시아누스 하에서 이루어졌다. 베스파시아누스는 다음과 같은 말로 네로를 간접적으로 비난한다.

그는 모에시아를 대단히 훌륭하게 통치하였다. 이런 인물에 대한 영예의 수여

가 나에게 이르기까지 늦추어진 것은 유감스러운 일이다. [107]

## 2) 네로의 정치 탄압

네로는 궁중의 정치적 암투 속에서 즉위하여 수많은 황실의 친인척과 원로원 귀족을 탄압하였다. 그러나 이것은 비단 네로의 경우만은 아니었다. 율리우스-클라우디우스 왕조기 내내 궁중에서는 피의 숙청의 역사가 계속되었다. 네로 직전 클라우디우스 황제 치하에서 처형된 원로원 의원의 숫자는 35명에 달하였고 200 여명의 기사가 죽음을 당하였다. [108]

여러 인물에 대한 집단전기학 연구성과는 이러한 궁중 암투의 실상을 파악하는 데 도움을 준다. 집단전기학이란 개별인의 공직, 명예, 조상, 혼인 등의 관련성을 가지고 역사를 연구하는 방식이다. 집단전기학 연구 방법은 정치 구조와 인물들 간의 연계, 집단 등을 밝히는 데에는 유용하지만, 대상 인물의 의도와 사상 등은 밝힐 수 없다는 점에서 한계를 지닌다. 그러나 로마 제정기 정치사 연구에 있어서 집단전기학 연구 방법은 여러 면에서 그 효과를 발휘할 수 있다. 첫째, 제정기 여러 인물의 정치경력을 보여 주는 비문 사료가 많이 남아 있고 둘째, 제국 통치의 구조와 그 행정상의 계서적 배치는 집단전기학 연구를 통해서 분석될 수 있으며 세째, 원수정 체제는 정치 이론보다는 개별인들의 관계와 집합에 의해서 운영되는 특징을 보이기 때문이다. [109]

황실 가문의 인물로서 네로의 잠재적 경쟁자들 중에는 먼저 클라우디우스의 인척들이 있었다. 플라우티우스 가문은 클라우디우스 황제의 첫 부인인 플라우티아(Plautia Urgulanilla)의 인척들이었다. 플라우티우스 라테르누스(Plautius Laternus)는 65년 콘술로 임명되었지만 그 해 적발된 피소의 음모에 가담하였다. 콘술이라는 최고 정무관 직에 뽑히고도 음모에 가담한 사실은, 그가 황실 가문의 인척으로서 네로의 탄압에 얼마나 불안해 하였는지를 짐작하게 한다.

　그 외에도 탄압을 당한 황실 가문의 인물로 유니우스 실라누스 (Junius Silanus) 가문의 사람들이 대표적이다. 그들에 대한 탄압은 소 아그리피나에 의해서 이미 시작되었다. 네로가 즉위하면서 그녀는 마르쿠스 유니우스 실라누스를 제거하였다. 그에 대하여 타키투스는 다음과 같이 말한다.

　　그는 아우구스투스의 고손자였다. 그 사실이 그가 죽음을 당한 이유였다.[110]

　그 외에도 비니키아누스(Annius Vinicianus)의 여러 아들이 역모를 꾸민 혐의로 네로에 의해서 처형되었는데, 그는 네로의 작은 고모인 율리아 리빌라의 남편 마르쿠스 비니키우스의 친척이었다. 특히 티베리우스 황제의 증손자인 루벨리우스 플라우투스(Rubellius Plautus)의 경우는 네로황제에 대하여 심각한 위협 세력으로 사료상으로 55년과 60년에 거론된다. 60년 상황에 대한 타키투스의 이야기를 인용해 보자.

　　한 유성이 사람들의 시야에 나타났다. 사람들은 군주가 바뀔 것을 알리는 전조라고 생각하였다. 그리하여 사람들은 마치 네로가 이미 제위에서 물러난 것처럼 다음 황제가 누구일지를 이야기하였다. 사람들의 입에서 거론되는 인물은 루벨리우스 플라우투스였다. 그는 모계쪽으로 율리우스 가문의 혈통을 이어받았다……. 네로는 그 소문에 불안해하면서 플라우투스에게 편지를 써서 수도의 안위를 돌보고 추문을 퍼뜨리는 자들로부터 멀리 떠날 것을 조언하였다……. 그리하여 그는 자신의 아내 안티스티아(Antistia)와 몇몇 친구들과 함께 아시아로 떠났다.[111]

로마시에서 떠도는 소문에 네로가 이처럼 민감하게 반응한 사실을 통해서 그가 느끼던 불안감을 짐작할 수 있다.

네로를 불안하게 한 사람들은 왕조의 인친척들만이 아니었다. 공화정기 유력 가문 출신의 인물들도 네로의 경쟁자들이었다. 공화정 말기의 길고도 참혹한 내전 상태를 경험한 그들은 일인 지배자인 프린켑스의 지위가 세습되는 현실을 인정하였다. 그러나 제정기 원로원 귀족역시 거대한 부를 가지고 세습적으로 영향력을 행사하는 지배 세력이었다. 제국 정부는 공화정기 신분 제도를 발전시켜 그 규정을 보다 명확하게 하여 사회 질서를 세우고자 하였다. 원로원 신분은 사회 내 가장 위신있는 집단으로서 출생, 부, 도덕성 등의 전통적 가치 기준에 의해서 존경받는 집단으로 자리잡도록 요구받았다. 원로원 신분은 세습 귀족계층은 아니지만 국가는 원로원의 지위를 높이기 위하여 세습 원리를 도입하였다. 예를 들어, 광폭 줄무늬 토가(latus clavus) 착용 권한에 대한 제정기의 조치, 후손의 재생산 장려 조치 등은 그 점을 잘 보여 준다. 그들은 자신들의 사회적 지위와 국법상 최고 기구의 구성원이라는 위신이 존중되기를 원하였고 따라서 율리우스-클라우디우스 왕조기 황제는 원로원 귀족, 특히 유서깊은 공화정기 명문 가문의 귀족에 대해서 경계의 마음을 늦출 수 없었다. 클라우디우스 시절에 처형된 수많은 원로원 의원들은 상당수가 제위 계승을 둘러싼 음모에 개입되어 있었다.[112]

네로 시대 대표적인 공화정기의 구귀족 가문은 리키니우스 크라수스(Licinius Crassus) 가문 그리고 칼푸르니우스 피소 가문 등이다. 그들은 아우구스투스의 아내인 스크리보니아를 통하여 대 폼페이의 후손이기도 하였다. 클라우디우스는 마르쿠스 리키니우스 크라수스 프루기(Marcus Licinius Crassus Frugi)와 그의 아내를 제거하였다. 그의 아들 폼페이우스 마그누스는 처음에 안토니아와 혼인하였으나 그녀의 아버지에 의해서 제거되었다. 네로는 같은 이름을 가진, 그의 또다른 아들 마르쿠스 리키니우스 크라수스 프루기를 제거하였고 셋째 아들인 루키우스 칼푸르니우스 피소 프루기 리키니아누스를 아마도 추방한 것 같은데, 69년에 갈바에 의해서 살해되었다. 베스파니아누스가 로마로 돌아오기 이전에 그의 동맹자인 무키아누스는 리키니우스 크라수스 가문의 세 명의 인물을 제거하였는데, 클라우디우스에 의해 죽음을 당한 마르쿠스 리키니우스의 넷째 아들 리키니우스 크라수스 스크리보니아누스, 그의 매형이자 57년 콘술 루키우스 칼푸르니우스 피소 그리고 그의 사촌이며 65년 피소 음모에 가담한 칼푸르니우스 갈레리아누스 등이 그들이다. 그들은 모두 베스파시아누스 황제에 대한 실재적인 혹은 잠재적인 경쟁자로 여겨졌다. 현제로 꼽히는 네르바와 트라야누스 그리고 하드리아누스 황제도 네로가 제거한 마르쿠스 리키니우스 크라수스 프루기의 한 아들을 탄압하는 데 개입하였다. 69년의 혼란기에 한 노예가 마르쿠스 리키니우스 크라수스의 동생이라고 주장하면서 많은 추종자를 모아 소요를 일으키다가 결국 비텔리우스에 의해서 진압당하였다. 이 사실은 유력 귀족 가문이 황제의 지위에 대한 실질적인 도전 세력이 될 수 있음을 보여주는 것이다.

네로는 100 여년 지속된 율리우스-클라우디우스 왕조의 마지막 황제였다. 따라서 그는 이전의 어느 황제보다 더 많은 잠재적 제위 경쟁자들에게 둘러싸여 있었고 그 누구보다도 커다란 불안감을 느껴야 했다. 플라비우스 왕조의 마지막 황제 도미티아누스는 네로와 마찬가지로 잔인하였고 많은 인물을 탄압한 것으로 유명하다. 두 황제는 각각 자신의 왕조의 마지막 황제였다. 이것은 그들에게 그만큼 많은 잠재적 제위 경쟁자가 있었음을 의미한다.

61년 초에 네로는 중병으로 병석에 누워서 유언을 남겼다. 그는 칼푸르니우스 피소, 카시우스 롱기누스(C. Cassius Longinus), 플라우티우스(Aulus Plautius) 등 저명한 가문 출신에 고위 정무관직을 역임한 자들이 있는데도 속주 나르보넨시스 출신의 '신인' 메미우스 레굴루스(P. Memmius Regulus)에게 나라를 맡기겠다는 유언을 하였다. 이는 유력 가문 출신 귀족에 대한 그의 경계심을 잘 보여주는 이야기이다.

### 3) 칼푸르니우스 피소의 음모

네로황제는 집권 후반기 친평민 정책을 추진하면서 원로원 세력과 대립을 초래하였고 결국 심각한 정치적 위기에 몰리게 되었다. 65년 발생한 칼푸르니우스 피소(C. Calpurnius Piso)의 음모는 그 결과였다. 이 음모는 가담자의 규모뿐만 아니라, 황실가문 인물의 개입없이 원로원 귀족이 중심이 되어 준비한 음모라는 점에서 네로에게는 커다란 충격이었다. 이 음모는 로마 밖의 총독이나 군대와는 연계를 갖지 않은 채 계획되었고, 원로원 의원, 기사, 친위대장, 친위대 천부장, 백부장 등이 참가하였다. 참가 구성원과 계획 등에서 이 음모는 기원전 44년 카이사르 암살과 기원후 41년 가이우스 암살의 경우와 비슷하였다. 그들은 암살을 성공하고나서도 거사 후 통치권을 장악하지 못한 채 혼란이 이어지던 사실을 잘 알고 있었다. 그리하여 그들은 네로를 제거한 이후에 황제의 지위에 오를 인물로 칼푸르니우스 피소를 정해 놓았다. 그러나 피소의 음모는 한 피해방민의 밀고로 완전히 실패로 끝나고 말았다. 음모 가담자를 취조하는 과정에서 네로가 친위대 천부장 플라부스(Subrius Flavus)에게 충성의 맹세를 저버리고 음모에 가담한 이유를 묻자, 그는 다음과 같이 대답하였다.

> 당신이 사랑받을 가치가 있는 동안 나는 어느 군인보다도 당신에게 충성을 다하였다. 당신이, 당신의 어머니와 부인을 살해하고 전차 경주자, 배우, 그리고 방화자가 되었을 때 나는 당신을 증오하기 시작하였다.[113]

그들은 네로의 패륜적 범죄와 전통적인 황제의 품위를 저버리는 태도를 지적하고 있다. 귀족의 위신을 지키고자 하는 원로원 귀족이 네로의 행동을 강하게 거부하였음을 보여 준다.

피소의 음모 이후 네로와 원로원 간의 관계는 회복될 수 없을 정도로 악화되었다. 네로는 피소의 음모를 통해서 유력 가문의 귀족들이 자신의 제위를 위협하고 있다고 확신하고 그들을 본격적으로 탄압하였다.

이러한 네로의 공포심과 불안감은 속주 군대의 사령관으로 파견된 인물에게까지 확대되었다. 66년에서 67년으로 넘어가는 겨울에 네로는 명성이 높던 장군 코르불로와 양 게르마니아 속주의 사령관 스크리보니우스 형제를 제거하였다(사진8). 이 시기 이후에 대한 타키투스의 『연대기』는 남아 있지 않다. 그러나 수에토니우스가 전하는 비니키아누스의 음모가 이들의 죽음과 밀접하게 연관된 것으로 여겨진다.

> 이 일에 놀라서……그는 국가의 모든 저명한 인물들을 제거하기로 마음먹
> 었다. 그의 결심은 두개의 음모가 발각된 이후 보다 확고해지고 정당성의 외
> 양을 갖추게 되는데, 그 중에서 보다 더 위험하고 먼저 발생한 음모는 로마
> 에서 일어난 피소의 음모이고, 다른 하나는 그 후에 베네벤툼에서 발각된 비
> 니키아누스의 음모였다.[114]

비니키아누스의 음모는 사료 상으로 이처럼 피소의 음모 이후에 베
네벤툼에서 발각되었다는 사실 이외에는 알려져 있지 않다. 그런데 아
르발 형제단(Fratres Arvales)은 5월 중순 이후에 그리고 네로가 그리
스를 향해서 출발한 날인 66년 9월 25일에 네로의 안전한 귀향을 빌
기 이전 언젠가에, '한 사악한 음모를 발각한
것에 대하여' 감사를 드렸다. 아르발 형제
단은 고대 로마의 디아(Dia) 여신에게 풍년
을 기원하면서 매년 희생을 올리던 12명의
사제들로 구성된 사제단이다.

베네벤툼에서 음모가 적발된 것은 아마
도 네로가 그리스 여행을 떠나는 중에 그
를 공격하려 하였을 것이라는 점을 짐작
하게 한다. 베네벤툼은 네로가 육로를 통
하여 이탈리아 반도를 내려온 후에 배로
갈아 타는 장소이기 때문이다. 그런데
수에토니우스가 말하는 비니키아누스

(사진8) 코르불로의 흉상

라는 이름은 코르불로의 양자 아니우스 비니키아누스와 일치한다. 만약 그 두 인물이 동일인이라면 코르불로가 이 음모에 개입되었음을 암시하는 것이다. 이것은 명성을 날리던 그가 갑자기 그리스로 소환되어 자결 명령을 받은 사실을 설명하여 준다. 비니키아누스는 63년에 코르불로가 지휘하던 군단에서 지휘관으로 재직하였다. 그는 아르메니아의 티리다테스가 로마에 올 때 그를 호위하는 임무를 띄고 로마에 들어왔다. 디오는 코르불로가 자신의 양자를 네로에게 보낸 것은 황제에 대한 자신의 충성심을 확인시키기 위한 것이었다고 말한다. 66년 5월 중엽 이전에 비니키아누스가 로마에 도착하였고 당시 로마에서는 저명한 스토아 철학자인 트라시아 파이투스와 바레아 소라누스가 재판을 받고 있었다. 티리다테스의 화려한 환대와 두 저명한 철학자의 죽음을 보면서 젊은 비니키아누스는 네로에 대한 불충의 마음을 갖게 되었을 것이다. 네로의 그리스 여행 계획들은 미리 잘 알려졌으므로, 음모자들은 그가 로마를 떠나는 시간과 그가 베네벤툼에 도착하는 시간을 알 수 있었을 것이다.

비니키우스의 음모를 발각해 내고 나서 네로는 원로원 신분 전체를 자신의 적으로 간주하였다.

> 그는 종종 자신은 살아 남은 원로원 의원들도 살려두지 않을 것이며 일시에 그들을 모조리 제거하고 속주의 통치와 군대의 지휘권을 로마의 기사들과 자신의 피해방민들에게 넘겨줄 것이라고 말하였다.[115]

> 원로원에 대한 그의 증오심은 대단하였다. 그는 바티니우스라는 자가 항상 "카이사르여, 나는 당신이 원로원 신분이기 때문에 당신을 미워합니다."라

고 하는 말에서 커다란 기쁨을 느꼈다.[116]

　　네로 치세 말기에 네로와 원로원 사이의 관계가 얼마나 악화되었는
지를 보여주는 이야기들이다. 피소의 음모와 비니키아누스의 음모는
그 관계가 파국을 맞이하였음을 보여준다. 빈덱스의 봉기는 이러한 배
경에서 터져 나왔다.

# 5 제5장 네로의 친평민 정책

 

네로의 친평민 정책을 이해하기 위해서 먼저 제정 초 로마 평민의 정치적 위상에 대하여 살펴 볼 필요가 있다. 고대 문헌 사료에서 제정기 로마 평민은, 물질적 욕구 충족에만 몰두하는 변덕스러운 존재로 묘사된다. 그들은 로마 공화정기 국법상 최고 기구인 민회의 구성원의 지위를 상실한 채, 제국의 정치에서 아무런 중요한 역할을 하지 못하였으며, 통치자의 조종에 따라서 변덕스럽게 행동한 것으로 설명된다. 유베날리스는 다음과 같이 말한다.

> 그들은 빵과 써커스 두 가지 만을 간절히 바란다.[117]

고대 역사가들이 남긴 사료들을 보면, 유베날리스의 판단이 정당한 것으로 여겨진다. 예를 들어, 14년에 티베리우스 황제가 정무관 선출권을 민회에서 원로원으로 옮겼지만 인민은 이 권리를 박탈당하고도 별다른 불평을 하지 않았다. 그들은 오직 곡물 공급이 중단될 경우에만 걱정하였다. 로마 군중은 부끄러움을 몰랐고 극장이나 써커스에서 무법적인 행동을 하였으며 정치적으로 지조가 없었다. 따라서 통치자들은 인민의 지지를 신뢰할 수 없었으며, 그들의 지지는 무상하고도 불길한 것으로 여겨졌다.

그러나 고대 문헌 사료에는 비록 소수이기는 하지만, 로마 제정기 평민의 모습을 판이하게 묘사하는 내용도 담겨 있다. 2세기 말 페르티낙스 황제가 죽고 디디우스 율리아누스가 권력을 장악한 상황에서 로마 평민은 전혀 다른 모습을 보여주었다.

> 그러나 인민은(demos) 무뚝뚝한 표정으로 공공연하게 배회하였고 자신들의 마음을 솔직하게 표현하였다. 그들은 자신들이 할 수 있는 것은 무엇이라도 할 준비가 되어 있었다. 마침내 율리아누스가 원로원 의사당으로 들어오고 그 건물 입구에서 야누스 신에게 희생을 바치려고 하자, 모든 이들은 마치 미리 준비한 것처럼, 그에게 제국을 도둑질하고 아버지를 죽인 자라고 소리치기 시작하였다. 율리아누스는 화를 억누르면서 그들에게 돈을 주겠다고 약속하였다. 그러나 그들은 자신들을 매수하려는 그의 태도에 분노하면서 다음과 같이 일제히 소리쳤다. "우리는 돈을 원하지 않는다! 우리는 돈을 받지 않을 것이다!" 주위에 둘러서 있는 건물에 그들의 목소리가 메아리치자, 주위에 있는 사람들이 모두 공포심에 떨었다.[118]

여기에서 디오는 군중을 나타내는 단어로 모욕적인 의미의 '오클로스'(ochlos)라는 단어 대신 '데모스'(demos)라는 말을 이용하고 있는 점이 주목된다. 비록 우리가 다루는 시기보다 약간 후대이기는 하지만 전혀 다른 평민의 모습을 보여주는 구절이다.

제정기 로마 평민에 대한 연구 성과는 많이 있다. 제정 초기 나온 여러 희극 작품, 풍자시, 비문 사료와 법률 사료 등에 근거하여 로마 주민의 직업, 경제 생활, 인종 구성 등에 대한 연구가 다양하게 이루어졌다.[119] 그러나 이러한 여러 연구에도 불구하고 근대 로마사 연구자 사이에서 제정기 로마 평민은 과소 평가되어 왔다. 로스토프체프의 다음 설명은 그 한 예다.

> 로마에 살고 있던 수십만의 로마시민들은…아우구스투스 하에서 민회가 점차로 순전히 형식적인 기구로 축소되어 가는 현상을 쉽사리 받아들였다; 그들은 티베리우스가 이 형식적인 기구마저 폐지하였을 때 아무런 항의도 하지 않았다. 그러나 그들은 내란기 동안에 획득된 정부에 의해서 부양되고 대접받는 권리만은 고집하였다.[120]

그러나 이것은 정당한 평가라고 할 수 없다. 만약 제정 초기 로마 평민의 정치적 위상이 그처럼 나약하였다면, 율리우스-클라우디우스 왕조기 대부분의 황제들은, 대평민 정책에 왜 그처럼 많은 배려를 한 것인가? 이러한 문제 의식은 그 시대 평민의 역할에 대한 재평가를 요구한다. 제정기 로마 정치에서 평민의 역할은 어떠하였는가? 극장과 써커스에서 평민이 외치는 환호성이나 비난의 고함소리는, 정권의 안위에 어떤 영향을 주었는가? 평민들은 빵과 써커스를 제공하는 모든 정권에 대하여 무조건 환호하였는가?

1960년대 말에 나온 야베츠의 저서인 『로마평민과 프린켑스』(Plebs and Princeps)는 이러한 문제 의식에서 출발하여 제정기 로마 평민의 정치적 중요성을 밝힌 기념비적 저서다. 야베츠의 저서를 통해서 우리는 로마 제정 초기 로마시 평민뿐만 아니라 당대 원수정 체제에 대한 재평가가 필요하다는 점을 알 수 있다.


## 1. 네로의 '인민적 친근성'

고대 문헌 사료에 나오는 인민, 주민, 대중, 군중 등을 가리키는 용어는 사회학적으로 그리고 법률적으로 어떤 특별한 의미 구별 없이, 저자의 도덕적 판단에 따라 무차별적으로 사용되었다. 그들은 자신들이 바람직하게 여기는 집단에 대해서는 populus, 혹은 demos라고 부르고, 부정적으로 평가하는 집단에 대해서는 'plebs sordida', 'vulgus', 'ochlos' 등으로 표현하였다. 따라서 문헌 사료에 나오는 용어에 대한 판단은 그 맥락 속에서 평가되어야 한다.

원로원 귀족이 공화정의 정치 전통을 강조하면서 황제와 정치적 긴장 관계에 있던 데 비하여, 로마 평민은 평화와 안정을 가져다 준 원수정 통치 체제를 적극적으로 환영하였다. 그들은 아무런 이득도 가져다 주지 않는 정무관직의 선거에 신경을 쓰려 하지 않았으며, 공화정 전통을 고수하려는 원로원 신분의 입장에 공감하지 않았다. 정무관 선거에서 후보자가 유권자에게 뇌물을 주는 행위는 제정 초기 입법 조치를 통하여 엄하게 금지되었다. 이것은 결국 제정기에 들어서는 정무관 선거시에 유권자인 로마 평민이 금전상의 이득을 얻는 관행이 중단되었음을 의미한다. 아우구스투스 이후 선거일에 폭동이 발생하는 일은 전혀 없었다.

제정기 로마시 평민은 극장과 써커스에서 환호를 통하여 황제의 초국법적 지위를 합법화하였다. 기원전 2년 극장에서 인민이 아우구스투스에게 국부(pater patriae)의 칭호를 열렬히 제의하고 나자, 원로원은 인민의 뜻에 따랐다. 아우구스투스는 사회의 계서적 신분 질서를 경기장과 극장 내에서도 유지하기 위하여 신분에 따라 좌석 배치를 규정하였다. 이것은 극장과 써커스가 단순히 유흥의 장소가 아니라 인민의 의사가 표현되는 장소였음을 암시한다. 극장이나 써커스는 많은 이들이 모인 장소였으므로 평민은 익명성의 이점을 누려가면서 자신들의 불만을 토로할 수 있었다. 그 곳에서 황제는 자신에 대한 인민의 지지를 확인하였고 그들의 요구를 들었으며 범죄자에 대한 처형 등 사법적 조치를 진행함으로써 인민의 승인을 얻었다. 황제는 공화정기의 정무관직과 제도를 넘어서는, 특권을 지닌 평민의 대화 상대자가 되었다. 황제의 이러한 지위는 과거 호민관의 역할을 이어받은 것이다. 아우구스투스 이래 '호민관의 권한' (tribunicia potestas)은 황제가 자랑스레 내세우던 권력의 기반이었다. 황제들은 자신의 권력 기반이 군대의 힘이 아니라 평민의 지지라는 점을 강조하고자 하였다.

로마시 평민은 '프린켑스'를 자신들의 주인이 아니라 옹호자로 여겼다. 프린켑스에 대한 평민의 이러한 입장을 잘 보여주는 사실이 있으니, 평민과 프린켑스와 관계에서 평민은 프린켑스에게 '인민적 친근성' (levitas popularis)을 요구하였고 그것을 보여주는 프린켑스에게만 지지를 보내었다는 점이다. 'levitas'라는 말은 '가벼움, 경솔함, 경박함' 등의 의미다. 본래 그 말은 공화정기 원로원 귀족들이 대중의 경박함을 표현하기 위하여 사용하였다. 즉, 그것은 귀족층의 전통적 덕목인 '장중함' (gravitas)과 대조되는 태도를 나타내는 말로 부정적인 의미로 사용되어 왔다. 공화정 말기에 이르러 그 말은 포풀라레스 정치가들에 의하여 평민의 지지를 얻기 위한 정치적 슬로건으로 사용되기 시작하였다.

원수정 체제 하에서 선전한 덕목 중에서도, 후사(liberalitas)는 인민의 지지를 확보하는 주요 요소였다. 그러나 황제가 베푸는 이러한 후사행위에도 '인민적 친근성'이 갖추어져야 했다. 세네카는 '선행'에 대하여 논하면서 선행은 행하여지는 대상과 그 전달 방식에 따라서 세 가지로 나뉜다고 말한다. 즉, 꼭 필요한 선행(beneficia necessaria), 유익한 선행(beneficia utilia) 그리고 유쾌한 선행(beneficia iucunda) 등이 그것이다. 인민은 자신들의 처우를 개선하기 위한 프린켑스의 노력을 '필요하고 유익한 선행'(beneficia necessaria et utilia)이라고 생각하였다. 그러나 그들은 그것이 행하여지는 방식에 따라서 '유쾌한 선행'이기를 원하였다. '인민적 친근함'이 갖추어진 선행을 가리키는 말이다. 선물을 주어도 주는 사람의 태도가 어떠한가에 따라서 그 황제에 대한 평가는 상반되었다. 이 점을 잘 보여 주는 것이 티베리우스에 대한 평가다. 티베리우스는 주위 사람들에게 선행을 베풀면서도 그들의 지지를 얻지 못하였다. 세네카의 글에는 티베리우스 황제 시절 프로프라이토르인 마리우스 네포스의 실례가 나와 있다. 그는 티베리우스 황제에게 금전상의 도움을 받았는데도 모욕을 당하였기 때문에 티베리우스에게 피호민으로서 지지를 보내지 않았다.

> 당신이 주는 것이 보다 바람직한 것으로 여겨지기 위해서 당신은 가능한 모든 방법을 동원하여 그 선물의 가치를 높여야 한다. 티베리우스는 진정으로 선행을 베푼 것이 아니었다. 그는 결점을 찾고 있었다.[121]

인민에 대한 그의 태도도 마찬가지였다. 그는 인민의 경제적 처우를 개선하고 특히 생계 문제를 해결하기 위하여 노력하였다. 그러나 그가 죽자 인민은, "티베리우스를 티베르강에!"하고 외치면서 그에 대한 분노를 터뜨렸다. 그는 '인민적 친근성'을 결여하였을 뿐만 아니라, 인민으로부터 인기가 높던 게르마니쿠스의 죽음에 연루된 것으로 비난 받았다. 특히 치세 후반기에 로마를 떠나 카프리 섬에 은둔한 행위는 로마 인민의 비난을 크게 샀다. 로마 인민에게 카프리 섬은 야수의 소굴과 같은 것으로 여겨졌다. 인민은 그들과 가까이 있는 지도자, 그들과 기쁨과 슬픔을 함께 나누는 지도자를 원하였다.[122]

즉위 과정에서부터 네로는 로마 인민의 지지와 환호를 한 몸에 받았다. 그는 당시 누구보다도 율리우스-클라우디우스 가문의 혈통을 많이 받았을 뿐 만 아니라 게르마니쿠스의 외손자이기 때문이었다. 세네카의 『자비론』에는 다음과 같은 구절이 나온다.

> 그대는 로마인민에게 소중한 존재입니다. 일찍이 그 누구도 다른 사람에게 그처럼 소중한 적은 결코 없었습니다.[123]

집권 초기 네로가 인민 사이에서 누리던 인기를 확인하여 주는 내용이다. 로마 제정 초기 통치자가 속한 가문이 그 통치자에게 주는 권위와 인기에 대해서 생각해 볼 때, 우리는 원수정 체제의 독특한 성격을 다시 한 번 확인할 수 있다. 이러한 가문의 위광은 동양 세계의 왕실 가문이 주는 권위와는 그 성격이 다르다. 즉, 그것은 평민의 지지와 애정을 기반으로 하여 형성된 것으로써 지지세력인 평민들과의 관계가 좀더 일차적이고 수평적이다. 제정 초기 황실 가문의 아욱토리타스

(auctoritas)는 바로 그 결과였다. 포테스타스(potestas)가 법적 권한을 나타내는 데 비하여, 아욱토리타스는 개인적 권위, 도덕적, 사회적 영향력을 나타낸다. 라스트는 아욱토리타스에 대하여 다음과 같이 적절하게 설명하고 있다.

> 아욱토리타스란 사람들로 하여금 그 권력자가 행사하는 권한에 의문을 갖지 않고 복종하도록 만들고, 단지 그가 원한다는 이유만으로 자발적으로 어떠한 행위를 하도록 만드는 힘이다.[124]

베랑제는 이러한 가문의 아욱토리타스를 일종의 카리스마로 정의하고, 율리우스–클라우디우스 왕조기에 이미 이러한 카리스마는 제위 세습이라는 왕조적 원리로 변모하여 정착되었다고 주장한다.[125] 율리우스 가문의 아욱토리타스의 터를 닦은 인물은 공화정 말기의 카이사르였다. 옥타비아누스는 카이사르의 양자라는 지지 기반을 근거로 하여 권력을 잡았고, 새로운 통치 체제를 수립하였다. 제 2차 삼두정 시절 안토니우스는 젊은 옥타비아누스에게 다음과 같이 말하였다.

> 이봐 소년, 자네는 이름만 가지고 모든 것을 얻었어.[126]

키케로도 옥타비아누스를 소년(puer)이라고 부른다. 가문의 위광이 없었다면, 그는 그저 미약한 한 명의 소년에 불과하다는 경멸적인 의미다. 제정 초기 이러한 가문의 아욱토리타스는 이후 등장한 가문내 인기 있는 인물들에 의해서 더욱 공고해졌으니, 티베리우스 치세의 게르마니쿠스가 대표적인 인물이었다. 클라우디우스 황제가 주위의 반대를 무릅쓰고 질녀인 소 아그리피나와의 혼인을 강행한 원인 중 하나도 그녀가 바로 게르마니쿠스의 딸이기 때문이었다.

이러한 배경에서 네로는 결국 경쟁자들을 제치고 제위에 오를 수 있었다. 이처럼 율리우스-클라우디우스 왕조 시대에 황실 가문의 혈통은 제위 계승에서 결정적으로 중요한 역할을 하였으며 근거는 바로 로마 평민들의 그 가문에 대한 지지였다. 로마 제정 초기 평민의 정치적 중요성은 바로 이 점에서 분명히 확인된다. 그들이 극장에서 경기장에서 외치는 함성은, 로마 평민의 여론을 나타내는 것이었다. 클라우디우스 황제는 소 아그리피나와 혼인한 후에 자신의 친자인 브리타니쿠스가 있는데도 네로를 양자로 맞이하였다. 이것은 매우 이례적인 조치로써, 네로에 대한 로마 평민의 지지와 그 정치적 중요성을 보여주는 것이었다.

62년 이후 네로는 친평민 정책을 적극적으로 실시하였고, 유명 인사들을 처형하여 원로원 귀족층에게 두려움을 불러일으켰다. 그러나 이러한 탄압은 평민에게는 아무런 문제가 되지 않았다. 오히려 그것은 평민의 측에서 보면 인기를 끌 만한 행동이었다. 최고 통치자인 네로와 평민 사이에는, 원로원 귀족에 대항하는 일종의 정치적 동맹 관계가 형성되었다. 군중은 통치자를 옹호하고, 통치자는 군중의 생계를 보장하는 메카니즘이 형성된 것이다.[127]

황제의 '인민적 친근성'은 네로하에서 절정에 이르렀다. 특히 황제인 그가 무대에 올라 연기를 한 행위는 가장 많은 비난을 받았다. 연기자로 무대에 선다는 것은 로마 귀족의 전통에서는 상상할 수도 없는 끔찍한 일이었다. 소플리니우스는 트라야누스 황제를 칭찬하면서 그의 모범적인 통치와 그의 전임자들의 나쁜 통치를 대조하였다. 그는 전임 황제들 중에서 황제의 예의 범절에서 가장 빛나간 인물로 네로를 꼽았고, 그를 '배우황제'라고 칭하였다.[128] 즉, 그는 배우가 된 네로의 행동을 도저히 황제로 생각할 수 없는 가장 나쁘고 타락한 모습으로 판단하였다. 다른 누구보다도 훌륭한 덕목을 갖추어야 할 황제가 천하기 짝이 없는 배우가 된다는 것은, 로마의 전통을 송두리채 파괴하는 행위로 여겨졌기 때문이다.

제정기 황제의 권력은, 군대의 지지와 국법상의 인정에서 뿐만 아니라, 그에 대한 신민(臣民)의 믿음으로부터 도출되었다. 즉, 자신의 지배자가 보통 사람과는 다른 성품과 재능의 소유자라는 신민의 믿음은, 황제권의 강화를 위하여 중요한 역할을 하였다. 이러한 의미에서 원수정 체제하 황제는 '카리스마적 지배자'의 모습을 보여주고, 훌륭한 덕을 갖춘 인물로 강조되어야 했다. 예를 들어, 아우구스투스는 기원전 27년에 원로원으로부터, '덕'(Virtus), '자비'(Clementia), '정의'(Iustitia) 그리고 '경건'(Pietas)이라는 글귀가 새겨진 황금 방패를 수여 받았다. 황제의 후사행위에 대한 연구에서, 클로프트는 다음과 같이 결론을 내린다.

> 원수정 체제는, 막스 베버의 표현을 빌자면, 상당한 정도로 카리스마적 형태의 지배다…프린켑스를 모든 덕의 화신으로 찬양하는 찬사론자들의 집중적인 노력과, 주화와 비문에 나타나는 그에 상응하는 선전은, 이 목적을 위하여 기여한다.[129]

이러한 정치 환경에서 황제가 배우가 되어 무대에 선다는 것은 로마 귀족이 옹호하는 전통 가치를 정면으로 위협하는 일이었다. 배우는 로마 세계에서 가장 미천한 자들로 꼽혔다. 그들은 대부분 노예이거나 시민권이 없는 자유민이었고 시민인 경우에는 시민으로서의 법적 권리를 박탈당하였다. 그들은 로마법 상으로 검투사, 창녀 등과 같이 '수치스러운 자들'(infames)로 분류되었다. 배우가 된 시민은 투표권과 정무관직 입후보권이 없었고, 법정에서 다른 이를 대변할 수 없었다. 그들은 시민과는 달리 채찍질의 형벌을 면제받지 못하였다. 배우에 대한 이러한 낮은 평가는, 법률상으로 뿐만 아니라 당대의 세평에서도 드러난다. 특히 기원전 1세기에 로마에는 그리스 세계의 비극이나 희극과는 다른 일인극(mimes)과 무언극(pantomimes)이 대중으로부터 커다란 인기를 얻었다. 상층 신분은 그 연극이 여성을 배우로 등장시키고, 배우의 육체 노출이 심하며, 폭력과 성적 묘사가 다반사인 점을 들어서 상스럽고 품위가 없는 것으로 비난하였고, 무언극 배우와 일인극 배우를 더욱 경멸하였다.[130]

배우들이 이처럼 천대를 받은 이유는, 그들에게는 로마시민으로서 갖추어야 할 '위엄'(dignitas)이 없기 때문이었다. 위엄이란 법이나 특권에 의존하지 않는 우월함이며, 가치있는 인물에 대한 사람들의 존경심에서 만들어진다. 위엄은 공직 수행을 통해서 획득되며, '명예'(honos)나 '영예'(gloria)와는 달리 일시적인 것이 아니라 자손에게까지 이어진다. 또한 위엄은 아욱토리타스를 부여하여 주는 가장 중요한 요소다. 그들은 검투사나 창녀와 마찬가지로 돈을 벌고 남을 즐겁게 하기 위하여 일한다. 또한 그들은 자신의 말을 판다. 즉, 그들은 살기 위해서 거짓말을 하는 자들인 것이다. 키케로는 명예로운 로마인이 합법적으로 돈을 벌 수 있는 방식을 열거하면서 장사하는 일을 가장 수치스러운 것으로 들었다. 왜냐하면 장사꾼은 거짓말(vanitas)을 해서 이익을 얻기 때문이다. 배우도 마찬가지다. 세네카는 배우는 감정을 속이는 자들이라고 비난한다. 그들은 극장에서 자신이 아닌 모습을 꾸밈으로써 사람들의 박수 갈채를 얻는다. 그것은 로마인들이 존중하던 신의(fides)와는 모순되는 것이다. 로마 사회는 사람이 한 말을 중시하였다. 특히 로마의 법률과 법정 절차에서 이 점은 잘 나타난다. 엄격한 형식주의는 초기 로마법의 주요 특징이었다. 법률적 계약과 소송에서 엄숙한 구두진술형식이 요구되었다. 이러한 로마 사회의 여러 전통으로 인하여, 배우는 사람들의 경멸의 대상이었다.[131]

로마에서 공식적으로 대중 앞에 나서서 말하는 것은 관직에 올라 합법적인 권한을 지닌 자들만이 할 수 있었다. 즉, 공중 앞에서 말하는 특권은 엄격하게 보호되었다. 심지어 공화정기에서도 정무관이 아닌 자가 공중의 토론에서 발언하는 것은 매우 드문 일이었다. 배우들은 아무런 공식적 지위도 없고 아욱토리타스도 없음에도 불구하고, 사람들 앞에서 말하고 수천 명의 사람들이 그의 말을 듣던 것이다. 배우는 대중 앞에 나설 수 있는 이러한 특권을 이용하여 자신들의 불만을 표출하였고 소동을 일으키기도 하였다. 배우들은 정치적으로 불온한 자들로 여겨져 이따금 추방형을 당하였고 연극이 열리는 극장에는 군대가 배치되는 일이 보통이었다.

키케로는 공화정 말기 배우들의 이러한 모습에 대한 구체적인 한 실례를 우리에게 전하여 준다.

아폴로 게임에서, 배우 디필루스(Diphilus)는 불쌍한 옛날의 폼페이우스를 다음과 같이 매우 잔인하게 공격하였다. '우리의 고통으로 인하여 당신은 위대하다.' 수천 명이 앙코르를 외쳤다.[132]

그리스식 이름을 가진 한 미천한 연예인이 모든 로마인으로 하여금 대 폼페이우스에게 야유를 퍼붓도록 만들고 있는 것이다. 배우의 이러한 위상은 제정기에도 계속된다. 수에토니우스는 네로 시대에 대해서 다음과 같은 일화를 전한다.

> 아텔라나 연극의 배우인 다투스(Datus)가 '아버지, 어머니, 안녕히!'라는 제목의 노래를 부르면서 물을 마시는 흉내와 수영을 하는 흉내를 내었다. 그것은 물론 클라우디우스와 아그리피나의 죽음을 나타내는 것이었다. 그리고 마지막 대목에서 '오르쿠스(Orcus)가 그대들의 발걸음을 안내한다'고 말하면서 몸짓으로 원로원을 가리켰다. 네로는 그 배우를 도시에서 추방하는 데 그쳤다. 그 이유는 아마도, 그가 그러한 모욕에 무감각하였거나, 아니면 자신의 화난 모습을 보여서 배우의 위트를 돋보이게 하고 싶지 않았기 때문일 것이다.[133]

아텔라나(Atellana)는 이탈리아의 전통적인 소극(笑劇)의 한 형태인데, 아우구스투스 시절에 부활되어 평민에게 인기가 있었다. 오르쿠스(Orcus)는 지하를 다스리는 죽음의 신이다. 배우가 원로원을 몸짓으로 가리킨 것은 원로원 의원을 모조리 없애버리겠다는 네로의 계획을 암시하는 것이다. 배우의 이러한 거침없는 태도에서 그들이 누리던 인기를 엿볼 수 있다(사진9). 네로는 이러한 배우의 위상을 자임함으로써 귀족 중심의 로마 전통에 정면으로 도전하였고 평민에 대한 애착을 과시하였다.

네로의 인기는 그가 죽은 이후에도 계속되었다. 이 점은 69년 내란기 동안 오토와 비텔리우스의 태도에서 분명하게 입증된다.

비텔리우스는 사람들에게 자신이 앞으로 어떤 통치를 할 것인가를 분명하게 보여 주기 위하여, 군신 마르스의 광장 중앙에 있는 네로의 무덤에 수많은 사제들을 거느리고 가서 참배하고 제물을 바쳤다. 그리고 그 이후 만찬에서 한 플룻 연주자가 사람들의 박수 갈채를 받자 그는 공개적으로 연주자에게 '군주(네로)의 작품을 한 곡 연주할 것'을 청하였다. 그가 네로의 노래를 부르기 시작하자 비텔리우스는 가장 먼저 그에게 박수 갈채를 보냈다.[134]

정치적으로 혼미한 69년 내란 상황에서 주민의 여론은 중요하였다. 오토나 비텔리우스의 이러한 태도는 단순히 그들의 개인적 성향을 보

(사진9) 로마 제정 초기 희극의 한장면. 가면을 쓴 배우들이 피리소리를 배경으로 연기하고 있다. 폼페이시의 부조 작품

여주는 것이라고 볼 수 없다. 로마 주민이 네로에 대하여 여전히 애정을 가지고 있었고, 그들은 그러한 주민 여론을 정치적으로 이용하려 한 것이다.

64년에 네로가 그리스 여행을 떠나려 하자 인민은 불만을 토로하였고, 네로는 여행을 포기하고 말았다. 그들은 네로황제를 자신들의 보호자로 여기고 있었다. 타키투스는 네로가 64년 그리스 여행을 포기한 것에 대하여 다음과 같이 적고 있다.

> 그는 어떠한 관심도 자신에게는 조국에 대한 관심보다 중하지 않다고 말하면서 여행을 포기하였다. 그는 "나는 시민들의 낙담한 모습을 보았고 속삭이는 불평의 소리를 들었다."고 말하였다.[135]

타키투스는 황제와 인민의 친밀한 관계를 곱지 않은 시각으로 바라보고 있다. 그러나 이러한 타키투스의 묘사를 통해서 우리는 황제와 로마 인민이 어떠한 감정으로 서로를 대하였는지 짐작할 수 있다.

네로에 대한 평민의 신뢰는 확고하였다. 네로 치세 최대의 음모 사건인 65년의 피소의 음모 사건에서 그 점이 확인된다.

> 음모가 발각된 후 일부 사람들은 피소에게 군대 캠프나 포룸의 연단에 나가서 군인이나 주민의 의향을 타진해보라고 권유하였다…피소는 이 모든 이야기에 귀를 기울이지 않고 사람들을 떠나서 집으로 돌아가 최후를 맞이할 마음의 준비를 하였다……[136]

음모가 발각되어 검거의 광풍이 몰아닥치는 급박한 상황이었지만,

피소는 주위의 권고를 포기하였다. 자신의 써클 내에서는 인기가 높던 그였지만, 네로에 대한 로마 주민의 열렬한 지지를 잘 알고 있기 때문이었다. 네로는 피소의 음모를 진압한 후에 피고인의 처벌에 관한 칙령과, 인민에 대한 담화의 칙령을 공표하여 인민과 공감대를 유지하고자 노력하였다.

네로가 집권 후반기 친평민 정책을 본격적으로 실시하기 시작할 무렵인 61년에 시장관 페다니우스 세쿤두스가 자신의 집에서 한 가내 노예에 의해서 살해되는 사건이 일어났고 이 사건의 처리 과정에서 로마 평민이 소요 사태를 일으켰다. 타키투스를 비롯하여 고대의 역사가들은 군중의 행동에 대하여 피상적으로 서술하였다. 그런데 타키투스는 이례적으로 이 사건에 대해서는 무려 4개 장을 할애하여 자세히 설명하고 있다.

> 도시 장관인 페다니우스 세쿤두스가 그의 노예 중 한 명에 의해서 살해되었다…그 당시 그 집에 있던 그의 모든 노예들이, 고래의 관습에 따라 처형되어야 했을 때 주민들은 그처럼 무고한 많은 노예들의 생명을 보호하기 위하여 급속히 모여들었고 소요를 일으킬 상황에까지 이르렀으며 원로원 의사당이 그들에 의해서 포위되었다.[137]

세쿤두스는 대세력가로 그의 집에는 모두 400 여명의 노예가 있었다. 노예에 의해 주인이 살해되는 경우에 그 집의 다른 노예들도 모조리 죽이는 것은 로마의 관습이었다. 그것은, 노예에 대하여 주인의 생명과 재산을 보호하기 위한 공화정기 이래 관습이었고 기원후 10년 '실라니우스의 원로원결의'(Senatus Consultum Silanianum)로 입법화되었다. 원로원 의원이며 법률학자이던 카시우스는, '공공의 이익' 즉, 원로원 신분의 이익을 지킬 것을 강조하면서, 노예들의 처형을 강력하게 주장하였다. 타키투스는 롱기누스의 연설을 이례적으로 무려 두개 장을 할애하면서 장엄한 웅변조로 소개하고 있다. 당대인이 아닌 타키투스가 카시우스의 이 연설을 직접 들었을 리는 없다.

그러나 이에 반대하는 인민의 태도도 만만하지 않았다.

> 그러나 원로원의 결정은 시행될 수 없었다. 수많은 군중이 모여들었고 돌과 횃불을 가지고 그 집행을 위협하였다. 그러자 카이사르가 칙령을 발하여 인민을 비난하였고 군대를 동원하여 그 노예들이 형장으로 인도되도록 길을 텄다. 바로(Cingonius Varro)는, 주인 피살시 그 집에 있던 피해방민들도 이탈리아에서 추방시켜야 한다는 제안을 하였으나 그 제안은 황제에 의해서 거부되었다. 황제는 불필요하게 잔인한 조치를 취하여, 자비로 완화시키지 못한 옛 관습을(quem misericordia non minuerat) 악화시키고 싶지 않았던 것이다.[138]

이 구절에서 평민에 대한 황제의 태도가 잘 나타난다. 61년은 앞서 이야기하였듯이, 네로가 정치를 주도하기 시작한 해다. 그러나 네로는 아직은 원로원의 의견을 무시할 수 없었고, 특히 로마의 전통적 사회 가치인 신의를 무너뜨린 범죄에 대해서 좌시할 수 없었다. 결국 네로는 결정적인 상황이 닥치자 로마 군중의 시위에도 불구하고 원로원의 손을 들어주었다. 그러나 네로는 해방 노예에 대해서도 처벌하자는 바로의 제안을 거부하였다. '자비로 완화시키지 못한 옛 관습'이라는 마지막 구절을 통하여 우리는, 네로가 원로원의 의사에 적극적으로 공감한 것이 아니며, 노예 처형을 자신이 진심으로 원한 것이 아니었다는 것을 짐작할 수 있다. 즉, 네로는 로마 인민의 여론에 반하여 노예를 처형하는 조치를 처음부터 주도한 것이 아니었으며, 피해방민에 대한 처벌에 반대함으로써 평민을 자극하는 조치를 가급적 피하려 한 것이다.

그러면 당시 로마 군중이 소요를 일으킨 이유는 무엇인가? 타키투스는 이에 대하여 무고한 노예의 목숨을 구하기 위해서라고 설명하지만, 그렇다고 해서 피호제를 깨뜨린 노예의 범죄를, 당시 로마 군중이 용인하는 것은 아니었다. 주인과 노예 그리고 후견인과 피호민 등의 관계는 로마 사회 생활에서 대단히 뿌리깊은 것이었다. 1세기에 그러한 사회 관계를 파괴하려는 혁명적 군중 운동은 전혀 존재하지 않았다. 예를 들어서 69년에 로마 평민은 추방에서 돌아온 로마 귀족에게 피해방민들에 대한 권리를 인정하여 주고 있다.

61년 로마 군중이 소요를 일으킨 데에는 자비로운 통치자를 원하는 바람이 작용하고 있었다. 이와 비슷한 사건이 아우구스투스 시절 벌어진 일이 있었다. 그때 아우구스투스는 살해된 주인이 사악한 인물임을 들어서 '실라니우스의 원로원결의'를 그 사건에 적용할 필요가 없다고 명하였다. 로마 인민은 이상적인 프린켑스로서 아우구스투스와 네로를 비교하면서 네로에게 자비를 요구하였다. 네로는 통치자에 대한 이러한 인민의 요구를 잘 알고 있었고 따라서 자비로운 모습을 보이고자 노력하였다.

이처럼 로마의 평민은 황제의 조종에 의해서 변덕스럽게 정치적 태도를 바꾼 것이 아니라 그들이 생각하는 바람직한 통치자의 모습을 주체적으로 요구하였다. 네로황제는 집권하는 동안 평민과 항상 원만한 관계를 유지한 것은 아니었다. 옥타비아를 추방하였을 때와 친모 아그리피나를 시해하였을 때 그는 평민의 심한 비난을 받았다. 아우구스투스 역시 기원후 2년에 자신의 딸 율리아를 추방한 후 인민의 항의를 받고 소환해야 했다. 로마 평민은 빵과 써커스에만 만족해 하는 수동적인 존재가 아니었다.

61년 로마 군중이 소요를 일으킨 또다른 원인은 경제적 어려움이었다. 고대 문헌 사료에는 소요 사태의 원인으로써 경제적 동기는 잘 나타나 있지 않다. 예를 들어서 기원전 23-19년 로마시 소요의 원인은 아우구스투스가 콘술직에 취임하지 않았기 때문인 것으로 서술되어 있지만 당시 소요의 근본 원인은 홍수, 전염병, 기근 등으로 인한 곡물 부족, 가옥 파괴 등 경제적 위기였다. 61년에 이르기까지 네로 치세하의 재정 운영은 원로원이 주도하였고 그들은 평민에 대한 경제적 배려를 하지 않고 긴축 정책을 실시하였다. 네로는 이러한 평민의 어려움을 해결하기 위하여 적극적으로 친평민적 재정운영을 하였다.


## 2 문화의 보호자 네로

제정 초기 황제의 '인민적 친근성'의 태도는 네로에 이르러 절정에 달하였다. 그는 대중의 인기를 확보하고자 노력하였고 어느 누구도 자신보다 더 큰 인기를 누리도록 허용하지 않았다. 수에토니우스는 다음과 같이 말한다.

그러나 무엇보다도 그는 인민의 인기를 얻기 위한 발광에 사로 잡혔고, 어떤

식으로든지 군중의 감정을 움직이는 모든 자에 대하여 시기하였다.[139]

　제정 초기 황제는 로마의 전통적 사회제도인 피호제를 이용하여 인민의 지지를 확보하려 하였다. 공화정기 로마 사회에서 피호제는 커다란 영향력을 발휘하였다. 그것은 '친구들' 사이에 '선행'을 주고 받는 상보성의 원리에 의하여 운영되었다. 공화정 사회에서 이러한 선행은 같은 사회 신분의 사람들 사이에 '우정'을 만드는 데 중요하였다. 이러한 상보성의 원리는 불평등한 사회 신분의 사람들 사이에서 이루어지는 '우정'에서도 적용되었다. 호의를 입은 사람은 그것을 베풀어 준 사람에게 그에 상응하는 호의를 보여야 하는 것으로 여겨졌다. 상보성의 개념은 피호민과 보호자 사이의 관계에서도 나타난다. 돈이나 재산의 수여 혹은 법률상의 보호 등과 같은 보호자의 선행은, 아침 문안 인사(salutatio) 참여, 선거에서의 지지 등의 피호민의 선행으로 상보된다. 피호민이 자신의 보호자를 선거에서 지지하는 관례는 'suffragium'이라는 단어의 의미가 시대에 따라 변화한 사실에서 분명히 나타난다. 즉, 그 단어는 '투표'라는 의미에서, 2세기가 되면 피호민의 보호자에 대한 '지지'를 뜻하는 말로 바뀌었다.[140]

　제정기에 들어서도 로마 사회의 이러한 피호제는 계속되었다. 세네카의 저서 『선행론』은 이 점을 잘 보여준다.

　　우리는 선행에 대하여 이야기를 해야 하며, 인간 사회를 묶어 주는 가장 중요한 유대에 대하여 정리해야 한다.[141]

　제정기의 피호제가 이전과 다른 점이 있다면, 권력의 제일인자가 등장함으로 인하여 그 인간 관계의 그물망이 프린켑스를 중심으로 재조직되었다는 점이었다. 즉, 제정기의 프린켑스는 이제는 '대등한 자들 중의 첫째'(primus inter pares)가 아니었다. 공화정기의 피호제에 비교해 볼 때 제정기의 피호제는 보다 구심적이고 피라미드적이었다. 일찍이 사임은 자신의 대표적 저서인 『로마 혁명』에서, 아우구스투스가 피호제를 이용하여 정치, 사회적 지위를 공고히 하였다고 주장하였다. 그는 아우구스투스 시절 정치 분야에서는 피호제와 정실주의가 큰 힘을 발휘하면서, 자유로운 경쟁은 통제되었다고 말한다. 싸임은 이후 저서에서 이러한 견해를 더욱 강조하여 "원로원 의원과 그 집단은 관직을 얻고 영향력을 행사하기 위하여, 이러한 복잡한 인간관계의 망을 더욱 발전시켰다."고 말한다.[142]

아우구스투스는 자신의 탁월한 지위는 자신의 아욱토리타스로부터 비롯된 것이라고 주장하였다. 그는 『업적록』에서 다음과 같이 말하였다.

> 이후로 나는 아욱토리타스에서는 다른 이들을 능가하였지만 포테스타스에서는 나와 함께 정무관직에 있던 다른 누구보다도 많이 취하지 않았다.[143]

아우구스투스가 말하는 아욱토리타스의 본질은, 피호제를 통한 사람들에 대한 통제력이었다. 원수정 체제 하에서 황제는 가장 강력한 보호자였고 이 조직을 통하여 사회를 통제하였다. 그는 공화정기 귀족들이 행사하던 피호제의 그물을 파괴하는 것이 아니라 자신을 중심으로 재조직하여 오히려 그것을 이용하여 자신의 권력을 강화하고자 하였다. 따라서 제정 초기 로마 황제는 권력의 중심지인 로마 내에서 자신보다 강력한 보호자를 결코 용납할 수 없었다. 공화정기 귀족에 의해서 베풀어지던 축제와 게임은 금지되었고, 이후 로마의 모든 볼거리들과 축제는 오직 황제의 이름으로만 행하여졌다. 아무리 공을 많이 세운 장군이라도 개선식을 거행할 수 없었고, 모든 개선식의 영예는 오직 황제만이 누릴 수 있었다.

네로는 문학과 예술에 취미와 재능을 지니고 있었다. 그는 문화 분야에서의 피호제를 적극 활용하여 인민의 지지를 확보함으로써 정권의 안정을 도모하고자 하였다. 문화 분야에서도 피호제는 상보성의 원리가 존중되었다. 보호자는 금전 등 물질적 후원의 형태로, 혹은 시낭송회에 참석하거나 법적인 보호를 통하여 '선행'을 베풀었고, 그에 대한 보답으로 저술가는 그에게 작품을 헌정하거나 보호자의 공직 경력이나 정치적 입장에 부합하는 내용의 글을 저술하였다. 저술가의 성공 자체가 보호자에 대한 하나의 선행으로 여겨졌다. 그들은 유력자를 통하여 청중을 확보하고 자신의 작품을 선전할 수 있었기 때문에 굴욕을 무릅쓰고라도 유력자와 '우정'을 맺고자 원하였다.

이러한 문화적 피호제의 특징은 제정기에도 계속되었다. 그러나 프린켑스의 우월한 지위로 인하여 제정기 문화적 피호제는 문학의 창조성과 독창성을 점차로 약화시키는 결과를 가져왔다. 문학을 통하여 정치 문제를 거론하고 원수정 체제나 황제를 비난하는 일은 탄압을 감수해야 하는 위험한 일이 되었다. 제정초 탄압을 당한 문필가로서, 아우구스투스 시절의 오비디우스와 티베리우스 시절의 역사가 코르두스(Cremutius Cordus)가 대표적이다.

그리하여 네로가 즉위할 무렵 로마의 문학 활동은 창조성을 결여한 채 위축된 상태였다. 이런 상황에서 사람들은 새로이 즉위한 네로에 대하여 커다란 희망을 갖고 문학의 부흥이 이루어지기를 기대하였다. 이러한 그들의 기대는 헛되지 않았다. 문학 분야에서 네로 시대는 아우구스투스 이래 가장 활발한 활동이 전개된 시기였다. 네로 시절의 대표적인 문학가로서 서사시 분야의 루카누스, 풍자시 분야에서 페르시우스, 소설 분야에서 페트로니우스, 정치, 과학, 윤리 분야에서 다수의 작품을 남긴 세네카 등을 생각해 볼 때 네로 시대의 활발한 문학 활동을 짐작해 볼 수 있다.

네로 시대에 식자층은 사회, 정치적으로 명망있는 인물을 중심으로 집단을 이루어 활동하였다. 예를 들어서 네로에게 처형된 루벨리우스 플라우투스와 트라시아 파이투스의 마지막 상황에 대한 묘사에는 이 점이 암시되어 있다. 그 두 경우 모두 그 친구들은 철학 사상을 통하여 유대를 갖고 있었다. 이러한 문학 활동에 황제가 어느 정도 영향력을 행사하였는가에 대해서는 논란이 있다. 모퍼드는 귀족 중심의 문학 써클이 황제의 영향을 강하게 받았을 것이라고 주장하는 반면 시제크는 귀족 써클의 독자성을 강조한다. 그러나 네로황제 시절에 문학 활동이 활발하게 전개되었으며, 페르시우스와 페트로니우스 등의 경우에서 보듯이, 황제의 영향을 받지 않는 자유로운 문학 활동이 존재하였음은 분명하다.[144]

네로는 문학 활동을 적극적으로 후원하였다. 저술가들은 네로와의 직접적인 만남을 통하여, 혹은 자신의 보호자를 매개로 하여 네로에게 접근하였다.

그는 또한 시에 대한 열정을 사랑하였다. 그는 시에 대하여 대단한 정도는 아니지만 어느 정도 분별력이 있는 친구들을 모았다. 이들은 만찬을 즐긴 후에 집에서 지어오거나 즉석에서 지어낸 구절을 연결하는 연결어를 그와 함께 생각하였고, 그 주인(네로)이 제안한 구절을 더하거나 빼면서 다듬었다.[145]

이 경우에서 보이듯이, 문학적 재능으로 인하여 시인 중 일부는 네로와 '우정'을 맺게 되었고 '황제의 친구'가 되어 공직 경력을 높일 수 있었다. 세네카와 시인 루카누스의 경우가 대표적이다.

네로가 이처럼 문학 분야에 비중을 두면서 그 활동을 후원하자, 아폴로 신으로 칭송되었다. 루카누스는 네로와 불화하기 이전에 다음과 같이 네로를 찬양하고 있다.

> 그러나 저에게 그대는 이미 신과 같은 존재입니다.
> 저의 가슴이 그대를 허락하여 그대로부터 시의 영감을 받을 수 있다면
> 저는 신비한 델피를 다스리는 저 신을 괴롭힌다고 해도
> 뉘사(Nysa)에서 바쿠스를 불러낸다고 해도 마음쓰지 않을 것입니다.
> 로마의 한 시인에게 힘을 주는 데 당신만으로 충분합니다.[146]

뉘사는 바쿠스 신의 출생지로 알려진 인도의 산이다. 루카누스는 황제 네로를 시에 영감을 불어 넣어 주는 자로서 아폴로와 바쿠스를 능가하는 존재로 찬양하고 있는 것이다. 이러한 비유는 네로 정권 초기 이래 아우구스투스 치세를 모델로 삼고자 한 이념과 그 맥을 같이 하는 것이다. 아폴로 신은 아우구스투스 시절 가장 숭배되던 신이었다.

네로의 관심은 문학 분야에만 한정된 것이 아니었다. 그는 그리스 모델의 경기를 개최함으로써 문학과 예술을 포함하는 문화의 보호자가 되고자 노력하였다. 축제의 구경거리를 제공하는 일은 공화정기 이

래 정치 지도자가 마땅히 해야 할 일이었다. 제정기에 들어서도 황제들은 게임을 통하여 인기를 유지하였고 그런 의미에서 게임은 정치적으로 중요한 의미를 지녔다. 로마에서 구경거리를 뜻하는 단어로는 '루디'(ludi)와 '무네라'(munera)가 있다. 루디에서 거행되는 주요 종목은 전차 경주, 연주와 연기, 야수 사냥 등이다. 공화정기 농업 사회에서 신에게 감사하는 제전이 거행되면서, 정부는 공공 자금으로 다양한 구경거리를 제공하였는데, 이것이 루디의 기원이다. 로마시가 확대되고 제국으로 성장하면서, 로마는 농업 사회의 특징을 상실하게 되고 그에 따라 루디는 종교적 성격은 상실한 채, 시민을 위한 구경거리 행사로 변하였다. 최초의 루디인 루디 로마니(ludi Romani)는 왕정 시대에 시작된 것으로 여겨지며, 이후 새로운 루디가 계속해서 추가되어 4세기에 이르러서는 일년 중 177일 동안 루디가 열렸다. 검투 경기를 의미하는 무네라는 본래 '의무'를 뜻하는 단어로서, 유력자의 장례식에서 망자를 기리기 위하여 그 가족이 마땅히 거행하는 것으로 여겨졌다. 그러나 무네라 역시 제정기에는 공공 자금에 의해서 거행되어 주민을 위한 구경거리로 제공되었다.[147] 루디와 무네라에서 관중의 열기가 지나쳐 때로는 소란이 벌어지기도 했다. 네로 치세인 기원후 59년에 폼페이시에서 열린 무네라에서는 이웃 누케리아시에서 온 주민과 폼페이시 주민이 충돌하여 누케리아 주민이 집단으로 살해당하는 참극이 벌어졌다. 네로는 그 사건에 대한 처리를 원로원에 넘겼고, 원로원은 경기개최의 책임자와 난동의 주모자를 추방하고 향후 10년간 폼페이시에서 무네라 개최를 금하는 조치를 취하였다. 폼페이시에서 발견된 한 벽화에는 이 사건이 묘사되어 있다(사진10).

아우구스투스는 이 분야에서도 공화정기 귀족을 능가하였고, 『업적

(사진10) 59년 폼페이시에서 벌어진 유혈사태를 묘사한 프레스코화, 나폴리국립박물관

록』에서 자신의 경기 개최를 자랑스레 강조하면서 기록하였다. 그는
부지런히 게임에 참가하여 인민과의 친근성을 과시하였다. 이러한 아
우구스투스의 선례는 네로가 게임을 피호제의 도구로 삼은 이유와 그
방식을 이해하는 데 중요하다. 네로는 '신 아우구스투스 시대'를 만들
려는 정책 의지를 경기 개최에서도 반영하였다. 57년에 네로는 캄푸스
마르티우스에 원형 경기장을 신설하고 경기를 제공하였다. 59년에는

유베날리아 축제가 거행되었다. 그 축제는 네로가 문화의 보호자로서 능력을 과시할 수 있는 기회를 마련하여 주었다. 그는 참여한 사람들에게 재정적인 지원을 하여 주었고 로마의 귀족과 기사는 게임에 참여하여 황제의 관심을 받을 수 있게 되었다.

축제를 통하여 황제는 청중에게도 보호자로서 영향력을 행사하였다. 일찍이 아우구스투스는 트로이 축제(ludus Troianus)를 통하여 젊은 귀족 집단을 자신의 피호제하에 조직하였고 그들에게 로마의 전통을 가르쳤다. 이러한 전통을 이어 네로는 유베날리아 축제에서 아우구스티아니(Augustiani)라는 이름으로 젊은 기사 집단을 등록시켰다. 그 집단은 황제를 찬양하는 박수 부대로 비난받았지만, 이것은 황제가 그들에게 호의를 베풀고 장차 공직에 중용하겠다는 표시였다. 아우구스티아니는 네로의 피호제에서 중요한 역할을 수행하였다. 이런 점에서 59년의 유베날리아 축제는 비록 사적인 성격이었지만 네로의 피호제의 본질을 분명하게 보여주었다. 네로는 여기에 만족하지 않았다. 그는 이러한 문화적 피호제를 국가의 공식 행사로 끌어 올림으로써, 자신의 정권의 주요 기반으로 삼고자 하는 야심찬 계획을 실행하였다. 바로 '네로의 축제'(Neronia)가 그것이다.

앞서 언급한 '네로의 5년'(quinquennium)은 다른 의미로 '5년 주기의 축제'를 의미할 수도 있다. 즉, 그것은 친평민 정책의 하나로 추진된 '네로의 축제'를 가리키는 것으로도 해석될 수 있다. 트라야누스 황제가 로마시 주민들에게 풍성한 볼거리를 제공한 점을 생각해 볼 때, 싸임의 주장대로 트라야누스가 칭송한 '네로의 5년'은 '네로의 축제'를 의미하는 것이라고 볼 수도 있다. 이렇게 본다면 '네로의 5년'은 그의 치세 중반기를 의미하는 것이 될 것이다. 이 해석은 제 3장

1절에서 필자가 공감을 표시한 쏜튼의 견해 즉, '네로의 5년'을 오스티아 항구 건설과 로마시 식량공급 정책에 대한 네로의 업적과 연관지어 해석하는 견해와 그 시기가 일치한다.

네로의 축제는 60년에 제도화되었고 65년에 두번째로 열렸다. 그 축제는 로마의 모든 인민의 관심 속에 국가 행사로 거행되었다. 투표에 의해서 선출된 콘술급 인사들이 위엄있고 절제있게 게임을 진행하였다. 로마 사회의 가장 존경받는 지도자들(honestissimus quisque)이 라틴어 시 경연에 참여하였고, 서민 대중의 취향인 무언극 배우들은 신성한 경기(certamina sacra)에서 배제되었다. 60년 네로의 축제는 아우구스투스의 선례에 따라 계획되었다. 니코폴리스에서 열린 아우구스투스의 악티움 경기와 마찬가지로 네로의 축제는 로마의 '5년 주기 희생제'(lustrum)에 따라서 5년을 주기로 이루어졌으며, 시와 수사학 경연에서는 라틴어가 사용되었다. 이처럼 60년 네로의 축제는 네로가 로마의 문화 활동 후원자라는 점을 공개적으로 천명하기 위한 잘 계획된 정책 활동이었다.

그는 이러한 자신의 의도를 주요 선전 매체인 주화를 통하여 선전하였다. 네로 시대 발행된 한 동화(As)를 보면, 주화의 가장 자리에는 'PONTIF(ex) MAX(imus) TR(ibunica) P(otestate) IMP(erator) P(ater) P(atriae)' 즉 '최고 사제, 호민관의 권한을 지닌 임페라토르, 조국의 아버지'라는 명문이 새겨져 있고, 중앙에는, 부드러운 옷을 입고 키타라(cithara)를 연주하면서

(사진11) 네로시대의 주화:
64년, 키타라를 연주하는 아폴로신상

행진하는 아폴로의 모습이 묘사되어 있다[148](사진11). 이것은 네로 자신의 모습이기도 하다. 네로는 평민이 주로 사용하는 동화에 이러한 모습을 새겨넣음으로써, 로마 평민에 대하여 자신이 문화의 보호자임을 과시하고 있다.

65년에 이르러 네로는 달라진 정치 상황 속에서 친평민 정책 노선을 분명히 하였다. 이러한 정치적 입장과 음악, 연기 등에 대한 개인적인 기호가 합쳐지면서 그는 유례없이 몸소 무대에 오르는 파격적 행동을 하였다. 네로는 제2차 네로의 축제를 통하여 단순히 문화의 보호자가 아니라 문화적 지도력을 자신의 독재정의 지지 기반으로 삼고자 하였다. 그의 이러한 파격적 행동은 보수적 귀족층의 심각한 반대를 초래하였다. 네로는 65년에 티리다테스를 아르메니아 국왕으로 임명하는 의식을 거행한 후에 자신감을 회복하고, 자신의 문화적 지도력을 그리스에 확대하기로 결정하였다. 그 곳은 자신의 예술적 영감의 근원이고, 헬레니즘 정책의 근원이었다. 로마의 상층 시민들에게 외면당한 상황에서 그는 새로운 지지 계층이 필요하였다. 네로의 그리스 여행은 이러한 문화 정책의 절정이었다.


## 3. 네로의 그리스 여행

네로는 아카이아 속주의 주도(州都)인 코린트에서 행한 연설을 통하여 이러한 자신의 야심적인 목표를 잘 드러내었다. 네로는 이스트미아 축제에 모인 군중 앞에서 아카이아의 해방을 선언하고 다음과 같이 장엄하게 연설하였다.

그리스 인들이여, 내가 당신들에게 제시하는 것은 예견치 못한 선물입니다…나는 헬라스가 절정에 있을 때 이 수여를 행할 수 있었으면 그리하여 보다 많은 이들이 나의 은총을 누릴 수 있었으면 얼마나 좋을까 생각합니다. 그러나 동정을 통해서가 아니라 호의를 통해서 나는 이제 당신들에게 이 은혜를 베풉니다. 그리고 나는 당신들의 신에게 감사를 올립니다. 그 신들은 나에게 그렇게 커다란 자비를 줄 기회를 제공하였습니다. 나는 바다에서 그리고 땅에서 그 신들의 가호를 언제나 경험하였습니다. 다른 황제들은 도시들을 해방시켰습니다. 네로만이 전 속주를 해방시켰습니다.[149]

네로의 이 연설은 피호제를 그리스 지역에 확장하여 그리스 인들의 지지를 확보하려는 그의 의도를 잘 보여준다. 네로는 그리스 여행 중에도 로마 피호제의 상보성의 원리 즉, 선행의 상호 교환의 원리를 적용하였다. 즉, 네로는 그리스 축제의 경연 및 경기에 참여하여 승리자가 됨으로써 그리스인의 환호와 지지를 확보하였고 그에 대한 댓가로 그는 그리스인들에게 코린트운하 건설을 약속하고, 세금의 면제를 포함하는 자유의 회복을 선언하였다.

그 동안 네로의 그리스 여행은 그의 기행을 보여 주는 실례로 평가되어 왔다. 수에토니우스와 디오는 네로가 코린트의 이스트무스 지협을 가르는 운하 건설을 계획하고 아카이아 속주 전체를 해방시킨 조치를 그의 과대 망상증을 보여주는 무책임하고 허황된 것이라고 비난하였다.

그러나 로마 제국 하에서 황제의 여행은 단순히 개인적 욕구에 의해서 이루어진 것이 아니었다. 그것은 해당 속주에 황제의 정책을 효과적으로 집행하기 위한 한 방법이었다. 네로는 로마의 정치무대에서 높아가는 원로원 귀족세력의 반대를 대외로 관심을 돌려 해소하려는 정치적 의도를 가지고 있었을 것이다. 실행에 옮겨지지는 못하였지만 네로 치세 말기의 동부 군사 원정 계획도 이러한 정치적 의도를 반영하는 것으로 볼 수 있다.

네로의 그리스 여행에서 가장 비난을 받은 행동은 여러 경기에 직접 선수로 참가한 점이었다. 그는 헬레니즘 세계의 주요 축제에 참가하여 우승함으로써 '페리오도니케스'(periodonikes)의 영예를 얻었다. 페리오도니케스는 올림피아 게임, 피티아 게임, 이스티미아 게임, 네메아 게임 등 그리스 4대 경기에서 모두 승리한 자에게 붙여지는 영예로운 칭호였다.

동부 지역에서 로마 황제가 게임을 후원하고 재정 지원을 하는 일은 사람들의 인정을 받는 한 수단이었다. 이러한 로마의 정책은 네로 이전에도 시행되었고 네로 이후에도 계속되었다. 네로는 경기에 직접 참여하였다는 점에서 이례적이었다. 그러나 이러한 태도는 앞서 언급한 '인민적 친근성'을 과시하는 행위로 해석될 수 있다.

네로는 경기에서 승리한 후에 다음과 같은 말로 자신의 정치적 입장을 분명히 하였다.

> 네로 카이사르는 이 대회에서 승리하고 로마 인민과 전세계 주민의 머리에 왕관을 씌운다.[150]

즉, 네로는 자신의 영예를 로마의 원로원이 아니라 로마 인민과 제국내 전주민에게 돌리고 있다. 이것은 바로 이러한 종교 의식 속에서 로마 인민과 제국의 모든 주민을 하나로 통합하고자 하는 네로의 의도를 반영하는 것이다.

코린트 지협을 자르는 운하 건설 계획은 여러 전례가 있었다. 로마 시대에도 일찌기 율리우스 카이사르, 칼리굴라 등이 운하 건설을 계획하였다. 네로의 운하 건설 계획에 대한 고대 문헌상의 평가는 양면적이다. 플리니우스는 자연의 질서를 파괴하는 신성 모독의 범죄 행위라고 비난하는가 하면 수에토니우스는 네로의 훌륭한 업적 중 하나로 분류하고 있다. 로마의 인물 중에서 율리우스 카이사르와 칼리굴라의 경우는, 운하 건설 계획이 그들을 비난하는 데 별로 이용되지 않는데 비하여, 네로의 경우는 그를 비난하는 소재로 이용되는 차이를 보인다.

네로는 다른 인물들과는 달리 운하 건설 공사를 착공하여 단기간 내에 상당히 진척시켰다. 그는 유대인 반란을 진압하고 베스파시아누스가 포로로 잡아 온 6천 명을 그 공사에 투입하였다.그 운하는 결국 근대에 들어서 1893년에 준공되었다. 그 당시에 로마시대의 중단된 공사 흔적이 확인되었는데 전체 길이의 1/5 정도가 진척되었음이 확인되었다. 이러한 네로의 운하 건설은 실용적 효과를 지닌 것이었다. 이스트무스 운하가 건설되면 동부 지중해와 중부 지중해를 오가는 교통이 무엇보다도 용이해진다. 펠로폰네소스 반도 남단을 돌아가는 해로는 매우 위험하였으며 특히 반도 남단에 있는 말레아 갑(Cape Malea)은 해상 사고가 빈번한 곳이었다. 이 운하는 로마시 곡물 공급을 위해서도 편리하게 이용될 수 있었다. 62년 로마시 곡물위기를 흑해에서 긴급 조달한 곡물로 해소한 경험이 있던 네로로서는, 이스트무스 지협을 지나면서 운하 건설이 절실하다는 것을 느꼈을 것이다.

자연의 질서를 변경하는 일은 고대인들 사이에서 위험하고도 상도를 벗어난 것으로 여겨져 두려워하였다. 디오는 네로의 그 공사에 관하여 다음과 같이 말하였다.

> 사람들은 공사를 할 수 없었다… 왜냐하면 운하를 건설하기 위해 처음 땅을 파자 그 곳에서 피가 솟아나오고 으르렁거리고 울부짖는 소리들이 들려왔으며 유령들이 출몰하였기 때문이다.[151]

그러나 로마는 이러한 고대인의 감정을 뛰어넘어 제국의 힘을 과시하고자 하였다. 그들은 자연의 질서뿐만 아니라 그리스 세계의 도시국가의 경계를 넘어서는 제국의 힘을 힘을 보여 주고 싶어 했을 것이다. 그리스의 여러 도시 경계를 가로지르는 도로나 수로의 건설, 지협을 가르는 운하의 건설 등은, 속주 아카이아에 로마 제국의 통제력을 가시적으로 보는 상징적인 의미가 분명하였다. 네로의 운하 건설에는 이러한 정치적 의도가 담겨 있었다.

네로의 그리스내 여정에 대해서는 정확하게 알려진 바가 없다. 네로는 그리스 전역을 돌아다니면서 게임과 페스티벌에 참가하였다. 아카이아 지역에서 페스티벌은, 단순히 향락을 위한 무대 만은 아니었다. 그것은 아카이아 지역뿐만 아니라 비그리스 속주, 심지어 로마인까지도 참여하는 세계시민적인 모임의 장소였으며 속주 엘리트 가문의 주요 인물들이 모여 서로 연락을 취하고 교류하는 장소였다. 이러한 장소야말로 네로에게는 필요한 곳이었다. 네로는 단순히 예술가로서 뿐만 아니라 로마 제국의 통치자로서 그 곳 청중으로부터 인정받기를 원하였다. 그리스 세계에서 경기의 승리자는 권위를 부여받았다. 그는 여러 경기에서 승리자가 됨으로써 영광과 존경을 얻었고, 그 영광을 로마 인민과 세계에 돌림으로써 제국을 통합하고 제국의 통치자로서 면모를 과시하였다.

네로의 여정에 관하여 흥미로운 사실은 그가 아테네와 스파르타 등 대표적인 두 도시를 방문하지 않았다는 사실이다. 네로가 그처럼 오래 여행을 하면서도 대표적인 두 도시를 방문하지 않은 것은 기이한 일이다. 그 대신에 그는 아카이아 속주의 주도로 기능하던 로마의 식민 도시 코린트에 머물면서 페스티벌에 참여하고 그리스의 자유를 선언하였다. 코린트는 기원전 146년에 무미우스(L. Mummius)에 의해서 파괴되었다가, 기원전 44년 율리우스 카이사르에 의해서 재건되었다. 이후 코린트는 아카이아 속주에서 친로마적인 도시로서 제국 행정력의 중심지 역할을 하였다.[152]

네로가 올림피아 등 다른 페스티벌을 제외하고, 이곳에서 열리는 이스트무스 페스티벌에서 그리스의 자유를 선언한 것도, 그 정치적 의미가 분명하다. 즉, 네로는 옛 도시 국가의 전통이 서린 그리스가 아니라 로마 제국내 하나의 속주로 아카이아를 방문하고자 하였으며, 로마 제국의 통일된 힘을 강조하고자 한 것이다. 이러한 통합 노력은 무력에 의한 강요가 아니라 문화적으로 그들과의 교류를 통하여 동화시키는 일이었다. 즉, 네로는 아카이아 속주를 격려하고 동부 세계와 서부 세계를 연결시키며 제국 내에 그리스 문화를 수용하여 통합하고자 하였다. 그러나 이러한 네로의 노력은 로마의 보수적인 귀족 집단에 의하여 거부되었다. 많은 로마인들은 그리스 문명에 대하여 이중적인 태도를 보였다. 그들은 기원전 5세기 아테네의 그리스인에 대해서는 존경의 태도를 보이면서도 당대의 그리스인은 타락한 것으로 생각하고 경멸하였다.[153]

네로는 로마로 돌아와 개선식을 거행하면서도 전통적인 로마의 개선식을 거부하였다. 수에토니우스는 네로의 개선식 행렬을 우스꽝스러운 것으로 묘사한다. 그는 아우구스투스가 사용하던 개선식 전차를 타고 금으로 된 별이 달린 개선장군의 망토를 입었다. 그는 머리에 올림픽 승리자의 올리브 관을 쓰고, 오른손에는 유피테르의 홀이 아니라 퓌티아 축제에서 수여받은 승리자의 관을 들었다.

> 그의 전차에는 개선 행렬의 호위자들이 따르듯이 그를 환호하는 자들이 뒤따랐다. 그들은 자신들이 아우구스티아니이며 그의 개선식의 병사들이라고 외쳤다.[154]

개선 행렬은 유피테르 옵티무스 막시무스의 신전에서 끝난 것이 아니라 아폴로의 신전이 있는 팔라티움 언덕에서 끝났다. 이것은 예술 분야에서 피호제를 이용하여 군사적 지도력뿐만 아니라, 문화적 지도력에 기반한 새로운 타입의 독재정을 만들어 내려는 네로의 시도를 잘 보여 주는 것이다.

네로의 그리스 여행은 이탈리아와 서부 세계에서 그의 정치적 지위를 심각하게 약화시키는 결과를 초래하였다. 네로의 그리스 여행은 그의 문화적 피호제의 절정이었을 뿐만 아니라 파국으로 이어진 그의 행로의 정점이기도 하였다. 그가 개선식을 올리는 동안 이미 빈덱스는 봉기를 하였고 그 후 3개월이 채 지나지 않아 네로는 몰락하였다.

# 6 제6장 네로의 로마시 공공건설 사업

## 1. 네로의 친평민적 재정 운영

네로황제의 재정 지출 내역을 살펴보면 전반기와 후반기가 뚜렷한 대조를 보인다. 이 변화를 표로 정리해 보면 오른쪽과 같다.

세네카와 부루스가 실권을 장악한 치세 전반기와 네로가 주도한 후반기를 비교해 볼 때 재정지출 양상이 분명히 변화하였다. 집권 후반기 네로의 친평민적 재정지출은 전례가 없던 것이 아니라, 아우구스투스의 선례를 따른 것이었다. 아우구스투스 치세동안 로마는 주기적인 디플레이션으로 고통받았다. 이 문제를 해결하기 위하여 아우구스투스는 제국의 수입을 다수의 시민에게 분배하는 조치를 취하였다. 그는 하사품(congiaria), 토지 등을 지급하였고 많은 공공사업을 일으켜 노동자에게 일자리와 돈을 나누어 주었으며, 무상의 공공 유흥을 마련하는 데 많은 돈을 지출함으로써 불경기를 해소하였다. 콩기아리움은 처

**(표3) 네로 집권기 재정지출 분야의 변화**

| 구분 | 55-62년 | | 62-68년 | |
|---|---|---|---|---|
| | 평가 | 주요사례 | 평가 | 주요 사례 |
| 공공 경기 및 축제 개최 | X | 콰이스토르들에게 검투사 경기 개최를 요구하지 않음 | O | 유베날리아와 네로의 축제 신설 |
| 공공 건축 활동 | X | 세 개의 건물 건축만이 확인됨 | O | 네로의 공중 목욕탕, 황금궁전건설 |
| 곡물 배급 | X | 문헌 사료 상으로 곡물 배급이야기가 전혀 없음 | O | 다수의 곡물 배급표를 발행함 |
| 군중에게 하사품 지급 | X | 57년(타키투스, 수에토니우스)과 59년(디오) 두 차례만 확인됨 | O | 주화의 'CONGIARIUM' 명문(銘文)이 다수 발견됨 |
| 귀족의 특권 강조 | O | 귀족에게 많은 선물을 제공 | X | 귀족에게 전혀 하사품을 주지 않음 |

(O는 적극적, X는 소극적임을 뜻함)

음에는 인민에게 제공되는 포도주와 기름을 의미하였다. 그러나 그 후
이 말은 그 밖의 다른 식품이나 돈 등의 하사품을 가리키는 의미로 사
용되었고, 아우구스투스 시대가 되면 돈으로 내려지는 하사품을 의미
하게 되었다. 아우구스투스는 『업적록』에서 다음과 같이 말하였다.

> 로마 평민에게 나는 나의 아버지의 뜻에 따라서 일 인당 300세스테르케스의
> 돈을 나누어 주었고 나의 다섯 번째 콘술직 재직기간에 전리품으로부터 나
> 자신의 이름으로 한 사람당 400세스테르케스의 돈을 나누어 주었다.[155]

당시 노동자의 일당이 대략 4세스테르케스 즉, 1데나리우스 미만이
었을 것이므로 100데나리우스라는 보너스는 대단히 큰 액수였다.

고대 문헌에서 황제의 재정 지출과 징수 행위는 기본적으로 도덕적

인 시각에서 기록되었다. 그들이 보기에 훌륭한 황제의 재정 지출은 후사의 덕을 보이는 것으로, 나쁜 황제의 재정 지출은 낭비(profusio) 혹은 사치스러움(luxuria)을 보여주는 것으로 기록된다. 훌륭한 황제가 재정 수입을 늘리고 지출을 아끼면 검소함(parsimonia)의 미덕을 보여주는 것으로, 나쁜 황제가 돈을 모으는 행위에 대해서는 탐욕스러움(avaritia)을 보이는 것으로 묘사된다.

그러나 경제 정책면에서 평가해 볼 때, 그러한 구분은 분명하지 않다. 일찌기 프랭크는 제정기 공공공사에 이용된 노동량은 황제마다 커다란 차이가 있었다고 주장하였다.[156] 그러나 프랭크의 주장대로라면 로마는 공공작업이 없는 동안 유휴 노동력을 관리하는 데 어려움을 겪었을 것이다. 이러한 프랭크의 주장을 반박하기 위하여 쏜턴가의 2인의 연구자는 로마 제정기 건축 활동은 유휴 노동력에 일자리를 마련해주기 위한 정책적 배려하에 이루어진 것이라는 가설 하에서, 율리우스-클라우디우스 가문기 이루어진 주요 공공건설 작업의 노동력을 수량화하였다. 그들은 기원전 29년부터 기원후 68년까지 로마시로부터 60킬로미터 거리에서 이루어진, 확인가능한 공공건설 공사를 대상으로 삼았다. 그 거리는 로마의 유휴노동력이 이동하여 작업에 동원될수 있고 로마의 청부건축업자들이 계약에 입찰할 수 있는 거리였다. 그 외에도 그들은 로마에 물을 공급하는 수로건설과 수로보수 작업은 로마시로부터의 거리에 관계 없이 모두 포함시켰다. 그들이 노동량을 산출하는 기준으로 삼은 건물은 님(Nimes)에 있는 메종 까레(Maison Carrée) 신전이었다. 그 건물은 비록 크지는 않지만 잘 보존되어 있고 매우 전형적인 신전건축으로서 가로 32미터, 세로 15미터에 넓이는 480평방미터다. 그들은 이 건물을 60노동 단위로 계산하였고 따라서

1노동 단위는 480/60 = 8평방미터의 넓이로 계산하였다. 고고학 발굴 자료에 나오면서 문헌사료에 언급되지 않는 경우는 없었고 문헌 사료에만 나오는 신전은 평균치인 100 단위를 부여하였으며 고고학 발굴로 확인되는 건물의 노동량은 건물의 넓이에 비례하여 계산하였다. 보수공사는 신축공사의 40퍼센트, 재건축 공사는 신축공사의 60 퍼센트로 계산하였다. 바실리카와 신전은 100 퍼센트로, 그 보다 간소하게 지어진 건물은 50 퍼센트로 계산하였다. 공사 기간은 기공일과 완공일이 확인되지 않은 채 헌정일만 나오는 경우가 많았는데 그 경우 공사 기간은 3년을 평균으로 잡았다. 그들은 문헌 사료와 고고학 사료 등을 통하여 위 기간동안 모두 178개의 건설 공사가 있었음을 확인하고 각 건물의 종류, 공사 기간, 신축 여부 등에 따라 작업량을 추정하여, 시간에 따른 작업 단위의 변화를 그래프로 작성하였다.[157] 그들이 작성한 그래프를 소개하면 다음과 같다.

**(표4) 율리우스–클라우디우스 왕조시대 공공건설공사에 동원된 노동량**

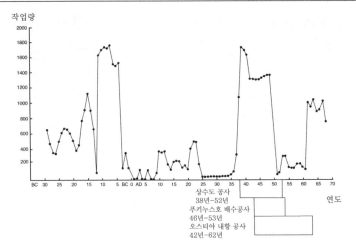

위 그래프를 통해서 우리는 해당 기간동안, 노동 수요에 두 번의 주요 절정기와 두 번의 작은 절정기가 있었음을 알 수 있다. 즉, 아우구스투스의 제위 기간인 기원전 13년에서 기원전 12년까지의 기간동안과 가이우스와 클라우디우스 치세인 38년-51년 동안 노동수요가 가장 많았으며, 61년-68년과 기원전 22년-12년 동안에도 노동 수요가 많았다. 두 번의 주요 절정기에서 공통적으로 이루어진 작업은 수로 건설이었다. 첫 주요 절정기에서 가장 큰 노동단위를 차지한 공사는 기원전 11년에서 기원전 4년까지의 수로 복구공사로서 8,487단위로 계산되었고 다음 주요 절정기에서도 37년에서 50년 사이에 이루어진 아니오 노부스(Anio Novus) 수로 공사와(8,688 단위) 아쿠아 클라우디아(Aqua Claudia) 수로 공사(6,868단위)였다. 아니오 노부스 수로의 길이는 58,700 paces(=86,876m)이고 용량은 하루 4,738 quinariae(=196,627$m^3$/day)였으며, 아쿠아 클라우디아 수로의 길이는 46,406 paces(=68,681m)이고 용량은 4,607quinariae(=191,190$m^3$/day)였다. 그런데 클라우디우스 치세인 42년에 시작되어 네로 치세인 62년 이전 언젠가에 완공된 대공사인 오스티아 항구 건설이 도표에서 빠져 있음을 고려한다면, 위 그래프에서 51년과 64년 사이의 낮은 노동 수요는 이해된다. 오스티아는 로마로부터 11마일밖에 떨어지지 않았으므로 작업에 필요한 노동력을 로마에서 구했을 것이다. 이러한 쏜튼의 수량화 작업은, 사용된 노동량에 대한 추정 방법에 관하여 논란의 여지가 있기는 하지만, 고대 문헌 사료의 자료를 고고학적 자료와 연결시켜 수량화하였다는 점에서 평가할 만하다.

위 그래프를 통하여 율리우스 클라우디우스 왕조기 주요 공공 건설 작업은, 어느 시기에 집중적으로 이루어진 것이 아니라 꾸준하게 이루어져 왔다는 것을 알 수 있다. 이것은 제정 초기 건설 정책이 공사의 필요성만으로 진행된 것이 아니라 가용 노동력의 활용이라는 측면을 고려하여 이루어져 왔음을 보여주는 것이라고 할 수 있다. 즉, 제정 초기 로마의 건설 정책은 노동자들에게 일자리를 계속적으로 마련해 주기 위한 황제들의 정책적 배려가 작용하였다. 예외적인 경우가 티베리우스다. 그는 건설 공사를 최소화하려고 애썼고 그 결과 그의 치세 말기에 극심한 경기 침체를 겪게 된다.[158]

브런트는 법률 사료에 자유노동에 관한 내용이 적다고 해서 노예 노동이 많이 이용되었음을 증명하는 것은 아니라고 한다. 왜냐 하면 고용 계약과 관련하여 법률 소송이 노예 고용의 경우에 더 많이 나타나는 이유는, 노예 소유자가 실력있는 자이던 것에 비하여 피고용인으로 채용되는 자유인은 법적인 대응을 하기에 약한 평민들이었기 때문이라고 주장한다. 이와는 달리 케이슨은, 청부업자들은 노예 집단을 소유하여 공사에 이용하였고, 대규모 공사가 없는 경우에도 노예를 수공업자들이나 기업인들에게 임대함으로써 부양 부담을 덜었을 것이라고 주장한다. 그는 고대 세계에서 공공 공사는 실업자에 대한 배려에서 일자리를 마련해 주는 것이 아니라 여유 자금에 의해서 자극된 것이라고 말한다.[159]

그러나 네로의 몰락 원인 중에 그의 과도한 재정 지출이 있었음을 부인하기는 어렵다. 네로 직후 집권한 갈바는 로마에 입성하면서 다음과 같이 연설하였다.

네로의 명에로부터 인민을 해방시킨 것은, 군단이 전혀 주둔해 있지 않은 속주의 총독이던 빈덱스도 그리고 한개의 군단밖에 가지고 있지 않은 속주의

총독이던 나도 아닙니다. 그것은 바로 네로의 괴물같은 행동과 사치였습니다.[160]

그러면 네로는 왜 이처럼 자신을 파국으로 몰고 갈 정도로 과도한 지출을 한 것인가?

황제의 재정 지출은 후사의 미덕을 보여주는 것으로 여겨졌다. 그 전통은 제정기에 들어서 처음 시작된 것은 아니었다. 공화정기 이래 유력한 가문의 귀족들은 사람들로부터 후사의 미덕을 보여 줄 것을 요구받았다. 아우구스투스는 양부 카이사르의 비참한 죽음에서 교훈을 얻어 한편으로는 공화정의 전통을 계승할 것임을 강조하였고 다른 한편으로는 자신의 권력이 국법으로 제도화된 일인 지배 체제에 기반한 것이 아니라 가문의 아욱토리타스와 자신의 개인적 미덕에 근거하여 발휘되는 것임을 강조하였다. 이렇게 볼 때 후사 행위는 그에게 유용하고도 꼭 필요한 것이었다. 아우구스투스는 후사 행위를 통하여 한편으로는 공화정의 전통을 계승하고 있음을 보여줄 수 있었고, 다른 한편으로는 자신의 권력기반이 자신의 개인적 미덕에 근거한 것임을 주장할 수 있었다. 그가 『업적록』을 통하여 자신의 후사 행위를 자랑한 것도 단순히 개인적인 공명심에서 나온 것이 아니라 정권 유지 차원에서 필요한 조치였다. 이처럼 황제의 후사 행위는 그의 권력을 유지하기 위한 주요 기반으로 작용하게 된 것이다. 제정기에 들어서 한 가지 달라진 점은, 이제 황제는 후사의 규모 면에서 경쟁자를 용납하지 않는 유일한 지위에 있었다는 점이다.

이처럼 제정기 황제의 재정 지출은 공적인 성격이 명확하지 않았으며 어떠한 규정에 의해서 제도화된 것이 아니었다. '개인 금고'를 뜻하던 단어인 '피스쿠스'(fiscus)가 제정기 들어서 황제의 개인금고 만이 아니라 국고의 의미로 사용되고 있는 점은 이 점을 잘 보여준다. 네로의 과도한 재정 지출의 한 원인은 원수정 체제의 이러한 불안정성에서 찾을 수 있다. 황제들은 자신의 정권이 선임 황제의 정권보다 더 나은 것임을 선전하고자 하였고, 그 결과 규모는 갈수록 커져갔다. 이러한 모습은 즉위시에 친위대 병사들에게 나누어 주던 하사금의 액수에서도 확인된다. 네로 역시 클라우디우스의 경우와 마찬가지로 즉위 과정에서 친위대의 지지에 의존하였다. 그는 즉위하면서 친위대 병사 일인당 15,000세스테르케스의 돈을 나누어 주었는데, 당시 친위대의 보병연대(cohortes) 숫자가 12개로 늘어난 상태였으므로 네로의 부담은 더욱 커졌다.[161]


## 2. 제정 초기 로마시 공공건설 사업의 정치적 의미

제정 초기 황제들의 건축 사업은 경제적 필요성에서 진행되었을 뿐만 아니라 정치적 선전과 밀접한 관련이 있었다. 웅장한 건축은 많은 사람들에게 직접적이고 구체적으로 통치자의 업적을 과시할 수 있는 좋은 수단이었다. 건축 정책의 이러한 이념적 성격은 원수정 체제의 토대를 닦은 아우구스투스 때부터 분명하게 드러난다. 건축분야에서 아우구스투스는 공화정기와는 새로운 모습을 보여주었다. 그는 건축 정책을 통하여 로마를 바꾸어 놓았다. 그는 활발하고 사치스럽게 건축 활동을 하였을 뿐만 아니라 그 건물들이 자신이 세운 것임을 적극적으로 선전하였다. 개별 기념물들에 대한 비문들 이외에도 아우구스투스는 로마내의 자신의 전체 건축 계획에 대한 기록을 『업적록』 제 19장에서 21장에 걸쳐서 남겨 두었다. 『업적록』은 그의 사후 두 개의 동판에 새겨져서 율리우스-클라우디우스 가문의 영묘 앞에 세워졌고, 복사본이 만들어져 제국 내 여러 신전들에 세워졌다. 이러한 아우구스투스의 건축 정책의 특징들은 즉, 많은 건물을 실제로 세우고 그것을 적극적으로 선전한 선례는, 로마에서 원수정이란 무엇인가에 대한 논의에 큰 영향을 주었다. 건물은 황제의 활동을 보여 주는 가장 직접적이고 시각적이며 경험적인 증거였다. 그 이후 모든 황제는 건축 분야에서 아우구스투스와 경쟁하고 그를 능가하고자 하였다. 아우구스투스의 뒤를 이은 티베리우스는 아우구스투스의 역할을 충실하게 계속하였다. 그는 『업적록』을 비문에 새겨 제국 각지에 세웠다. 그 비문들은 티베리우스가 아우구스투스를 신격화하였음을 보여줄 뿐만 아니라 그 두 정권이 본질적으로 연계되어 있음을 선전하였다. 벨레이우스 파테르쿨루스는 일찍이 기원후 30년에 자신의 저서인 『로마사』 말미에서 티베리우스를 '황제건축가'로 칭송하였다. 훌륭한 황제로 평가받기 위해서 티베리우스는 훌륭한 건축가로 평가되어야 했던 것이다. 그 이후에 황제를 기리는 역사서, 전기, 찬사연설 등에는 해당 황제가 세운 건물을 열거하는 것이 일반적인 일이 되었다. 이 점은 주화에서도 확인된다. 주화에 건물을 새겨 선전하는 일은 공화정기에 시작되었다. 그러나 제정기에 들어서 그것은 황제를 위한 선전으로 동화되었다. 주화의 앞면에는 황제의 초상을 새기고 뒷면에는 그가 세운 건물을 조각하여 황제의 건축가로서의 이미지를 선전하였다. 아우구스투스의 주화에는 그의 개선문, 신전, 기마상 등이 등장하였다. 그 이후 등장한 황제들은 자신들이 건설한 건축물뿐만 아니라 아우구스투스가 세운 건축물을 주화에 등장시켰는데, 네로가 자신의 주화에 아우구스투스의 '평화의 제단'(Ara Pacis)을 새긴 경우가 그 실례다(사진12).

(사진12) 네로시대의 주화:
60년 혹은 64년, 평화의 제단

율리우스-클라우디우스 왕조시대 황제들은 아우구스투스의 치세를 항상 긴장감을 가지고 의식하면서 통치하지 않을 수 없었다. 왜냐하면 원수정 체제의 정치적 정당성이 불확실하기 때문이었다. 원수정 체제의 본질이 무엇인가 하는 문제는 근대 로마사 연구자들이 활발한 연구와 뜨거운 논쟁을 벌이고 있는 주제다.[162] 그러나 이에 관하여 한 가지 잊지 말아야 할 사실이 있다. 그 논쟁이 당대 로마사회에서도 활발하게 전개되었다는 점이다. 서사시 분야에서는 루카누스가 『내란』을 저술하여, 베르길리우스가 『아이네이드』에서 옹호한 황제의 정치에 대하여 날카롭게 응수하였다. 역사서 분야에서 타키투스의 작품들은 공화주의적 관점에서 황제 통치의 본질을 비판하였다. 희곡분야에서 『옥타비아』는 네로와 세네카라는 등장 인물을 통하여 원수정에 대한 논의를 전개하였다. 『옥타비아』는 세네카의 비극 작품들과 함께 출간되었지만 그의 작품은 아니고 네로가 죽은 68년 이후에 세네카의 문체를 흉내낸 익명의 저자에 의하여 저술되었다. 네로에 의하여 부당하게 이혼을 강요당한 황후 옥타비아의 운명을 983 행을 통하여 극화하고 있으며, 세네카를 등장시켜 네로의 야만적 행위를 비난한다. 그 작품의 등장인물로서 세네카와 네로는 아우구스투스의 원수정에 대하여 서로 다른 해석과 견해를 제시하고 있다. 즉, 네로는 칼과 적들에 대한 강력한 응징과 적들의 마음에 심어 주는 공포감이 황제권을 지키는 주요 성채라고 주장한다. 반면 세네카는 신민의 충성심과 사랑을 확보하는 일이 중요하다고 대답한다. 그들간의 토론은 불가피하게 네로의 통치와 아우구스투스의 통치를 비교하는 방향으로 흐른다. 그들은 아우구스투스의 원수정에 대하여 서로 다른 견해를 제시한다. 세네카는 다음과 같이 말한다.

> 최초의 아우구스투스는 국부로서 별을 딴 사람입니다. 그는 여러 신전에서 신으로 숭배되고 있습니다.[163]

그러자 네로가 다음과 같이 대답한다.

> 신성하신 아우구스투스는 경건한 마음(pietas)으로 하늘을 감동시킨 분이지만, 노인이고 젊은이고 가리지 않고 얼마나 많은 귀족들을 죽였는가? 그들은 죽음의 공포심에서 집에서 나와 전 세계로 도망쳤고… 모든 재산은 몰수되어 냉혹하게 파괴되었다.[164]

이처럼 당대에서도 원수정 체제는 논란의 대상이 되었다. 이 사실은 근대 연구자에게 중요한 의미를 지닌다. 왜냐 하면 그 사실을 통하여 우리는 당대 황제의 행위를 그 개인의 고립된 행동으로 보아서는 안된다는 점을 알 수 있기 때문이다. 율리우스-클라우디우스 가문기 황제들은 자신의 황제로서의 공적 지위가 아우구스투스로부터 직접 계승되어 나온 것이라는 생각에서 행동하였고, 또 사후에는 그 기준에 의하여 사람들로부터 평가를 받았다. 예를 들어, 세네카는 『자비론』에서 네로를 아우구스투스와 비교하고 있다.

이러한 맥락에서 황제들은 누구나 아우구스투스의 건축 업적을 의식하지 않을 수 없었다. 그들은 아우구스투스의 뒤를 이어야 한다는 부담과 함께, 그와는 다른 자신만의 모습을 보여 주어야 한다는 부담을 동시에 가졌다. 위대한 황제로 평가받기 위해서 그들은 위대한 건축가로 보이고자 노력하였다.

그러나 모순되게도 이러한 건축물들은 한편으로는 위인의 업적을 보여 주는 것으로 여겨지면서, 다른 한편에서는 저술가들에 의하여 사치와 쇠퇴 그리고 죄악을 나타내는 표시로도 거론되었다. 황제의 웅장한 건물은 그의 위대함을 상징하는 것이었지만, 동시에 그것은 방종하고 사치스러우며 도에 지나친 모습을 상징할 수도 있었다. 예를 들어서 아우구스투스와 가이우스 모두 로마의 신성 지역에 건물을 지었지만 팔라티누스 언덕에 지은 아우구스투스의 저택은 그의 훌륭한 자질을 보여주는 것으로 칭송된 반면, 로마의 중심지에 건물을 지으려는 가이우스의 건축계획은 괴물의 소행으로 비난을 받았다. 네로의 건축 프로그램에 대하여 트라야누스 황제와 타키투스가 일부 긍정적인 언급을 하기는 했지만, 로마의 도덕론적 수사학이 사치와 타락의 상징으로 황제의 건축 행위에 대하여 집중적으로 비난한 인물은 바로 네로였다. 수에토니우스는 다음과 같이 말한다.

건축분야말로 네로가 가장 파괴적으로 돈을 낭비한 분야다.[165]

그러나 네로가 지은 건물 중 현재까지 남아있는 건물을 살펴보면 로마 예술과 건축의 역사에서 혁신적이고 탁월한 것들이라는 것을 알 수있다. 앞서 살펴본 바와 같이 네로의 건축 활동은, 경기 부양을 위해서 그리고 재정 운영상으로도 적절한 것으로 그의 뛰어난 능력을 보여주는 것으로 평가된다.

네로는 원수정기 공공 예술 분야에서 일련의 혁신적이고 논쟁적인 시도를 행하였다. 노플리니는 플라비우스 왕조기에 저술활동을 한 인물로 네로에 대하여 결코 호의적이지 않은 인물이었다. 그는 네로의 거상들에 대하여 거론하고 있는데, 황금궁전의 입구에 세워져서 신성가도(Sacra Via)와 포룸을 바라보고 서 있는 거대한 청동상뿐만 아니라 120피트의 아마포에 그려진 거대한 초상에 대해서도 거론하였다. 카피톨리누스 언덕에 세워진 네로의 개선문은 58년 코르불로가 아르메니아에서 승리한 것을 경축하기 위하여 세워졌는데 예술적으로 이전의 개선문과는 다른 혁명적인 것으로 평가된다(사진13). 또한 그의 목욕탕은 훌륭하기로 유명하다. 플라비우스 왕조시대 마르티알리스는 다음과 같이 노래한다.

네로보다 더 나쁜 자가 있겠는가?
네로의 목욕탕보다 더 좋은 목욕탕이 있는가?[166]

(사진13) 네로시대의 주화:
58년, 네로의 개선문

클라우디우스 황제는 일련의 대규모 실용적인 건설 공사를 수행하였다. 그 중에는 가이우스가 시작한 수로 공사, 오스티아 항구 건설 공사 그리고 로마에서 동쪽으로 53마일 떨어진 푸키누스 호수 배수 공사 등이 있었다. 이 건설 공사와 함께 오스티아와 로마에 곡물 창고가 건축됨으로써 로마는 식수와 식량을 안정적으로 공급받을 수 있게 되었다. 이 공사는 클라우디우스 황제의 뒤를 이어서 네로가 완공하였다.

네로의 건설 공사에 대해서 문헌에는 아무런 찬사도 전해오지 않는다. 그러나 단편적 언급들과 고고학적 자료를 종합해 볼 때 네로의 건설공사는 이전 황제들이 해 오던 건설 계획과 잘 조화를 이루는 것이었다. 네로는 클라우디우스가 시작한 오스티아 항구 건설 공사를 완공하였고, 64년 발행된 주화에 그 항구 모습을 새겨 넣어 기념하였다. 네로는 59년에 대식료품시장건물인 마르켈룸 마그눔(Marcellum Magnum)을 지었고, 마르스의 광장에 새로운 목욕탕을 건축하였으며 목욕탕 옆에 체육관을 세웠다. 57년에 캄푸스 마르티우스에 원형격투기장을 세웠고 가이우스가 시작한 전차 경주장을 완공하였다. 이것들은 이전 황제들의 건설 계획과 조화를 이루는 것들로 인민의 욕구를 충족시키고 향응을 베풀기 위한 공공 건물들이었다. 그럼에도 문헌 사료에는 네로를 비난하기 위하여 이 기념물들을 거론한다. 예를 들어, 수에토니우스는 네로가 격투기장을 건설한 것이 400명의 원로원 의원들과 600명의 기사들을 무대에 올리기 위한 것인 것처럼 말한다. 타키투스는 체육관 준공식에서 네로가 기사들과 원로원 의원들에게 기름을 나누어 주었다고 말한 후에, 그것은 그리스인의 후사 행위를 모방한 것이라고 조롱한다. 타키투스가 네로의 체육관을 거론한 주요 이유는 그 건물이 번개에 맞아 무너졌다는 점을 강조하기 위한 것이었다. 그는 그 안에 있던 네로의 청동 조상이 번개에 맞아 형체를 잃어버리고 땅바닥으로 녹아 내렸다고 전한다. 타키투스의 설명은 근거없는 이야기일 뿐이다. 그러나 그의 이야기는 후대로 전해지면서 네로의 건설 계획에 대한 수사적 설명들을 낳았다. 3세기에 필로스트라투스는 네

로가 로마에 거대한 체육관을 완공한 일에 대하여 다음과 같이 말하고
있다.

그날 네로는 아름다운 목소리로 노래를 불렀다. 그는 체육관에 인접한 음식
점에서 미천한 바텐더처럼 알몸에 허리띠 하나 만을 두른 채 노래를 불렀
다.[167]

그렇게 하나의 신화가 만들어졌다. 당대 로마 정부의 공식 입장을 선
전하는 주화에는 비교적 공정하게 묘사가 되어 있다. 아우구스투스가
야누스 게미누스 신전의 문을 닫아서 평화의 도래를 경축하였듯이, 네

(사진14) 네로시대의 주화 :
66년 야누스 신전

(사진15) 네로시대의 주화 :
66년 네로의 개선문

로도 66년에 이 신전의 문을 닫는 의식을 거행
하였고 주화를 통하여 그를 기념하였다(사
진14). 네로 자신이 건축한 건물들은 주로
64년 대화재 이후 발행한 주화들에 나타
난다. 그 중에는 64-65년 경에 세워진 네
로의 개선문(사진15), 65-66년 경에 세워
진 대식료품시장 건물(사진16), 65년에 세
워진 베스타 신전 건물(사진17) 등이 있다.
특히 베스타 신전을 네로가 재건한 점은 의
미깊은 일이다. 문헌 사료상으로는 대화
재시에 그 신전이 파괴되었다는 이야기만
나올 뿐이고 재건에 대해서는 전혀 언급이
없다. 그뿐만 아니라 네로가 신전을 건축
하였다는 이야기가 문헌 사료상으로는 전

혀 나타나지 않는다. 그러나 현존하는 네로의 주화로써 건물을 표현하고 있는 것이 6개인데, 그중 3개가 신전 건물에 관련되어 있다는 점은 문헌 사료가 사실을 왜곡하고 있음을 강력하게 암시한다. 그들은 네로황제가 신성한 신전을 건립하였다는 사실을 언급하고 싶지 않았을 것이다. 네로의 주화를 통하여 우리는 율리우스-클라우디우스 왕조시대 전형적인 선전 모습을 확인할 수 있다. 즉, 개선문과 같이 황제를 기리는 기념물, 항구와 시장과 같이 인민의 기본 생활에 필요한 공공 건설공사 그리고 베스타, 야누스 등의 신전들이 조화를 이루면서 건설된 것이다.

(사진16) 네로시대의 주화 :
66년 대식료품시장 건물

(사진17) 네로시대의 주화 :
66년 베스타 신전

## 3 로마시 대화재와 네로의 황금궁전

### 1) 로마시 대화재

기원후 64년 로마시 대화재는 도시 대부분의 지역을 휩쓴 국가적 재난이었지만 로마시 건설 사업과 관련지어 볼 때에는 새로운 건축 및 건설 사업을 펼칠 수 있는 기회를 제공한 사건이기도 하였다. 특히 네로는 대화재로 팔라티누스 언덕과 에스킬리누스 언덕을 연결하는 '연결궁전'(Domus Transitoria)이 소실되자 그 규모와 건축 기법, 장식

등 여러 면에서 전례를 보기 어려운 화려하고 웅장한 황금궁전을 건립하였다. 황금궁전의 건립과 관련하여 일부 사료에는, 네로가 새로운 궁전을 짓기 위하여 로마시에 방화하였다는 이야기가 전해온다. 뿐만 아니라 네로는 불타는 로마시를 내려다보면서 불꽃의 아름다움에 감동하여 비극 배우의 의상을 입고 트로이 함락을 노래하였다는 이야기가 전해온다. 네로에 관한 여러 일화 중에서도, 가장 세상을 깜짝 놀라게 하는 이야기가 64년 로마시 대화재와 연관되어 있는 것이다. 먼저 로마시 대화재에 대하여 간단히 살펴보자.

64년 7월 18일 밤에 팔라티누스 언덕과 에스퀼리누스 언덕에 인접한 대전차경주장 부근에서 화재가 시작되었다. 이후 6일동안 화재가 계속되다가 에스퀼리누스 언덕 발치에서 화재가 진압되었지만 다른 곳에서 다시 화재가 발생하여 3일동안 계속되었다. 이 화재로 인하여 로마의 전체 14개 구역 중에서 제 1, 5, 6, 14 구역 등 4개 구역만이 무사하였고 나머지 11개 구역이 화재 피해를 입었으며 특히 제 3, 10, 11 구역 등 3개 구역은 완전히 소실되었다. 포룸, 카피톨 신전, 팔라티누스 신전 일부 등은 피해를 입지 않았지만 주민들이 거주하는 주거지역의 피해가 컸고 초기 로마의 신전들과 그리스에서 수집해 온 예술품 등이 화재로 사라졌다.

화재 당시 네로는 로마시에 없었다. 그는 인근 도시인 안티움에 있었는데 화재로 '연결궁전'이 불타고 있다는 이야기를 듣고 로마시에 급히 돌아온다. 그는 이재민을 위한 구호 활동에 적극적으로 나섰다. 그는 마르스의 광장과 황제의 사저내 정원에 임시 숙소를 세워 이재민들에게 제공하였고 여러 공공 건물을 이재민들에게 개방하였다. 또한 오스티아 및 로마 인접 도시들로부터 곡물을 들여와 곡물을 안정적으로 공급하고자 노력하였고 시장의 곡물 가격을 강제로 인하시켰다.

64년 로마시 대화재가 네로황제의 방화때문이라고 하는 이야기는 수에토니우스와 디오 등의 글에 나온다. 그들은 노 플리니우스나 클루비우스 루푸스의 글을 이용한 것으로 보이는데, 루푸스는 특히 플라비아누스 왕조하에서 저술하면서 자신이 네로의 '친구'였다는 오명을 씻기 위하여 네로에 대하여 악의적인 비난을 지어냈을 것이다. 대화재 발생 이후 두 세대가 지난 후에 저술한 타키투스는 네로의 방화에 대하여 침묵하고 있다. 그는 대화재에 관하여 설명하면서 두 가지 사항을 강조하는데 즉, 하나는 네로황제를 비난하는 것이고 다른 하나는 그가 열심히 구호 활동을 벌였다는 것이다.

근대 학자들 중에서 64년 화재가 네로의 방화때문이라는 주장을 적극적으로 전개하는 학자는 없다. 그들은 대체로 그 혐의를 부인한다. 화재 당시 네로는 로마시에 있지 않았으며 보름달이 떠있는 여름밤은 방화에 가장 좋지 못한 시기다. 로마시는 화재에 대단히 취약하였다. 급격하게 인구가 늘어난 로마시에서 서민이 거주하는 다층식 공동주택(insula)은 화재에 무방비로 노출되어 있었고, 티베리우스 황제 시절에도 두 차례 큰 화재가 발생하였다. 타키투스의 글에는 화재 진압 시에 진화를 방해하는 자들이 있었다고 언급되어 있다. 그러나 그들은 아마도 화재를 틈탄 재물 약탈자들이라고 여겨진다. 고대와 근대를 막론하고 사회적 재난이 발생하였을 때 그 기회를 악용하려는 자들은 늘 있어왔다.[168]

네로 사후에 그가 황금궁전을 건립하기 위하여 불을 질렀다는 이야기가 나왔다. 네로는 '연결궁전'에 대한 애착이 강하였다. 따라서 대화재로 소실된 그 궁전을 고의로 불태웠다고 보기는 어렵다. 또한 대화재의 발화 지점은 나중에 황금궁전이 들어선 곳과 거리상으로 많이 떨어져 있다. 이러한 점들을 고려할 때 네로가 고의로 불을 질러 새로운 궁전을 지으려 했다는 말은 믿기 어렵다.

그러나 네로의 구호 노력에도 불구하고 그를 비방하는 소문은 끊이지 않았다. 고대 로마 사회에서 통치자를 둘러싼 소문은 매우 무성하였고 소문의 정치적 영향은 심대하였다. 커다란 국가적 경사가 지배자의 덕치때문이라고 칭송되는 것과 마찬가지로, 좋지 못한 일은 지배자의 부덕의 소치라고 하는 식의 비난이 흔히 있었다. 불타는 로마시를 내려다보면서 노래를 불렀다는 소문은 국가 재난시에 통치자가 한가하게 빈둥거렸다는 이미지를 주민에게 강력하게 유포시켰고, 로마 평민의 인기에 연연해하던 네로를 크게 당황하게 하였다.

그가 진짜로 그 상황에서 노래를 불렀는지는 확실하지 않다. 수에토니우스는 네로가 마이케나스의 탑에서 그 화재를 내려다보면서 불꽃의 아름다움에 감동하여 연극배우로 분장한 후 노래를 불렀다고 이야기하고, 디오는 그 위치를 궁전의 지붕이라고 말한다. 타키투스는 이 문제에 대하여 조심스럽게 말하고 있는데 즉, 화재가 발생하였을 당시 황제가 자신의 궁전에 있는 개인 극장에서 트로이 함락을 노래하고 있었다는 소문이 로마에 돌았다고 말하고 있다. 그 소문은 진위여부와 관계 없이 로마 주민 사이에서 확산되어갔다. 로마의 전통적인 방식으로는 그런 경우에 여러 신들을 달래기 위하여 어떠한 의식과 제의가 필요한지를 시빌라(sibylla)의 신탁을 통하여 알아보는 것이었다. 그러나 네로는 다른 방식을 취하였다. 그는 적대적인 여론을 되돌리기 위하여 희생양을 찾았는데 그들이 바로 기독교도였다.

당대 로마인들 중에는 반유대인 정서가 널리 퍼져 있었다. 유대인들에 대한 반감은 보수적인 로마인들만이 아니었다. 세네카와 같은 자유주의적 성향의 인물도, 타키투스와 수에토니우스가 기독교 신앙에 대해서 보인 것과 같은 적대적인 태도로 유대인을 비난하였다. 그는 유대인을 "인종중에서 가장 사악한 자들"이라고 비난하였다.

외래의 종교의식은 비록 원로원의 승인이 필요하기는 하였지만 로마와 이탈리아에서 금지되지 않았다. 로마의 종교를 버리지만 않는다면, 심지어 로마시민에게까지 외래 종교는 허용되었다. 공화정기 바쿠스 신봉자들과 티베리우스 시대에 이시스 숭배자들이 정부의 탄압을 받은 선례가 있지만, 그것은 그 종교들이 소요 사태를 야기하고 정치적 무질서와 실제 범죄 행위를 초래한다고 여겨졌기 때문에 나온 것이었다. 당시에 이르기까지 제국내의 어느 종교도 유대교를 제외하면 배타적인 태도를 취하지 않았다. 유대인들의 선민 의식과 유대인들과 기독교도의 유일신 신앙과 구원관은 결국 이교도에 대한 배타성으로 표출되었다. 로마인들은 그들의 그러한 사회적 배타성을 인류에 대한 증오라고 여겼다.

그러나 유대인을 희생양으로 삼기에는 정치적 부담이 너무 컸다. 네로의 아내 포파이아가 유대인편을 들었고 지중해 동부 지역에서 유대인의 반발이 극심해질 것이라는 부담감이 작용하였다. 당시 그리스인과 유대인은 앙숙간으로 다투고 있는 실정이었고, 유대 지방에서 유대인의 반로마 정서는 절정에 이른 상태였으므로 유대인을 방화범으로 몰기에는 부담이 너무 컸다. 그에 비하여 기독교도는 정치적 부담이 덜하였다. 그들의 교세가 아직은 그리 강하지 않았고, 기독교도에 대한 유대인들의 반감을 생각해 볼 때 유대인들의 반발을 염려하지 않아도 되었다. 뿐만 아니라 기독교도에 대한 로마인의 반감은 반유대감정

못지 않았다. 네로의 기독교도 박해에 대하여 타키투스는 다음과 같이
적고 있다.

인간의 온갖 노력도, 황제의 자선도, 신들에 대한 유화책도 그 화재가 네로
에 의해서 조장되었다고 하는 의심을 잠재우는 데 충분하지 않았다. 이 소문
을 잠재우기 위하여 그는 희생양들을 날조하였고 극도의 잔인한 고문들을
통하여 크리스티아니(Christiani)라고 사람들 사이에서 알려진 자들을 벌하
였는데 그들은 자신들의 범죄때문에 사람들의 미움을 받았다. 이 이름을 처
음 만든 자는 티베리우스 원수정 시절 프로쿠라토르인 폰티우스 필라투스에
의하여 처형된 크리스투스였다. 그 유해한 미신은 그의 처형으로 인하여 일
시적으로 잠잠해졌지만, 그 해악이 시작된 유대에서 뿐만 아니라 로마에서
다시 발생하였다. 로마시에서는 세계의 모든 곳에서 온 수치스럽고 창피한
관습들이 모두 모여들어 번창하였다. 먼저 그 믿음을 실토한 자들이 체포되
었고, 다음으로 그들이 제공한 정보에 의하여 많은 사람들이 붙잡혀 왔다.
그들은 방화 혐의때문이라기보다는 인간에 대한 증오때문에 유죄판결을 받
았다. 그들의 죽음은 오락의 대상이 되었다. 야수들의 가죽에 씌워져서 그들
은 개들에게 갈갈이 찢기거나 십자가에 매달리거나 산 채로 태워져서 해가
저물었을 때 횃불로 이용되었다. 네로는 자신의 정원을 그 광경들을 위한 장
소로 제공하였고 전차경주선수로 옷을 입은 채 인민들과 함께 섞여서 전차
경주장에 나타났으며 전차위에 오르기도 하였다. 그 결과 희생자들은, 비록
죄를 범하였고 가장 가혹한 처벌을 받아 마땅하였지만, 그들이 공공의 선을
위해서라기 보다는 한 사람의 잔악함을 기쁘게 하기 위하여 파괴되고 있다
는 근거에서 동정을 받게 되었다.[169]

타키투스의 이 유명한 구절은, 이교도 저술가 중에서는 초기 기독교 모습에 대하여 거론한 최초의 언급으로 많은 이들의 관심과 논란의 대상이 되어 왔다. 수에토니우스도 "새롭고 위험스러운 미신을 믿는 자들인 크리스티아니가 처벌되었다."고 말한다. 그러나 수에토니우스는 기독교도가 방화 혐의로 처벌되었다는 이야기는 하지 않는다.

범죄자를 산 채로 태우는 것은 로마에서 빈번하게 행해진 방화 범죄자를 처벌하는 일반적인 방식이었다. 야수에게 내던지거나 십자가에 못박는 처벌은 초기 기독교도를 대상으로 자주 있었는데, 시민이 아닌 노예들을 대상으로 한 처벌 방식이었다. 기독교도에 대한 처벌이 공개적으로 심지어 축제 분위기에서 이루어진 점은, 당시 로마인들 사이에 인기 있던 잔인한 격투기의 영향을 엿볼 수 있게 한다. 또한 네로의 기독교도 처벌에는 의사종교적이고 속죄적인 성격이 존재하였을 수 있다. 공화정 초기 로마인들은 급박한 국가적 위기를 맞아서 인간을 제물로 바치기도 하였다.

타키투스와 수에토니우스의 구절에서도 알 수 있듯이 로마인들 사이에서 당시 기독교가 인기가 없던 것은 사실이지만, 이 상황에서 그들이 처형된 것은 종교때문은 아니었다. 즉, 네로는 당시의 수세적인 상황을 모면할 희생양이 필요하였기 때문에 기독교도를 지목하였다.

타키투스가 말하는 기독교도의 '자신의 범죄'란 외향적이고 민족적인 성향의 로마인들이 볼 때, 유대인들보다 더욱 의심스러운 방식으로 기독교도가 자기들만의 접촉을 유지하였기 때문에 생긴 오해였다. 로마인들은 기독교도가 말하는 보편적 사랑을 난교와 근친상간을 뜻하는 것으로 그리고 성체 성사 의식을 식인잔치를 벌이는 것으로 생각하였다. 특히 초기 기독교도는 메시아가 출현할 것이며 그 때가 되면 대화재가 일어나 불의 심판을 받게 될 것이라고 열렬히 믿고 있었다.

기독교도의 종교 의식에 사용되는 일부 언어와 상징들 때문에 로마인들은 그들의 의식을 야단법석을 피우고 범죄적인 것으로 여겼다. 타키투스는 기독교도가 방화하였다고 믿지는 않았지만 그들은 그밖의 범죄를 저질렀고 따라서 마땅히 처벌을 받았다고 믿었다. 기독교도에 대한 공격은 로마시 이외의 다른 곳에서는 이루어지지 않았고 속주 총독들에게 강요되지도 않았다.

로마의 화재 이후 네로는 이전의 어느 황제보다도 더 활발하게 로마시 공공건축 사업을 전개하였다. 그는 화재로 소실된 지역을 재건하면서 도시 미관에 대하여 배려하였고, 화재에 대비하기 위한 새로운 건축 규정을 법으로 강제하였다. '도시 건물 양식에 대한 네로의 법' (Lex Neronis de modo aedificiorum urbis)이 그것이다. 그에 대하여 타키투스는 다음과 같이 쓰고 있다.

그 궁전이 차지하지 않은 로마시의 나머지 지역에서 재건축이 이루어졌는데, 그것은 갈리아인들의 로마시 약탈 이후의 경우처럼, 무분별하고 무계획적으로 이루어진 것이 아니었다. 도로는 규제된 배치에 따라 충분히 넓게 건설되었고 건물의 높이는 제한되었다. 도시내에는 열린 공간들이 마련되었고 큰 건축물들의 정면에는 주랑들을 덧붙여 건축하도록 하였다. 네로는 이 주랑들을 자신의 비용으로 건축하였고, 건물들에서 나온 건축 잔해들을 깨끗이 치운 후에 건물 주인들에게 건물을 인도하였다. 그는 정해진 날짜 이전에 새로운 가옥이나 건물을 완성한 자들에게는 그 지위와 재산에 어울리는 보상을 하겠다고 공표하였다. 건축 잔해들은 티베르강을 통하여 곡물을 싣고 온 곡물 운반선이 돌아갈 때 실어다가 오스티아의 습지에 버리도록 하였다.

모든 건물의 일정 비율은 나무 대신에 내화성이 있는 가비누스나 알바누스 산 돌을 재료로 하여 공고한 구조로 건축되도록 하였다. 또한 상수도를 관리 하는 사람을 두어 불법적으로 상수를 도용하는 사람들을 단속함으로써, 보 다 많은 양의 물이 보다 편리한 곳에서 공공의 목적을 위하여 쓰이도록 하였 다. 건물주들은 이용가능한 장소에 소화도구를 갖추도록 하였다. 건물들 사 이에 공동벽을 두지 못하도록 하였고 각 건물은 각자의 벽을 별도로 설치하 도록 하였다. 이러한 개혁 조치들은 그 유용성으로 인하여 사람들의 환영을 받았고 새로운 로마시의 미관을 증대하는 데 기여하였다.[170]

타키투스의 위 글은 네로에 대한 설명치고는 매우 이례적으로 호의 적인 태도로 쓰여져 있다. 대화재 이후 네로는 4년만에 몰락하였다. 그 기간동안 위 규정들이 어느 정도 효과적으로 로마 건축 및 건설 사 업에 적용되었는지는 알 수 없다. 그러나 네로의 새로운 도시 건설 계 획은 그의 당대는 아니더라도 후대에 지속적으로 시행되었을 것이다. 이러한 네로의 건축 계획은 이탈리아의 도시들과 소읍 특히 오스티아 시에서도 확인된다. 이처럼 네로는 64년 로마시 대화재 이후 로마시를 새로이 재건하면서 도시의 미관과 기능을 크게 향상시켜 면모를 새롭 게 하였다. 앞서 거론한, '네로의 5년' 기간 그가 도시를 '향상시키는' (augeo) 일에서 뛰어난 업적을 남겼다는 이야기는 바로 이러한 업적을 언급하는 것으로도 볼 수 있을 것이다. 그러나 '건축가 황제' 로서 네 로의 야심을 가장 잘 보여준 건물은 그의 황금궁전이다.

## 2) 황금궁전의 건립

네로의 황금궁전(Domus Aurea)은 그의 로마시 건축 사업의 절정을 이루는 것이었다. 문헌 사료에는 네로의 건설 정책과 관련하여 황금 궁전에 대한 비난이 집중적으로 나타난다. 예를 들어 수에토니우스는 다음과 같이 말한다.

그는 팔라티누스 언덕에서 에스킬리누스 언덕으로 연결되는 저택을 지은후 연결궁전이라고 불렀다. 그 후 궁전이 화재로 소실되자 궁전을 재건한 후에 황금궁전이라는 새 이름으로 불렀다. 다음의 세부 묘사는 그 궁전의 크기와 장엄함을 어느 정도 보여 줄 것이다. 현관 홀에는 120피트 높이의 자신의 거대한 입상을 세웠다. 기둥이 세워진 아케이드는 길이가 일 마일을 넘었다. 수영장이 있었는데, 그 크기가 수영장이라기보다는 바다라고 해야 할 정도였다. 수영장 주위에는 도시를 흉내낸 건물들과 농촌 풍경의 정원들이 들어섰다. 풍경 중에는 쟁기질하는 들판, 포도밭, 목초 그리고 숲이 있었다. 숲에는 온갖 종류의 가축과 야생 동물이 으르렁거렸다. 그 곳의 가옥 중 일부는 금으로 덮여 있고 보석과 자개가 점점이 박혀 있다. 모든 만찬실의 천장은 상아를 갈아서 치장하였는데, 천장 면을 옆으로 밀어내면, 그안에 숨겨진 살포기가 나와 꽃과 향수를 손님의 머리위로 비처럼 쏟아 붇도록 되어 있었다. 주요 만찬실은 원형인데, 지붕은 낮이고 밤이고 하늘과 함께 천천히 회전하였다. 바닷물 혹은 유황물이 언제나 목욕탕에 급수되었다. 궁전이 이렇게 사치스럽게 치장이 되고 나자 네로는 그 궁전을 헌정하면서 겸손을 빼면서 다음과 같이 말하였다. "좋아, 이제야 나는 마침내 사람처럼 살게 되었구나!"[171]

콘크리트로 지은 황금궁전은 로마의 건축사에서 중요한 위치를 차지하고 있다. 그 건물은 대규모 건축물로는 처음으로, 전통적인 사각

(사진18) 황금궁전의 중앙에 있던 8각돔형 만찬실의 유적

형의 평평한 천장 대신, 둥근 돔형 천장을 채택하였으며 그것이 예술적 치장을 위하여 유용하다는 것을 보여주었다(사진18, 19). 또한 황금궁전은 시골과 해안에 있던 빌라의 모습들 즉, 공원, 호수, 정자 등의 풍경을 로마시에 처음으로 도입한 건물이었다. 위글에서 수에토니우스가 묘사한 모습은 폼페이시의 벽화에서 발견되는 그림들에 잘 나타나 있다. 전체적으로 황금궁전은, 환상적인 것에 대한 네로의 기호, 예술에 대한 그의 열정, 로마의 전통적 관습을 뛰어넘으려는 그의 태도 그리고 경쟁자를 용납하지 않으려는 그의 욕망 등이 잘 표현된 작품이라고 할 만 하다.

황금궁전은 신전, 시장 그리고 극장 등의 건물에 비교해 볼 때, 엄밀한 의미에서 개인 저택이었다. 아우구스투스 이래 황제들은 자신의 궁

(사진19) 8각돔형 만찬실의 건물 모형

전이나 정원, 빌라 등을 주화나 『업적록』 등을 통하여 선전하지 않았는데, 그 이유도 바로 그것들이 개인 저택이었기 때문이다. 그렇지만 황제의 궁전이 오늘날과 같은 의미의 개인 저택은 아니었다. 왜냐 하면 황제는 그 곳에서 공적인 업무를 처리하였기 때문이다. 율리우스-클라우디우스 왕조 하에서 그러한 사적인 공간들은 점점 사치스럽고 호화롭게 변해갔다. 최근 발굴된 가이우스 황제의 호사스러운 라미우스의 정원(Horti Lamiani)의 유물과 스페르롱가(Sperlonga)에 있는 티베리우스의 만찬실 그리고 최근 바이아이에서 발견된 클라우디우스의 휴양소(nymphaeum) 등은 황제의 사적인 공간들이 얼마나 사치스럽고 호화로왔는지를 입증하여 준다. 네로의 황금궁전은 이처럼 점점 사치스러워져 가던 율리우스-클라우디우스 왕조기 황제사저의 발전 과정에서 나온 것이었다. 황금궁전의 거대한 현관의 홀은 로마사회에서 보호자와 피호민이 만나던 장소를 네로 방식으로 표현한 것이었다. 그곳에 서 있는 네로의 거상(colossus)은 로마 평민의 보호자임을 자처하면서 황제권을 강화하려 한 네로에게 어울리는 기념물이었다. 그 거상과 방향을 맞추기 위하여 신성가도의 일부 코스가 바뀌었다. 문헌 사료에서 맹비난하고 있는 황금궁전에 나타난 과도한 사치와 호화로움은 초기 황제의 만찬실과 빌라에 보이는 일반적인 경향과 다르지 않았다.[172]

그러나 황금궁전이 보여 주는 새로운 모습들은 네로의 정적들이 볼 때에는 그를 공격하는 좋은 구실이 되었다. 특히 황금궁전에 시골 풍경을 도입한 새로운 시도는 정적들이 볼 때에는 자연의 질서를 어지럽히는 용납할 수 없는 죄악이었다. 또 한가지 황금궁전이 파격인 점은 예전에 가이우스의 궁전이 포룸의 영역을 침범한 것처럼, 로마시의 지리적 구분을 무시하려 한 점이었다. 네로의 궁전은 연결궁전과 황금궁전 모두 팔라티누스 언덕과 에스킬리누스 언덕 사이에 걸쳐 있었고, 황금궁전의 경우에는 카이리우스 언덕 대부분을 또한 포함하였다. 황금궁전은 로마시의 공간적 통일성을 침해하고 궁전 자체가 도시가 되려는 것으로 여겨졌다. 수에토니우스는 의도적으로 다음과 같은 당대

(사진20) 황금궁전의 벽화 : 새의 방에 그려진 그림
　황금궁전의 그림은 15세기 유럽의 화가들에게 많은 영감을 주었다.

의 한 조롱을 전하고 있다.

> 로마는 하나의 집이 되었다.
> 시민들은 베이이로 이민간다.
> 그러나 그 집이 그곳까지 확장되지 않도록 주의해라.[173]

마르티알리스도 한 풍자시에서 이렇게 노래한다.

> 하나의 집이 로마 전체를 차지하였네.[174]

수에토니우스와 마르티알리스 모두 황금궁전의 크기를 과장하여 말하고 있다. 그러나 이들의 이러한 조롱은 로마시의 자연적 구분을 무시하는 황금궁전에 대한 거부감을 표현한 것이라고 할 것이다.

네로의 몰락 이후 새로이 왕조를 연 베스파시아누스는 보수적인 입장에서 지나치게 화려한 건축에 반대하였고 신전 건축을 강조하였다. 그 결과 그는 훌륭한 황제로서 로마의 도덕적인 역사 저술가들로부터 커다란 지지를 확보할 수 있었다. 네로의 몰락은 왕조의 몰락만을 초래한 것이 아니었다. 율리우스-클라우디우스 가문기 로마시를 대상으로 전개된 황제들의 급진적인 실험이 종식을 고하게 되었다. 그 실험은 일찍이 티베리우스 하에서 시작되었다. 그는 팔라티누스 언덕에 있는 아우구스투스의 저택을 확장하여 궁정으로 만들었다. 그것은 로마시의 기본적 도시 계획을 뒤흔드는 시도였다. 네로의 황금궁전은 율리우스-클라우디우스 가문기 황제들이 추구한 사치스럽고 파격적인 궁전 건축의 가장 악명높은 마지막 단계를 상징하는 것이었다.

# 7 제7장 로마시 곡물위기

네로는 율리우스-클라우디우스 왕조기 곡물공급 정책을 계승하면서도 자신의 친평민적 정치 입장을 반영하여 보다 적극적으로 곡물 문제를 해결하고자 노력하였다. 그럼에도 불구하고 네로의 몰락 원인 중에는 로마시 곡물 위기가 있던 것으로 이야기 된다. 왜 이러한 모순된 결과가 초래되었는가? 네로의 몰락에 곡물위기가 있었다는 견해는, 그 동안 별다른 주목을 받지 못하였다. 이 견해를 처음 제시한 인물은 워밍턴이었고, 그 뒤를 이어서 브래들리와 갈로타가 주장하였다. 특히 갈로타는 네로의 아프리카 개발이 지닌 경제적, 정치적 의미를 모두 강조하고 있다.[175] 먼저 제정 초기의 로마시 곡물공급 정책에 대하여 알아보자.

## 1. 제정 초기 로마시 곡물공급 정책

고대 역사상 그 유례를 찾기 어려울 정도로 성장한 거대 도시 로마에 곡물을 안전하게 공급하는 일은 무엇보다도 중요하고 어려운 문제였다. 로마 평민과 군대의 환호 속에서 성립한 원수정 체제 하에서, 이 문제는 정권의 정당성을 확보하기 위하여 특히 중요하였다.

로마시 곡물수송 업무는 공화정기 동안에는 사상들에 의해서 이루어졌으며 4세기에 이르면 국가의 통제를 받는 세습적인 선박업자조합(corpora naviculrarii)이 이용되었다는 점에 대해서는 이론이 없다. 그러나 그러한 변화가 언제 어떠한 과정을 거쳐 이루어졌는가에 대해서는 논란이 있다. 제국 초기부터 로마 정부가 곡물공급 업무를 통제하였다는 주장이 오랫동안 제기되어 왔다. 히스쉬펠트에 뒤이어서 이 주장을 본격적으로 제기한 학자는 칼자였다. 그는 오스티아 항구에 있는 조합광장(Piazzale delle Corporazioni)에 대한 고고학적 발굴 자료를 근거로 하여 정부의 통제를 주장하였고 로스토프체프 등이 그 뒤를 이었다.[176]

그러나 오늘날 이러한 주장은 대체로 부정되고 있다. 발찡, 케이슨, 릭먼, 메익스 등의 학자는 적어도 율리우스-클라우디우스 왕조기 로마시 곡물공급은 공화정기에 이어서 사상의 활동에 크게 의존하였다고 주장하였다. 그들은 첫째, '조합광장'에서 적어도 기원후 1세기동안에는 상인들이 자유로이 거래를 하였고 둘째, 국가 통제의 사례로 인용되는 이집트 곡물에 대한 사료상의 언급은 예외적인 상황이며 세째, 제정 초기 로마시에서 필요로 하는 전체 곡물의 양과 국가가 세금, 지대 등으로 확보하는 곡물의 양을 추산하여 비교해 볼 때 상당량의 곡물은 개별 상인들에 의해서 자유시장을 통하여 공급되었음을 주장하여 '통제론'을 반박하였다.[177] 제정기 로마 정부의 곡물수송 정책의 변화에서 율리우스-클라우디우스 왕조기는 중요한 의미를 지닌다. 즉이 시기는 항구적인 곡물공급 정책을 마련하기 위한 모색이 이루어지고 이후 곡물공급 정책의 방향이 제시된 시기였다.

식량을 안정적으로 충분히 공급하는 일은 전통적으로 로마 당국의 책임이었다. 공화정 말기 폼페이우스의 선례가 있기는 하지만, 제정기 황제의 '곡물공급감독'(cura annonae)직책은 기원전 22년 아우구스투스에 의하여 시작되었다. 기원전 23년 로마시의 기근으로 인하여 주민은 아우구스투스에게 곡물 문제의 안정적 해결을 강력하게 요구하였다. 안노나란 본래 한 해를 뜻하는 아누스(annus)에서 온 말로 '한 해동안 토지에서 나오는 소출'을 가리킨다. 이 말은 이후 식량, 빵 등의 의미로 확대되어 사용되었지만 그 본래 의미는 잃지 않았다. 따라서 '상수공급감독'(cura aquarum)은 그와 구별된다.

그러나 아우구스투스는 신중하게 행동하여 공화정기 곡물문제에 대한 원로원의 전통적 권한을 존중하였다. 그는 먼저 기원전 18년에 원로원 의원 중에서 추첨에 의하여 4명을 선발하여 곡물분배 업무를 담당하도록 하였다. 아우구스투스 치세 후반에 이르면 그들은 '원로원결의에 의한 곡물배급관'(praefecti frumenti dandi ex s.c.)이라는 이름으로 불리게 된다. 제정 초기 '곡물배급관'이 황제를 대신하는 '곡물공급관'(praefectus annonae)과 나란히 존재한 것은 원수정 체제의 과도기적 특성을 상징적으로 보여주는 것이다. 그 두 직책은 2세기 말 세베루스 황제 하에서 하나로 통합되었다.

아우구스투스는 기원전 8년에서 기원후 14년 사이의 어느 시기에 '곡물공급감독'을 두었다. 그 관직은 황제를 대신하여 '곡물공급감독' 전반을 책임졌다. 곡물공급관은 기사의 공직 경력에서 친위대장, 이집트 태수직과 함께 주요 관직으로 꼽혔다. 그는 곡물배급관과 함께 곡물배급 업무를 감독하였고, 국고에 들어올 곡물이 로마에 도착하는 것을 감독하였으며, 직접세의 징수와 운송 업무를 개인업자들과 청부계약을 통하여 도급하였다. 이러한 업무를 위해서 그는 로마에서 근무하면서도 지중해 전역의 곡물의 흐름을 파악하고 그것을 장부를 통하여 정리하였다. 그가 제국내 전 곡물 수출 지역을 상대로 업무를 파악하고 수행하기 위해서는 방대한 행정조직이 필요하였을 것이다. 그러나 제정 초기 로마에는 그러한 행정 조직은 발달하지 않았다. 로마 당국이 국영 곡물선단을 둔 것은 기원후 2세기 말 코모두스 황제 시절이었다. 따라서 곡물공급관은 자신의 업무를 수행하기 위하여 선박업자, 곡물 상인 등 사상들의 활동에 의존해야만 했다. 이들은 기사신분의 사람들이나 자치 시 귀족들로서 원로원 귀족과 밀접한 관계에 있는 자들이었다. 그들은 세금 징수자, 토지 경작자, 투자자, 선박업자, 상인 등으로 활동하였다.

선박업자와 곡물 상인은 공화정기에 이어서 제정기에도 로마시 곡물공급에서 중요한 역할을 수행하였다. 수에토니우스의 다음 기록은 이 점을 잘 보여준다.

오랜 기근으로 곡물이 부족해졌을 때 그는 한번은 포럼에 나갔다가 성난 군중에게 포위되었다. 군중은 그에게 욕설을 퍼부었고 동시에 빵껍질을 내던졌다. 그는 뒷문을 통해서 겨우 팔라티움으로 돌아올 수 있었다. 이 봉변을 당한 후에 그는 로마에 곡물을 들여오기 위하여 가능한 모든 수단을 동원하였고 심지어 겨울철에도 곡물을 들여올 수 있도록 노력하였다. 그는 폭풍우를 당하여 손실을 입었을 경우에는 모두 보상하겠다고 하여 상인들에게 이익을 보장하였고 상선을 건조하는 자에게는 커다란 포상을 하였다……[178]

이 상황은 42년 클라우디우스가 황제 자리에 오른 직후의 일로 여겨진다. 전임 황제인 가이우스의 국고 탕진으로 당시 로마의 곡물창고에는 8일분의 식량밖에 남지 않은 것으로 알려지면서 로마 주민들이 포룸에 나온 황제를 공격하고 있다. 아직 기근이 닥친 상황도 아닌데, 곡물 준비가 제대로 이루어지지 않았다는 이유 때문에 황제가 포룸에서 주민들의 거친 항의와 공격을 당하였다는 이야기는 충격적이다. 이러한 긴박한 상황에서도 클라우디우스가 단지 사상의 곡물수송을 장려하는 조치만을 취하였다는 사실은, 제정 초기 로마시 곡물공급체제가 사상에 크게 의존하고 있음을 보여준다.

특히 위 일화는 제정 초기 곡물 문제에 대하여 황제가 처음 간여하기 시작한 것으로 주목받고 있다. 일부 학자는 클라우디우스는 곡물 문제에 대한 일련의 개혁 조치를 통하여 원로원으로부터 곡물배급제도(frumentationes)를 위한 행정적, 재정적 책임을 넘겨받았고, 그 대가로 곡물을 수출하는 속주의 수입을 국고인 아이라리움으로부터 황제의 사금고인 피스쿠스로 넘겨받았다고 주장한다.[179] 그들은 곡물 배급관직에 대한 비문상의 기록이 클라우디우스 황제 치세 후반 무렵에서 네르바 황제시절까지 나타나지 않으며, 따라서 곡물 문제를 둘러싸고 황제와 원로원이 제정 초 권력 대결을 벌이다가 클라우디우스 황제가 그 관직을 폐지하고 곡물 문제에 관한 책임과 권한을 넘겨받았다고 주장한다.

그러나 관직의 설치 문제를 가지고 황제와 원로원을 대립관계로 파악하려는 이러한 주장은 근거가 빈약하다. 먼저 그들이 근거로 삼고 있는 비문 사료상의 공백기간에 대한 해석이 불충분하다. 그 시기가 확인되지 않은 곡물배급관직의 기록이 여러 개 있을 뿐만 아니라, 클라우디우스가 그 관직을 철폐하였다고 판단한 근거로 들고 있는 비문

기록상의 인물 마르쿠스 로물루스(M. Romulus)와, 그 관직의 부활시기로 잡고 있는 카이세니우스 소스페스(Caisenius Sospes)라는 인물의 연대가 불확실하다. 칠버는 만약 그 관직이 일시 철폐된 것이 사실이라면 그 시기는 로마시 대화재가 있던 64년 네로 시대일 것이고, 부활된 시기도 트라야누스 황제 시대가 아니라 도미티아누스 시대로 보아야 한다고 주장한다.[180]

다음으로 곡물배급제도를 위한 재원이 어떻게 마련되었는가를 생각해 볼 때, 황제와 원로원을 대립적으로 파악하는 주장은 무리가 있다. 일부 학자들은 아우구스투스와 티베리우스 황제 시절에는 아이라리움이 로마의 유일한 국고였으며, 아마도 클라우디우스 황제가 황실피해방민인 팔라스(Pallas)가 지도하는 회계부서(a rationibus)를 신설하고 황제의 사금고인 피스쿠스를 공식적인 금고로 만들면서 아이라리움과 대립하는 피스쿠스가 등장하였을 것이라고 주장한다. 밀러는 한걸음 더 나가 피스쿠스는 기원후 1-2세기 동안은 황제의 사금고에 머물렀다고 주장하여 아이라리움과 피스쿠스를 엄격하게 구별하였다. 그러나 이미 아우구스투스때부터 원로원과 아이라리움은 재정적 독립성을 갖지 못하고 있었다. 그 관리를 맡아 보던 관리들은 공화정기에 이어서 여전히 원로원 출신이었지만 황제에 의해서 임명되었고 그 역할도 매우 실무적인 일에 제한되었다. 제정 초기부터 아이라리움과 피스쿠스의 구별은 그 의미를 상실하였다. 일부 조세는 피스쿠스로 유입되었고 양 금고의 기금이 혼합되어 사용되었으며, 황제가 국가 재정의 수입 지출 상황을 원로원에 보고하지 않음으로써 아이라리움이 가지고 있던 중앙의 공식적 금고의 기능은 상실되었다. 피스쿠스는 곧이어 아이라리움을 밀어내고 로마 국가의 재정상의 중심적 역할을 수행하

였다.[181]

그러나 곡물 배급관직의 철폐 문제와 무관하게 클라우디우스 황제와 네로황제 시기는 제정기 로마의 곡물공급정책의 전개 과정에서 중요한 시기였다. 그 시기의 중요성을 몇 가지로 정리하면 다음과 같다. 첫째, 클라우디우스는 즉위 초인 42년에 로마의 곡물공급을 원활하게 하기 위하여 절실히 요구된 오스티아 항구의 건설에 착수하였고 네로 치세 중반에 그 공사는 완공되었다. 오스티아 항구가 본격적으로 곡물 수송을 위하여 이용된 것은 트라야누스 황제에 의한 제2차 내항 건설 이후였다. 그러나 네로에 의한 오스티아 항구 건설이 로마시 곡물 문제를 안정적으로 해결하는 출발점이 되었음은 분명하다.

둘째, 클라우디우스 황제와 네로황제는 사상의 곡물수송을 촉진하기 위하여 여러가지 유인 정책을 제시하였다. 앞의 인용문에서 보았듯이, 클라우디우스는 항해가 어려운 겨울철에 곡물수송으로 인하여 입는 피해를 보상할 것이며, 일 만 모디우스 이상의 용량인 배를 6년동안 곡물을 수송한 자에게는 법률적 특권을 부여할 것이라고 선언하였다. 법률적 특권이란 로마시민인 경우에는 기원후 9년 아우구스투스에 의해서 제정된 혼인 장려법 '파피우스 포파이우스법'(Lex Papia Poppaea)의 처벌 조항으로부터 면제되는 권리였고, 라틴인인 경우에는 로마시민권이 부여되었다. 기원후 58년 네로는 로마에 곡물을 수송하는 데 이용된 상인들의 배는 세금이 면제되도록 조치하였다.

셋째, 클라우디우스는 44년에 오스티아 항구 도시에 있던 원로원 의원 출신의 콰이스토르직을 없애고, 황제의 프로쿠라토르로 하여금 그 직무를 대신하게 하였다. 그들은 로마에 있는 곡물공급관의 지휘를 받았다. 오스티아 항구가 본격 개발되면서 그곳에서 이루어지는 곡물의 출납을 관리하고 감독하는 일은, 공화정기의 콰이스토르가 담당하기에는 너무도 중요하고 어려운 과제가 된 것이다.

넷째, 클라우디우스 혹은 네로는 곡물배급 방식을 바꾸었다. 이 조치의 정치적 의미에 대해서는 후술하겠다. 이처럼 기원후 1세기 중엽은 제정기 로마시 곡물공급 정책의 발전 과정에서 중요한 의미를 지니는 시기였다.

황제의 '곡물공급감독' 직의 성격을 알려 주는 또 하나의 주요한 제도는 바로 곡물배급제도였다. 제정기 곡물배급제도의 성격을 형성하는 데 중요한 역할을 한 인물은 카이사르와 아우구스투스였다. 기원전 58년 클로디우스의 곡물법에 의해서 무상으로 곡물이 배급되면서 곡물평민(plebs frumentaria)의 숫자가 급증하였다. 그 혜택을 보기 위하여 수많은 농촌 인구가 도시로 몰려드는데, 이는 노예 주인들이 자신들의 노예를 마구 해방시켰기 때문이다. 카이사르는 기원전 46년 재(再)센서스(recensus)를 실시하여 곡물 수령인의 숫자를 32만 명에서 15만 명으로 줄였다. 그에 대하여 수에토니우스는 다음과 같이 말한다.

> 그는 관습이나 기존의 장소에 의해서가 아니라 공동 주택의 주인들을 이용하여 비쿠스 별로 재센서스를 실시하였고 그리하여 공공 비용에 의해서 곡물을 수령하는 자들의 숫자를 32만 명에서 15만 명으로 낮추었다.[182]

먼저 재센서스가 이루어진 방식에 주목할 필요가 있다. '관습이나 기존의 장소에 의해서가 아니라 공동 주택의 주인들을 이용하여 비쿠스 별로' 이루어졌다는 말은, 재센서스가 정규 센서스와는 달리 로마의 전체 35개 지역구(tribus)를 대상으로 이루어진 것이 아니라 도시

지역구만을 대상으로 이루어졌음을 뜻한다. 이것은 카이사르가 재센서스를 통하여 곡물 평민의 명부를 새로이 작성하고자 한 것이 아니라, 혼란한 상황 속에서 불법적으로 등재된 무자격자를 가려내려는 것이었음을 잘 보여 주는 것이다. 또한 '공동 주택의 주인들을 이용하여 비쿠스 별로'라는 말은 부자격자를 가려내기 위한 조사가 철저히 이루어졌음을 암시한다. 비쿠스(vicus)란 서민이 사는 다층식 다세대 공동주택인 인술라(insula)로 이루어진 도시의 거리 구역을 말한다. 제정기 로마 정부는 도시 평민에 대한 통제의 한 방법으로 로마시를 14개 행정구역(regiones)으로 나누고, 각 행정 구역은 다시 비쿠스로 조직하였다. 비쿠스는 곡물배급을 위한 단위 조직으로도 이용되었다. 비쿠스의 책임자는 비코마기스트리(vicomagistri)로서, 로마시 장관(praefectus urbi)의 지휘를 받았다.[183]

카이사르가 곡물 평민의 명부를 재검토하면서 적용한 기준은 무엇이었는가? 완전한 로마시민권과 로마시 거주라는 두 조건이 기준에 포함되었을 것이라는 점은 모두 동의하는 바다. 이 두 조건에 의해서 불법적으로 등재된 자, 비공식적으로 해방된 피해방민, 로마시에 거주하지 않는 시민 등이 배제되었을 것이다. 그러나 근대의 학자들은 감원 규모가 크다는 사실에 모두 놀라워한다. 카이사르가 식민시 건설을 통하여 로마시에서 8만 명의 사람을 이주시켰지만 나머지 9만 명이나 되는 사람을 위의 두 조건만으로 명부에서 탈락시킨 사실이 선뜻 이해되지 않기 때문이다. 베르켕은 나머지 9만 명은 내란으로 인하여 사망한 자들일 것이라고 보았지만, 브런트는 내란에서 그렇게 많은 민간인이 죽지는 않았을 것이라고 하여 그의 주장을 배격한다. 릭먼 역시 그 숫자에 놀라움을 표시하면서도, 아마도 그 이전에 불법적으로 등재된 자

들이 그만큼 많았을 것이라고 추정할 뿐이다.[184]

곡물 문제에서 카이사르가 개혁의 주요 대상으로 삼은 것은 클로디우스의 무상곡물배급 조치로 무질서하게 늘어난 곡물평민의 숫자를 정비하는 일이었다. 이 무질서한 집단을 정비하는 일은 당시 로마를 이끌어가는 당시 위정자들에게는 누구에게나 시급한 과제로 떠올랐다. 살루스티우스는 기원전 50년과 46년 두 차례 카이사르에게 보낸 서한에서 이러한 당시의 문제점과 그에 대한 개선책을 건의하고 있다. 기원전 46년에 보낸 두 번째 서한에서 그는 다음과 같이 언급한다.

> 그러므로 오늘날 하사품과 공공 밀의 분배로 타락한 평민은 그들의 고유한 직업을 갖도록 해야 하며 그리하여 그들로 하여금 공공의 안녕을 해치지 못하도록 해야 한다는 점을 그대는 알아야 합니다.[185]

> 이제까지 나태함의 대가로 제공되던 밀은, 자치시와 식민시를 통하여, 군대에서 제대한 후에 고향으로 돌아온 자들에게만 분배하는 것이 좋습니다.[186]

특히 위 두 번째 인용문을 통하여 살루스티우스는 국가에서 무상 배급하는 곡물을, 군복무를 통하여 국가를 위하여 봉사한 자들에게만 제공할 것을 주장하고 있다. 공화정 말기 원칙상으로 군입대는 생래 자유 시민에게만 허용되던 점을 생각할 때 주목되는 구절이다. 이러한 살루스티우스의 건의가 어느 정도 카이사르에 의하여 수용되었는지는 알려져 있지 않다. 그런데 스트라보는 카이사르가 코린트 시에 로마 주민을 식민하면서 대부분 피해방민을 보내었음을 전하고 있다.

코린트 시는 오랫동안 버려져 있다가, 그 자연적 이점으로 인하여 카이사르에 의하여 다시 건설되었다. 그는 대부분 피해방민들로 구성된 식민자들을 그곳에 보냈다.[187]

이렇게 볼 때 권력 기반을 공고히 한 이후에 카이사르는 곡물평민의 명부를 재정비하면서 비쿠스별로 철저히 조사를 실시함으로써, 완전 로마시민권과 로마시 거주자라는 조건 중에서 그 어느 하나라도 충족시키지 못하는 자들을 배제시켰을 뿐만 아니라, 생래 자유인이라는 조건을 적용시켜 피해방민 로마시민(libertinus civis romanus)도 배제시켰을 것이다.

이러한 기준은 카이사르가 죽자 곧 무시되었고 곡물평민의 숫자는 크게 늘어났다. 여기에는 정식으로 해방된 피해방민 이외에도 도시로 몰려온 농촌 빈민, 비공식적으로 해방된 피해방민, 로마시에 거주자 등록을 하지 않은 자 등의 무자격자들이 다수 포함되었다. 내란의 와중에서 아우구스투스 역시 전체 로마 주민의 환호가 필요하던 것이다.

그러나 권력 기반을 확고히 한 후 그는 두 차례에 걸쳐 곡물평민을 감원하였다. 그의 감원 조치는 어떤 기준에서 이루어졌을까? 베르켕은 아우구스투스 시대 비문 사료를 증거로 삼아서 아우구스투스는 제 3의 기준으로 출신증명(origo)을 적용하였을 것이라고 주장하였다. 그는 이 기준에 의해서 로마시에 거주하는 완전 시민 중에서 로마시 출신증명'(domo Roma)을 입증한 자들만이 곡물평민이 되었고, 따라서 이탈리아 자치시 출신자들은 배제되었을 것이라고 보았다. 베르켕의 주장에 따르면 기원전 1세기에 이탈리아에서 자치시(municipium) 제도가 발전하면서 이중의 조국(patria)이라는 개념이 발전하였다. 하나는 자신이 태어나고 자신의 출신증명을 가지는 자신의 자치시라는 조국이고, 또다른 하나는 그가 공적인 면에서 그 구성원으로서 권한을 행사하는 로마라는 조국이다. 자치시 출신이면서 로마시민권을 행사하는 자들의 출신증명은 비문상으로 그 자치시 이름이 5격으로 표시되었으며, 때로는 그 도시명 앞에 '출신지로 하는'(domo)이라는 말이 붙여지기도 하였다. 따라서 'domo Roma'라는 말은 본래는 '로마시를 출신지로 하는'이라는 의미다.[188]

그러나 베르켕의 이러한 독창적 주장은 널리 인정받지 못하고 있다. 그의 주장 자체에 논리적 모순이 존재할 뿐만 아니라 제정 초기에 출신 증명은 아직 법률적 정의가 내려진 개념이 아니었기 때문이다. 이탈리아를 지지 기반으로 하여 제국을 운영하려 한 아우구스투스가 이탈리아 출신 시민을 곡물평민명부에서 배제하였을 것이라는 주장은 믿기 어렵다.[189]

아우구스투스가 감원 기준을 적용하여 곡물평민을 감원하였는지, 아니면 감원 목표 숫자를 염두에 두고 감원하였는지는 알 수 없지만 감원 조치 이후 그 숫자를 고정시켰다는 점은 분명하다.

> 아우구스투스는 이전에는 고정되어 있지 않을, 곡물을 공급받는 평민의 숫자를 20만 명으로 한정하였다……[190]

곡물평민의 숫자는 이후 제정기 동안 고정되어(numerus clausus) 황제가 특별히 일부 사람들에게 그 자격을 수여하는 등의 예외적인 경우가 아니면 증원은 이루어지지 않았다. 사망 등으로 결원이 생길 경우에는 후보자 중에서 추첨을 하여 충원한 것으로 여겨진다. 즉, 아우구스투스가 감원 과정에서 적용한 세 가지 조건이 그의 사후에도 곡물 평민이 되기 위한 필요 충분 조건이었던 것은 아니다. 예를 들어서 그의 사후에 로마시에 사는 피해방민 로마시민의 자손은 생래 자유 로마시민이 되어 위의 세 가지 조건을 모두 충족시켰지만 그들에게 자동적으로 곡물평민의 자리가 주어지지는 않았다. 또한 원로원과 기사 신분의 로마시민 역시 세 가지 자격 조건을 모두 갖추었지만 그들은 아우구스투스 시대 이후 곡물평민에서 배제되었다.

아우구스투스는 여러 면을 고려해 볼 때, 카이사르의 선례로부터 영향을 받아서 곡물평민을 감원하였을 것이다. 첫째, 15만 명이라는 수치다. 정치, 사회적 격변기에 양자의 감원 조치 이후 곡물평민의 정원이 15만 명으로 동일하였다는 것은 그 감원 조치에 동일한 기준과 방식이 적용되었을 것이라는 점을 짐작하게 한다. 로마시 인구의 유동성을 생각해 볼 때 자격 조건만을 가지고 카이사르와 아우구스투스 시대 곡물평민이 15만 명으로 일치하기는 어려웠을 것이다. 아마도 아우구스투스는 15만 명이라는 카이사르의 숫자를 목표로 삼았을 것이라고 추측된다. 둘째, 카이사르와 아우구스투스의 재센서스 실시 방식이 일치한다. 양자의 재센서스를 묘사하면서 수에토니우스가 "비쿠스별로 재센서스를 실시하였다."는 같은 표현을 사용한 점을 생각할 때, 구체적인 실시 방식에서도 아우구스투스는 카이사르를 따랐을 가능성이 높다. 셋째, 무엇보다도 젊은 옥타비아누스는 율리우스 가문의 '아욱토리타스'(auctoritas)하에서 정치적으로 성공한 인물이었다. 그는 군대와 도시 평민의 지지하에서 내란의 최종 승자가 될 수 있었고, 그 지지의 가장 중요한 배경은 바로 그가 카이사르의 후계자라는 점이었다. 따라서 그는 곡물평민의 감원이라는 중요하고도 민감한 문제를 처리하면서 카이사르의 선례를 따랐을 것이다. 즉, 아우구스투스는 카이사르의 선례를 따라서 완전 로마시민권자와 로마시 거주 등록자라는 조건 이외에도 '생래 자유인' 조건을 곡물평민이 되기 위한 세 번째 기준으로 적용하여 15만 명을 최종 선발하였을 것이다.[191]

아우구스투스는 곡물평민을 로마시민으로서의 자격을 갖춘 품위있는 집단으로 만들고자 하였다. 곡물평민의 숫자를 감축한 기원전 2년에 아우구스투스는 입법 조치를 통하여 방만한 노예 해방의 관행에 처음으로 제동을 걸었다. 그는 비공식적으로 해방된 피해방민을 묶어서 '유니우스 법에 의한 라틴 인'(latini Iuniani)이라는 새로운 범주의 법적 신분을 만들었다. 이러한 조치는 곡물 수령인의 자격을 제한하려는 그의 의도와 같은 맥락에서 나온 것이었다. 이러한 아우구스투스의 조치는 곡물평민을 특권을 누리는 선택된 시민 집단으로 유지하고자 하는 의도를 잘 보여 주는 것이다. 이후 로마 주민은 곡물평민과 그렇지 못한 평민 즉, 로마평민(plebs Romana)으로 구별되었다. 그러나 이러한 구분은 엄격한 것은 아니며, 국가에 의하여 통제되는 예외적 조치를 통하여 개별인들의 가입을 허용함으로써 그 유연성을 확보할 수 있었다. 이처럼 율리우스–클라우디우스 왕조기 곡물배급제도는 공화정의 전통을 상징하는 제도로 즉, 로마시민의 특권을 보여주는 제도로써 유지되었다.[192]

## 2. 기근과 소요 사태

황제가 군대를 장악한 상황에서 로마 주민의 소요가 황제의 지위를 직접 위협하기는 어려웠다. 그러나 로마 주민의 불만이 커져 소요 사태가 발생하는 것은 황제로서도 감당하기 어려운 정치적 부담이었으니 이는 바로 로마시 주민의 여론이 지니는 정치적 중요성 때문이었다.

그들은 세계 제국의 수도에 사는 주민으로서 마땅히 안정적으로 식량을 공급받아야 한다고 생각하였다. 식량부족 사태는 로마 인민이 권력자에 반대하여 소요를 일으킨 주요 동기로 작용하였다. 로마 건국 이래 곡물 부족과 정치적 소요 사태를 종합하여 분석해 볼 때, 기근 사태가 언제나 소요 사태로 연결된 것은 아니었다. 사람들이 반발할 만한 힘이 없는 경우에는 봉기조차도 일어날 수 없다. 예를 들어, 공화국 초기에는 식량부족 사태가 빈번하였고 때로는 절망감에서 사람들이 투신 자살하는 사태가 있었음에도 기근 사태에 대한 항의나 봉기를 하지는 않았다. 반면 제정 초기 율리우스-클라우디우스 왕조기에는 모두 여덟 번의 식량 위기 중에서 평민들이 심하게 불만을 토로한 경우가 여섯 번에 달하였다. 이처럼 곡물 문제로 인한 소요 사태는 기근의 심각한 정도와 반드시 일치하여 일어난 것은 아니었고 그 외에 복합적인 요인들이 작용하였다.[193]

당시 기근이 어느 정도 심각하였는가를 알기 위해서 문헌 사료상의 표현을 살펴볼 때, 그리스어에 비하여 라틴어가 곡가의 등귀를 보다 풍부하게 표현하고 있다. 라틴어 표현에서, 공화정 초기의 기근에 대해서는 거의 언제나 'fames'라는 단어가 사용되고 'inopia'라는 단어를 꾸며주는 형용사들이 사용되고 있는 데 비하여 'caritas annonae'라는 표현은 상고기인 기원전 492년 위기의 초기 국면을 기술하는 데 한 번 나타났을 뿐이다. 이와는 반대로 공화정 말기와 제정 초기에는 주로 곡가의 등귀, 기껏해야 식량부족을 의미하는 표현들이 사용될 뿐이다. 어휘 분석을 통해서도 공화정 초기에 기근 사태가 더욱 심각하였음을 알 수 있다. 초기 로마는 인근토지에서 식량을 구하였으므로 빈번한 전쟁으로 인하여 식량문제의 취약성이 번번히 노출되었으며, 더구나 로마는 주위의 전염병에도 취약하였다. 상고기에는 인민이 기근으로 고통을 당하는 이야기들이 많이 나오는 반면, 공화국의 마지막 두 세기 동안과 율리우스 클라우디우스 왕조기에 사료상으로 로마에서 곡물 부족으로 다수의 사람들이 죽은 경우는 제2차 삼두정하에서 섹스투스 폼페이우스가 로마의 식량을 봉쇄한 기원전 41- 기원전 36년의 위기시 뿐이었다.

많은 학자들은 기근으로 인한 소요 사태가 실제 곡물이 부족해서라기 보다는 로마의 정치 투쟁 과정에서 빚어진 한 모습이라고 생각하여 왔다. 사실 곡물 문제로 야기된 폭동들을 연표상으로 정리해 보면 그들의 주장이 일견 타당하게 여겨진다. 폭력적 시위와 소요가 가장 많이 나타난 시기는 로마 공화정기 정치사에서 가장 많은 문제들이 야기된 기원전 123년에서 기원전 22년에 이르는 시기였다. 식량 문제로 야기된 소요 사태는 진정으로 정치가들의 조종에 의해서 이루어진 것인가?

고대의 저술가들이나 근대 학자들이 식량부족으로 인한 인민의 불만을 정치적으로 이용하였다고 들고 있는 대표적인 인물은 상고기 스푸리우스 마일리우스(Spurius Maelius)와 공화정 말기의 클로디우스와 카이사르 등이다. 실제로 이들은 평민의 반발을 자신들의 정치적 목적에 이용하였다. 그러나 평민이 그들의 조종에 놀아난 것이라고는 말할 수 없다. 예를 들어, 기원전 57년에 클로디우스와 그 도당이 로마 주민을 선동하였지만, 키케로가 폼페이우스에게 곡물공급 감독직을 수여할 것을 원로원에게 제안하자 주민들이 더는 클로디우스에 추종하지 않았다. 당시의 소요 사태는 클로디우스에 의존하지 않는 시민이 다수를 이루었고 시민들은 자신들의 요구가 만족되자 클로디우스 파의 선동에 아랑곳 하지 않고 즉시 행동을 중지한 것이다. 따라서 우리는 정치가를 따르는 그의 도당과 로마 주민을 구분해서 인식해야 한다. 기원전 62년의 위기시에도 소카토가 원로원의 결의에 의하여 곡물에 관한 조치들을 제안하자 카이사르가 소요를 선동하였지만 주민들은 소요에 가담하지 않았다. 공화정 초기인 기원전 440-339년에 로마에 극심한 기근이 들자 스푸리우스 마일리우스가 많은 사재(私財)와 대인 관계를 이용하여 곡물을 확보한 후 곡물을 분배하여 인기를 얻었다. 그러나 그는 주민을 선동한 혐의로 결국 살해되었는데, 주민은 독재관 킨키나투스(Cincinnatus)의 설득 연설을 듣고 스푸리우스를 따르지 않았다. 스푸리우스 마일리우스의 일화는 군중이 결코 정치적 조종에 의해서 좌우되지 않았음을 보여 준다. 기근으로 인한 소요사태는 특정의 정치가가 자신의 도당을 가지고 조종하여 나타난 것이 아니라 실제로 곡물이 부족하였기 때문에 일어난 것이며, 그 문제가 해결되고 나면 사람들은 정치가의 선동에도 불구하고 곧 평온을 되찾았다.[194]

곡물 부족으로 인한 소요 사태를 주도한 계층은 누구였을까? 군중을 나타내는 문헌 상의 여러 용어는 법률적으로, 또한 사회학적으로 구별되는 특별한 의미를 지닌 것은 아니다. 대체로 데모스(demos)와 포풀루스(populus)는 시민 전체를 의미하고 데모테스(demotes)와 플렙스(plebs)는 평민 계층을 가리키지만 정확하게 구분되지는 않는다. 폭동

을 일으킨 자들을 지칭하는 용어와 시민단내 하층민을 가리키는 용어
도 마찬가지로 애매하다. 식량 문제로 야기된 소요 사태에는 시민만이
참여한 것은 아니었다. 곡물 배급의 혜택을 받지 못하는 비시민은 전
적으로 시장을 통하여 곡물을 공급받아야 했으므로 식량을 확보하는
문제에 민감하였을 것이다. 비시민 중에서 노예와 자유민의 입장은 달
랐다. 노예는 자신의 주인에게 생계문제를 의존하였고 곡물위기가 닥
치면 가장 먼저 고통을 당하였다. 기원전 440년 곡물위기시에는 노예
에게 제공되는 식량이 감량되었고, 6년 식량위기시에 아우구스투스는
검투사와 판매용 노예를 도시 밖으로 추방하도록 하였다. 그럼에도 노
예들은 자신을 방어할 아무런 수단도 가지고 있지 못하였으며 그들이
소요에 가담하는 일은 매우 드물었음이 분명하다. 국가의 곡물분배 혜
택을 누리는 자들은 시민들 뿐이었다. 그러나 곡물위기시에 국가가 외
부에서 식량을 구하기 위하여 사절단을 파견하거나 개인에게 특별한
임무를 부과하는 등의 조치는 시민들 뿐만 아니라 자유민 전체의 관심
사였다. 왜냐 하면 그러한 조치는 시장의 곡가를 낮추기 위한 것이었
고 시민이나 비시민 모두 시장에서 곡물을 구입해야 했기 때문이다.
따라서 기근이 닥쳐 곡가가 폭등하게 되면 로마의 주민은 누구나 고통
을 당하였고, 따라서 비시민 자유인들도 소요사태에 참가하였을 것이
다. 이 점은 키케로의 글에 분명하게 나타난다.

> 그리고 매일 더 많은 악한들이 그들과 비슷한 노예와 함께 주거지와 신전을
> 위협하는 상황에서 돌라벨라의 처벌은 대담하고 무뢰한 노예들에게 뿐만 아
> 니라 타락하고 사악한 해방노예에 대하여 커다란 효과가 있었습니다.[195]

키케로는 카이사르 사후 혼란한 정치, 사회 상황에서 돌라벨라(P. Cornelius Dolabella)의 과감한 조치를 칭찬하고 있다. 이처럼 곡가의 폭등으로 등귀로 인하여 일어난 소요 사태에 가담한 자들은 사회내에서 가장 가난한 최하층민만은 아니었다.

소요를 일으킨 자들에 대한 '일으킨 자'들을 가리키는 용어를 살펴보면 인민을 나타내는 단어보다 경멸적인 의미를 지닌 것을 알 수 있다. 특히 고대의 저술가들은 인민의 폭력적인 행동을 설명할 때에는 거의 무의식적으로 다른 용어를 사용하였다. 기원전 57년의 사태에 대하여 설명하면서 키케로는 클로디우스 도당에 이끌려 돌을 던지면서 소동을 피운자들에 대해서는 '군중'(multitudo)이라는 단어를 사용한 반면, 그가 원로원에 남아서 곡물 문제를 해결해 줄 것을 주장한 무리들에 대해서는, '로마 인민'(populus Romanus)이라는 단어를 사용하고 있다. 같은 시간대에 전개된 그 두 사건에서 군중의 구성이 키케로가 다르게 표현할 정도로 변하였다고 보기는 어렵다. 따라서 소요를 일으킨 자들이 가난한 자들이었음을 의미하는 표현들을 액면 그대로 받아들여, 그들이 모두 가난한 자들이었다고 보기는 어렵다. 기원전 41년에 로마에 군대가 진입하여 주민들은 불안에 떨었고 더욱이 그 해에 기근이 발생하였다. 그러자 상인들이 상점문을 걸어 잠그고 포룸에서 행해지던 정무관의 재판 업무를 방해하였으며, 그 대열에는 안토니우스와 옥타비아누스에게 토지를 빼앗기고 도시로 몰려든 농민들도 다수 포함되어 있었다. 또한 키케로는 클로디우스를 비난하면서 그의 휘하에 있던 세르키우스(L. Sercius)라는 자를 '상점주인들을 선동하는 자'(concitator tabernariorum)라고 비난하였다. 즉, 클로디우스는 빈민만이 아니라 상점 주인을 포함한 근로시민층을 소요에 끌어들

이려 한 것이다.[196]

소요사태에 가담한 자들이 누구였는지를 알기 위한 한 방법은 그 소요가 어떻게 진정되었는가를 살펴보는 것이다. 기원전 67년 가비니우스법에 의해서 폼페이우스에게, 비상대권(imperium extraordinarium)과 곡물공급 감독직이 수여되자, 시위가 중지되었다. 소요가 즉각 중지될 수 있던 데에는 여러 원인이 있겠지만 그 소요에 참가한 자들이 수공업자와 상인 등 직업을 가진 자들이었기 때문이라고 생각할 수 있다. 즉, 그들은 직업을 가지고 있었기 때문에 자신들이 운영하는 가게와 생업활동을 하루 종일 방기할 수 없었을 것이다. 공화정 초기의 일이기는 하지만 이와 관련하여 기원전 492년의 소요사태에 대한 디오니시우스의 이야기를 살펴보자. 당시 식량 부족에 항의하기 위하여 군중이 포룸에 모여들었는데, 그 시각은 해가 지고 난 이후였다. 지중해성기후 지역인 로마에서 해가 있는 동안에는 집회를 갖기가 어려웠을 것이다. 그러나 또다른 이유를 생각하자면 그들이 낮시간 동안에는 생업에 종사하느라 모이기 어려웠을 것이다. 기원전 40년에 옥타비아누스는 포룸에서 폼페이우스와 강화하여 로마로의 곡물 공급을 재개시킬 것을 요구하는 군중에게 붙들려 폭행당하였다. 그때 안토니우스가 군대를 출동시켜 그를 구출하였고, 그 과정에서 많은 폭도가 죽음을 당하였다. 당시 사람들은 시신이 티베르강에 던져지기 전에, 그 시신의 옷을 탈취하였다. 복장을 탈취당하였다는 사실은 그 자들이 최하층의 사람들이 아니었음을 암시한다. 이상의 여러 증거들을 고려해 볼 때, 시위에 참가한 군중은 로마의 최하층만을 모아놓은 것이 아니라 대부분 도시의 중간층의 사람들로 구성되었을 것이라고 생각할 수 있다. 이들은 어떤 다른 사람에 의하여 조종된 것이 아니었고 식량공급의 개선, 세금의 폐

지 등 매우 구체적인 목표를 가지고 행동하였다.[197]

이러한 소요 사태는 우발적으로 발생한 경우가 많았다. 포룸이나 원로원 의사당 부근에서 소요가 자주 발생한 것은 이것을 입증하여 준다. 그러나 조직적으로 사전 모의를 통해서 소요 사태가 발생하기도 하였다. 예를 들어, 기원전 492년의 소요 사태의 경우가 그러하다. 이때 이용된 조직은 동업조합(collegia)이었다. 로마의 동업조합은, 본래 장례시 상호부조를 위한 종교적이고 직업적인 결사체였다. 기원전 41년에 로마 주민은 상점철시 등 집단적 저항 행위를 하였는데, 그들은 같은 구역에 거주하거나 같은 직업을 가진 사람들이었을 것이다. 이처럼 로마시대 기근으로 인한 소요 사태는 동업조합 등으로 유대를 가진 사람들의 모임에서 불만이 토로되고 사전 준비를 통하여 발생하기도 하였을 것이다.[198]

곡물배급제도와 관련하여 곡물을 분배받기 위하여 사람들이 모였을 때, 곡가의 불안정한 등락이나 여러 가지 정치적으로 민감한 이야기 등이 자연스럽게 나왔을 것이며, 그러한 모임이 시위로 발전하였을 것이라고 생각할 수 있다. 이와 관련된 언급이 키케로의 글에 나온다.

> 여기에 나의 건설 노동자들이 있다네. 그들은 곡물을 받으러 떠났다가 곡물을 받지 못한 채 빈손으로 돌아왔는데, 모든 곡물이 안토니우스의 집에 저장되어 있다는 소문이 로마에 나돈다는 이야기를 전하고 있네.[199]

즉, 기원전 44년에 로마 근교에서 키케로의 별장을 짓던 노동자들이 로마에 곡물배급을 받으러 갔다가 빈손으로 돌아오면서, 당시 곡물 문제가 심각해진 이유는 안토니우스 때문이라는 소문을 전하고 있다. 곡물부족 사태를 당하여 당시 최고 권력자인 안토니우스를 비난하는 소문이 곡물배급제도를 통하여 확산되고 있음을 보여 준다. 이러한 주민의 불만은 자칫 곡물수령을 위하여 모인 사람들을 중심으로 소요 사태로 발전하였을 것이다. 아우구스투스는 곡물배급제도를 폐지하려고 생각하였으나 실천에 옮기지는 못하였다. 그는 섹스투스 폼페이우스와의 대결 시기에 곡물 문제로 야기된 폭력 사태에서 쓴 맛을 본 생생한 기억때문에, 곡물 문제와 소요의 밀접한 관계를 누구보다도 절감하였을 것이다.

사료 상으로 곡물위기시에 폭도들이 공공창고를 약탈하거나 곡물수령인들을 공격하였다는 이야기는 없다. 곡물부족으로 어려운 상황에서 곡물이 배급되는 장소에서 소요 사태가 벌어지거나 그 수령인들이 폭도의 공격대상이 되었을 것이라고 생각해 볼 수도 있다. 그럼에도 사료상으로 이러한 언급이 나오지 않는 이유는 무엇인가? 칼리굴라의 치세 후반기와 관련하여 수에토니우스는 다음과 같이 말한다.

때때로 그는 곡물 창고의 문을 걸어 잠그고 인민에게 기근을 선포하였다.[200]

위 이야기는 수에토니우스가 칼리굴라를 '인민을 굶주리게 하는 자'라고 비난한 후에 나온 이야기다. '곡물창고의 문을 걸어 잠그고' 라는 표현을 통하여 우리는, 기근시에는 곡물창고가 폐쇄되고 곡물배급이 중지되었을 것이라고 생각해 볼 수 있다. 또한 이러한 칼리굴라의 조치에도 불구하고 인민이 곡물창고를 공격하였다는 이야기는 나오지 않는데, 이것으로 보아 곡물창고는 잘 경호되었거나 공격하기에 어려운 지형에 위치하였을 것으로 짐작할 수 있다. 기근시에 곡물이 배급되는 곳에서 소요 사태가 일어나거나 곡물 수령인들에 대한 공격이 이루어졌다는 이야기가 사료 상으로 전혀 언급되지 않는 것으로 보아 우리는 기근시에는 곡물배급제도가 빈번하게 중지되었을 것이며, 기근시에 소요를 일으키는 자들이 바로 곡물배급제도하의 곡물 수령인들과 동일인들이었을 것으로 생각해 볼 수 있다.

네로 시대 곡물배급제도는 이전과 그 분배 방식에서 차이를 보였다. 아우구스투스 시대까지만 해도 곡물은 한 곳에서 배급되지는 않던 것 같다. 문헌 사료에는 곡물이 분배되던 장소의 명칭이 전혀 나와 있지 않다. 비문 사료로써 헤라클레아 동판의 초반부에는 '곡물이 인민에게 분배될 때 수령자의 명부는, 곡물이 분배되는 포룸에' 게시되도록 한다고 기록되어 있다. 이 사실은 곡물이 지급되는 단일의 출처가 없었다는 점을 암시하는 것이다. 아마도 곡물 창고(horrea)나, 분배하기에 편리한 주랑(poticus)에서 곡물이 배급되었을 것이며, 매달 곡물이 배급될 날짜와 장소를 미리 발표한 후에, 시내 여러 장소에서 한 날에, 모든 수령자들에게 곡물이 분배되었을 것이다. 적어도 아우구스투스 시대 이후로는 곡물을 분배받을 수 있는 배급표(tesserae)가 사용되었을 것이다.[201]

곡물배급 방식은 1세기 중엽에 크게 변화한 것으로 보인다. 즉, 이전에는 도시내 여러 곳에서 일시에 분배가 이루어지던 반면에, 이 시기가 되면 '미누키우스의 주랑'(porticus Minucia)이라는 한 지점에서 여러 날에 나누어 배급한 것으로 여겨진다. 비문 사료에 다음과 같은 내용이 전해온다.

피해방민 티베리우스 클라우디우스 야누아리우스는 미누키우스의 주랑에서

14일에 42번 입구에서 곡물을 수령하였다.[202]

그는 10일에 39번 입구에서 곡물을 수령하였다.[203]

그는 7일에 15번 입구에서 곡물을 수령하였다.[204]

티베리우스 클라우디우스 야누아리우스라는 해방 노예의 이름을 통해서 곡물 배급 방식이 이렇게 바뀐 시기는 클라우디우스 황제나 네로 황제 시대가 아닐까 추론된다. 아무튼 이러한 비문의 내용을 통해 이 시기 이후로 곡물 배급은 이전처럼 여러 곳에서 매월 한 날에 실시된 것이 아니라, 미누키우스의 주랑에서 매월 한 날짜에 집중적으로 이루어졌을 것으로 생각된다.

미누키우스의 주랑은 로마시 제 9구역에 있는 마르스의 광장에 있었다. 그 장소가 정확히 어디였는지 그리고 곡물이 배급되던 주랑이 있는 건물이 어떻게 설계되었는지 등에 대해서는 파악하기가 쉽지 않다. 후대의 사료를 통해서 그 건물에 45개의 입구가 있었으며 곡물 배급에 이용되었다는 점을 알 수 있다. 그 건물이 있던 곳은 마르스의 광장 남동쪽이며, 그 곳에는 기원전 2세기 말에 '미누키우스의 주랑'이라는 건물이 세워졌다. 그 건물은 1세기 말 도미티아누스 황제에 의해서 보수되었고 '미누키우스의 옛 주랑'(Minucia vetus)이라고 불리었다. 문제는 1세기 중엽 곡물배급 방식이 한 곳에서 이루어질 때 사용된 건물이, 이 '미누키우스의 옛 주랑'인가 아니면 '곡물 배급을 위한 미누키우스의 주랑'(Minucia frumentaria)이라는 건물이 후대에 따로 세워 졌는가하는 점이다. 곡물 수령인으로 정식으로 등록된 자들이 매월 어느 특정 날짜에 그 곳에서 곡물 배급량을 수령받았을 것이라고 추론한다면, 제정 초기 곡물 수령인의 숫자를 20만 명이라고 늘려잡아도 한 개의 창구에서 하루에 150명에서 200명 정도에게 분배하여 주면 곡물 배급이 무난히 진행될 수 있었을 것이다.[205]

이처럼 곡물배급이 한 곳에서 집중적으로 이루어지면서 곡물수령인들이 많이 모이게 되자 치안 문제가 당국의 관심사가 되었을 것이다. 특히 곡물 문제가 심각해져 주민의 불만이 고조되었을 경우 미누키우스의 주랑은 자연 소요의 진원지가 될 가능성이 높았다. 네로가 64년 위기시에 곡물배급제도를 중지한 것은 이러한 치안상의 이유도 크게 작용하였을 것이다.


## 3. 로마의 곡창 아프리카

율리우스-클라우디우스 왕조시대에 나타난 로마의 곡물공급정책의 또 하나의 특징은 로마시의 곡창으로써 아프리카에 대한 의존도가 점차 심화되었다는 사실이다. 고대 사료를 통하여 로마에 필요한 곡물의 양이 어느 정도였으며, 그 중에서 아프리카에서 오는 곡물이 어느 정도를 차지하였는지를 수량화하여 밝히는 일은 쉽지 않다. 그 이유는 무엇보다도 고대의 문헌 사료 상의 수치가 믿기 어려울 뿐만 아니라 그와 관련된 로마시 인구, 일 인당 곡물 소비량 등에 관해서도 의견이 분분하기 때문이다. 로마의 도입 곡물량과 인구 숫자를 둘러싸고 많은 논의가 있었지만 명확하게 그 해답을 제시하기는 어렵다. 이 두 문제는 학자들 간에 논리 순환의 모순을 초래하기도 하였는데 즉, 곡물의 양을 먼저 계산하고 그것을 근거로 인구 숫자를 주장하는 학자가 있는가 하면, 인구 숫자를 먼저 주장하고 그것을 근거로 곡물 도입량의 근거로 삼는 학자도 존재한다.

　제정 초기 로마에 곡물을 공급하여 주는 곳으로 가장 중요하던 곳은 이집트와 아프리카였다. 로마는 공화국 시대부터 이집트에서 곡물을 수입하였다. 아우구스투스 이후 이집트가 로마의 속주로 편입되면서 이집트의 곡물 도입량은 더욱 크게 늘어났다. 그러나 이집트는 아프리카에 비하여 로마의 곡창으로 불리한 점이 많았다. 이집트의 곡물은 거리상으로 너무 멀리 떨어져 있었고 로마시만이 아니라 동부 지역에도 곡물을 공급해야 했다. 알렉산드리아에서 곡물을 실은 선단이 로마로 오기 위해서는 바람을 안고 가야만 했으므로, 남부 터키나 북부 아프리카 해안을 따라서 우회해야 했다. 그 거리는 장장 1,700마일에 달하였고, 50일에서 70일 정도의 시간이 소요되었다. 반면 카르타고에서 로마까지는 이틀에서 나흘 정도 밖에 걸리지 않았다. 이런 사정으로 인하여 아프리카에 평화가 정착되고 조세 제도가 마련되면서 아프리카가 이집트를 제치고 로마의 곡창으로 각광받았다는 것은 당연한 일이었다. 지중해 세계를 정복한 로마 제국 내에서 로마시의 곡물 문제는 곧 운송의 문제였다. 왜냐 하면 지중해 전역에 걸쳐서 제국의 수도인 로마에 곡물을 공급하는 물량을 확보할 수 없을 정도로 곡물 생산이 부족해지는 경우는 거의 없었기 때문이다. 이 점에 대하여 간시는 다음과 같이 말한다.

　　로마의 곡물위기는 가용식량이 부족해서라기보다는 필요로 하는 곳에 전달하지 못한 인간의 잘못으로 인하여 일어났다.[206]

앞에서 언급한 클라우디우스 황제 즉위 직후 곡물위기를 설명하면
서 타키투스는 이러한 사정을 잘 말하여 주고 있다.

> 그 위기는 신들의 특별한 가호와 겨울 바람이 잔잔한 덕분에 해소되었다. 이
> 제 문제는 곡물생산의 부족이 아니다. 우리는 그 어느 곳보다도 아프리카와
> 이집트를 경작하고 있다. 로마 인민의 생명은 화물선과 사고 발생 여부에 달
> 려 있는 것이다.[207]

아프리카와 이집트 곡물의 중요성을 언급하면서도 문제는 곡물 수
송이 얼마나 중요한지를 잘 말해 주고 있는 것이다. 아프리카의 곡물
은 아우구스투스와 티베리우스 황제 시절에도 로마시 곡물공급에 필
수적이었다. 이집트에 비교해 볼 때, 아프리카는 훨씬 더 가까웠기 때
문에 항해 거리가 훨씬 짧았고 비용도 저렴하였다. 따라서 로마의 곡
물 재고가 최하로 떨어지고 항해가 재개되는 매년 봄철이면 아프리카
의 곡물은 대단히 중요하였다. 봄철 로마와 오스티아 곡창의 재고 식
량이 줄어드는 상황에서 로마의 운명은, 그야말로 바다에서 바람이 어
떻게 불어 곡물선단이 언제 도착하는가에 달려있다고 해도 과언이 아
니었다.

로마의 곡물공급지로서 아프리카 속주의 역할은 한니발의 패배 이
후인 기원전 3세기 말 이래 확인된다. 기원전 2세기 말에 카르타고가
파괴되고 아프리카 속주가 성립된 후 아프리카에서 들어오는 곡물은
크게 늘어났다. 키케로는 아프리카를 사르디니아와 시실리와 함께 로
마에 곡물을 공급하여 주는 3대 곡물공급지로 꼽고 있다.

제정기에 들어서 아프리카에 평화가 정착되면서 아프리카의 곡물

생산은 더욱 증가되었다. 가이우스 황제의 선교(船橋)에 관한 일화에서도 아프리카 곡물의 중요성을 추론할 수 있다. 가이우스가 이용한 곡물선이 이집트 곡물운송 선박이었다는 사실은 당시 곡물운송을 위한 선박이 따로 있었으며, 이집트의 곡물 말고도 아프리카로부터 곡물이 많이 들어오던 사실을 암시하는 것이다.

고고학적 증거를 통해서도 아프리카 곡물의 중요성은 입증되고 있다. 티베르 강 어귀에 자리잡은 오스티아 항은 제정 초기 클라우디우스와 네로 그리고 트라야누스 등 두 차례의 항구 확장 공사를 통하여 로마에서 필요한 곡물을 수입하는 항구로 크게 번영하였다. 그 항구에 곡물을 싣고 온 선박업자들은 로마에서보다 그 곳에서 거래를 하는 것이 보다 편리하다는 사실을 알게 되자 오스티아의 극장 무대 뒷편의 주랑에 사무실을 만들었다. 이곳이 이른바 '조합광장'(Piazzale delle Corporazioni)이라고 불리는 곳이다. 그 곳은 본래 '장식주랑' (ornamental portico)이라고 불리웠는데, 기원전 20년대에 아그리파가 만든 극장의 일부였다. 그런데 이미 아우구스투스 황제 시절부터 그 곳은 상업적 목적으로 이용된 것으로 보이며, 클라우디우스 황제 시기에는 분명히 상인을 위한 편의 시설을 갖추고 있었다. 고고학 발굴 자료에 따르면 그 곳에는 61개의 조그만 사무실이 있었고, 사무실 앞의 포장 도로에는 그 방의 주인들을 설명하는 모자이크가 남아 있다. 그 그림을 통하여 우리는 상당수의 사무실에서 곡물 거래가 이루어졌음을 알 수 있다. 또한 사무실 벽면에는 카르타고, 히포 디아리투스, 쿠루비스 등 곡물 수출로 유명한 아프리카의 항구 이름이 많이 새겨져 있다. 그 곳은 세베루스 황제 치세 이전까지는 개별 상인들에게 자유롭게 임대되어 사용되었다.[208]

앞서 지적하였듯이, 이 조합광장이 로마 정부가 제정 초기부터 무역업자와 선박업자들을 통제하기 위하여 만들어졌는가, 아니면 개별 상인들에 의해 자유롭게 이용되었는가하는 논란이 있지만, 적어도 2세기 말까지는 자유 상인에 의해서 이용된 것으로 보인다. 오스티아 항구에 있는 상인조합광장은 아프리카의 도시들로부터 온 무역업자들의 주요 활동 무대로써 로마 내의 여러 속주들 중에서도 아프리카와 가장 밀접한 관계를 맺고 있던 곳이다. 이집트와 아프리카 이외에 제정 초기에 로마에 곡물을 공급하던 지역으로는 이탈리아, 사르데냐, 시실리, 히스파니아, 갈리아 그리고 아프리카의 마우레타니아와 키레나이카 등을 꼽을 수 있는데, 그 양은 그리 많지 않았다. 66년 유대 왕국의 국왕 아그리파는 로마에 대한 유대인의 봉기를 만류하면서 다음과 같이 말하였다.

> 그 곳(=아프리카) 사람들은 8개월 동안 로마 인구를 먹여 살릴 수 있는 식량과 그 밖의 공납물을 바치고 있으며…이집트는 로마에 4개월 분량의 밀을 보낸다…….[209]

이 구절은 곡물공급지로 아프리카와 이집트를 비교하고 있다는 점에서 많은 학자의 관심을 받았다. 베르켕은 유세푸스의 글에 나오는 아프리카의 8개월분 식량에는 이집트에서 수출되는 4개월분의 식량을 포함하는 것이라고 주장하였다. 그러나 아그리파 국왕의 연설에서는 팔레스타인과 가까운 이집트와 멀리 떨어져 있는 아프리카가 분명히 대조되고 있으며, 연설에 열거된 여러 종족이 아프리카 출신인 점으로 볼 때 이러한 주장은 수용할 수 없다. 위의 글에서 아그리파 국왕은 로마의 힘을 강조하려는 생각으로 과장되게 말하였을 수 있다. 8개월, 4개월이라는 수치가 실제인지 아니면 과장인지 여부는 명확하게 밝히기는 어렵지만, 네로 시절에 아프리카가 이집트보다 더 많은 곡물을 로마로 수출하였다는 사실만은 분명하다.

다음으로 4세기 저술가인 아우렐리우스 빅토르는 "아우구스투스 시절에 이집트는 로마에 매년 이 천만 모디우스의 밀을 로마에 보냈다."고 적고 있다. 만약 두 시기 사이에 이집트와 아프리카의 곡물생산량의 비율이 변하지 않았다고 가정하고 요세푸스의 이야기와 빅토르의 이야기를 연결시켜 생각해 보면, 아우구스투스 시대에 이집트는 이천만 모디우스, 아프리카는 그 두 배인 사천만 모디우스의 밀을 로마에 공급하였다는 계산이 나온다. 이 수치의 신빙성을 두고 논란이 있는데, 당시 로마의 인구와 곡물 소비량을 고려해 볼 때 이 수치는 받아들이기 어렵다.[210]

로마시에 도입되는 곡물의 양은 당시 주민의 숫자와 1인당 곡물소비량을 파악함으로써 밝혀질 수 있다. 공화국 말기에 이르러 로마시의 인구가 엄청나게 불어났다는 것은 분명하다. 그러나 공화정 말기와 제정 초기 로마의 인구에 대해서도 분명한 해답을 제시하기 어렵다. 인구의 규모를 밝히기 위하여 시도된 여러 방법 중에서 가장 신빙성을 얻고 있는 것은 아우구스투스의 『업적록』에 나오는 사람들을 곡물 수령인 숫자에 근거한 계산이다. 그 외에도 학자들은 성벽내 로마시의 거주지 면적, 공동주택(insulae)과 저택(domus)의 숫자, 상수도설비, 격투기장의 수용인원 등을 가지고 로마의 인구를 추산하고자 시도하였지만 커다란 성과를 거두지 못하고 있다. 로마의 절대 인구에 대한 저서로써 아직까지 그 권위를 인정받고 있는 저서는 벨로흐(K.J. Beloch)

의 『그리스 · 로마 세계의 인구』다. 그러나 벨로흐는 고대 사료를 혹평하고 그 자료를 자신의 이론적 틀에 맞추기 위하여 정정하였고, 고대 세계의 인구를 어떻게 해서든지 낮추어 잡으려는 태도를 일관되게 보여 주어서 비난을 받는다.[211]

『업적록』에서 아우구스투스는 기원전 5년에 자신은 도시 평민들 32만 명에게 곡물을 분배하였다고 적었다. 이 32만 명은 14세 이상의 성인 남자만을 가리키는 것이다. 이와는 달리 벨로흐는 이것이 성인 남자만이 아니라 여자와 아이를 포함하는 숫자라고 주장하였다. 그는 과세의 목적을 위해 속주센서스가 도입되었고, 그 결과 센서스에 여자와 아이들도 포함되게 되었으며, 이러한 새로운 관행이 로마의 센서스에도 적용되었다고 주장한다. 『업적록』에 나오는 '시민의 인구수' (civium capita)라는 구절이 문제다. 그러나 속주 센서스는 공화정 말기와 제정 초기의 시민 센서스와는 성격이 달랐으며, 아우구스투스가 실시한 센서스는 전통적인 방식의 성인 남자만을 대상으로 한 것이었을 것이라는 견해가 지배적이다.[212]

그 외에 여성, 14세 미만의 아이, 거류외인 그리고 노예의 숫자가 얼마나 되었는지는 정확하지 않다. 브런트는 로마시대 혼인율과 자녀 출생율을 감안할 때 여성과 아이의 숫자를 40만 명으로 제안한다. 제정 초기 로마시 인구의 성비를 파악하는 데 도움을 주는 연구로, 파피루스 사료를 이용한 이집트 주민의 성비에 관한 연구가 있다. 그 연구에 의하면 1세기부터 3세기 중엽까지 이집트 인구의 성비에 대한 자료를 검토한 후 남성이 108.7 대 100으로 여성보다 많았다. 그러나 이 수치를 로마시에 그대로 적용하기는 어렵다. 생물학적으로 현대의 모든 인구 집단에서는 출생시에는 남자가 여자보다 105 내지 107 대 100으로 더 많지만, 시간이 지나면서 여자가 남자보다 더 많아진다. 따라서 곡물배급을 받은 남성 32만 명에 대하여 여성과 아이의 숫자를 40만 명 정도로 보는 것은 타당성이 있다. 그 외에 거류 외인을 감안하면 로마의 자유인 숫자는 75만 명 이상이 될 것이다. 로마시 노예의 숫자에 대해서도 논란이 많아 10만-30만 명까지 다양하다. 속주의 특정 지역에 관하여 남아 있는 자료를 보면, 노예 숫자는 자유인의 1/10을 넘지 않는다. 그러나 로마는 세계의 부가 집중되어 있는 곳이어서 그 비율은 당연히 더 높았을 것이다. 그러나 무상곡물배급제도의 시행으로 노예 소유주들이 노예를 방만하게 해방시킨 점, 로마시 공공 토목 공사와 사적인 대규모 공사에 자유민 노동이 상당수 이용되었을 것이라는 점 등을 고려할 때, 노예의 수치는 20만 명 정도로 보는 것이 타당하게 여겨진다. 즉, 그 동안의 논의를 통해서 대체로 인정되는 수치는 여성과 아이 40만 명, 거류 외인 8만 명, 노예 20만 명이다.[213]

인구 문제 이외에 1인당 곡물 소비량도 도입 곡물량을 파악하는 데 필수적이다. 지중해 세계의 대표적인 곡물은 밀과 보리였다. 그러나 보리는 밀에 비하여 같은 부피에서 칼로리가 적고 운송하기에 불편하였으며, 결정적으로 당시 기술로는 껍질을 벗겨서 빵으로 만들기가 어려웠다. 기원전 5세기에 제빵 기술이 발명된 이후, 껍질이 쉽게 벗겨지고 글루텐 함량이 높은 밀이 각광을 받게 되었다. 근대 식품영양학에 의하면 성인 남자 한 사람이 매일 섭취해야 할 칼로리는 3,300칼로리인데, 매월 밀 5모디우스에 의해서 매일 제공되는 칼로리는 3,000-3,500칼로리다. 따라서 부식으로 공급되는 칼로리를 생각할 때, 한 달 식량으로 밀 5모디우스는, 한 사람이 먹기에는 너무 많고, 한 가족이 먹기에는 너무 적은 양이다. 공화정기 군단병에게 지급되는 밀은 매월 3모디우스였다. 카토는 기원전 2세기에 자신의 노예에게 주는 배급량을 밝히고 있다. 사슬에 메이지 않은 경작노예들은 매월 4-4.5모디우스의 밀이 제공되었고, 힘들지 않은 일을 하는 노예에게는 3모디우스, 가장 힘든 일을 시키는 사슬에 묶인 노예들에게는 매월 4.8-6모디우스의 밀이 제공되었다. 로마에서 평균 곡물 소비량은 매년 일인당 40모디우스로 인정되고 있다. 이렇게 볼 때 아우구스투스 시절 로마시 인구를 1백만 명으로 보면 로마에 필요한 곡물은 최대 4천만 모디우스였다. 따라서 위에서 추론한 6천만 모디우스의 수치가 오류라는 점을 알 수 있다. 이러한 오산이 나오게 된 원인은 아우구스투스 시대와 네로 시대에 이집트와 아프리카 속주의 곡물 생산량의 비중이 변하였기 때문이라고 보아야 한다. 즉, 이것은 네로 시대에 이르러 아프리카가 이집트를 제치고 로마시에 곡물을 공급하는 제1의 곡창이 되었음을 뜻하는 것이다.

공화정기 이래 아프리카는 정복 전쟁을 통하여 로마의 속주로 편입되었고, 이러한 과정의 결과 아프리카의 토지 소유는 대농장이 특히 발달한 점이 특징이었다. 원로원 의원, 기사, 그외 부유한 사람들은 기존의 아프리카의 소토지 소유자들을 희생시켜 대농장을 만들어갔고, 이러한 대토지 소유 경향은 제정 초기에도 계속되었다.

제정기에 새로이 확대된 지역은 곡물생산에는 적합하지 않은 지역이었다. 제정 초기에 로마 영토에 편입된 2개의 마우레타니아 속주와 렙티스 마그나 등의 지역은, 아틀라스 산맥과 사하라 사막 쪽의 지역으로서 강수량이 부족하고 토양이 척박하여 밀 재배에 적합하지 않았다. 따라서 이집트를 제외한 아프리카 대륙에서 곡물 재배에 적합한 지역은 키레네 지역과 옛 카르타고 영토인 아프리카 속주의 해안 지대였다. 그러나 곡물 재배를 위하여 특히 중요한 지역은 카르타고시 배후의 바그라다스강과 밀리아나강의 계곡이었다. 이곳에서는 가장 집약적으로 농지가 경작되었고 황실 농장이 매우 조밀하게 밀집되어 있었다. 항구 카르타고뿐만 아니라 히포 디아리투스(Hippo Diarrhytus), 히포 레기우스(Hippo Regius), 루시카데(Rusicade), 살다이(Saldae) 등의 항구가 로마로 밀을 수출하는 주요 항구였다. 특히 카르타고와 히포 디아리투스항의 상인들은 오스티아 항구의 조합 광장에 사무실을 가지고 활발하게 활동하였다. 제정기 아프리카 대농장은 부재지주에 의한 토지 소유 비중이 컸고, 그 결과 잉여 산물의 상당부분이 아프리카의 외부로 유출되었다. 특히 기원후 1세기 동안에는 비아프리카 출신 인물에 의한 토지 소유가 특히 컸다.

아프리카가 황제의 곡물공급감독직을 위한 곡창으로 개발되었다는 점은 아프리카에 황실 영지가 확대된 사실과 관련이 깊다. 황제는 막강한 권한을 이용하여 몰수, 기부, 유증, 상속 등의 방식을 동원하여 황실영지를 늘려갔다. 국고와 황실 사금고 사이의 구별이 무의미해진 상황에서 아프리카에서 거두는 세금과 황실 영지의 지대 수입은 황제의 '곡물공급감독' 직을 위한 주요 재원이 되었기 때문이다.[214]

황실 농장의 소작인들은 현물로 지대를 납부하였는데 밀, 보리, 포도주, 기름은 생산량의 1/3, 콩은 1/5을 납부하였다. 추측컨데 공유지의 소작인들은 지대를 현물로 납부하였을 것이다. 제정 초기 아프리카의 조세 제도에 대해서는 알려진 바가 많지 않다. 원수정기에 아프리카가 다른 속주와 비교해 볼 때 세금 문제에서 어느 정도의 대우를 받았는지는 확실하지 않다. 수확물의 절반을 내야 한 이집트보다는 나았음이 분명하지만, 제정 초기 수십 년 동안 푸블리카니가 존재하던 점과 그 세금 처우 제도가 보다 억압적이던 점을 생각해 볼 때, 푸블리카니가 없던 히스파니아와 갈리아보다는 대우가 못하였음이 분명하다. 그러나 적어도 율리우스-클라우디우스 왕조기에는 공화정기의 제도 즉, 기원전 111년 농지법에 규정된 내용이 계속되었을 것으로 여겨진다. 퇴역병인 경우를 제외하면 새로이 이주한 자든 원주민이든지 간에, 토지를 소유한 자들은 십일세를 돈이나 현물로 납부하였을 것인데 대부분 아마도 현물로 납부하였을 것이다. 이렇게 해서 모은 양이 부족할 경우에 국가는 부족분을 돈을 주고 구매하였을 것이다.[215]

이와 관련하여 플리니우스의 유명한 다음 구절은 재평가되어야 한다.

> 진실을 말하자면 라티푼디아가 이탈리아를 파괴하였다. 그리고 이제는 또한 속주를 파괴하고 있다. 아프리카의 속주는 여섯 명의 지주가 그 절반을 소유하고 있는데 네로가 그들을 처형하였다.[216]

네로의 이 조치는 비문 사료를 통해서 확인된다. 여섯 명의 대지주들(sex domini) 중에서 두 명은 확인되었는데, 한 사람은 59년에 독살당한 도미티아 레피다(Domitia Lepida)이고, 다른 한 명은 62년에 살해당한 루벨리우스 플라우투스다. 특히 카르타고의 배후에 있는 아인-엘-드제말라(Ain-el-Djemala) 지역에서 나온 하드리아누스 시절의 한 비문에는 '네로의 농장'(saltus Neronianus)이라는 말이 새겨져 있다. 그 농장은 '블란두스의 농장'(saltus Blandianus), '우덴시스의 농장'(saltus Udensis) 그리고 '라미아의 농장'(saltus Lamianus) 등의 일부와 '도미티아의 농장'(saltus Domitianus)을 합친 것인데, 그것은 아마도 네로의 농장 이전의 소유주를 나타내는 것일 것이다.

　네로의 아프리카 농장 몰수 조치는 네로의 악행을 비난하는 한 근거로 평가되어 왔다. 그러나 이 조치로 네로는 루벨리우스 블란두스(Rubellius Blandus) 등 정적을 제거하였을 뿐만 아니라, 바그라다스강 계곡 등 주요 곡물 생산 지역을 황실 영지로 차지하게 되었다. 루벨리우스 블란두스는 네로에 의해서 살해를 당한 루벨리우스 플라우투스(Rubellius Plautus)의 아버지로서, 소아시아에서 가장 넓은 토지를 가지고 있었다. 황제의 영지는 아프리카 경작 토지의 거의 1/6을 포함하게 되었고 그리하여 로마의 식량공급을 위하여 중요한 역할을 할 수 있게 되었다. 이렇게 황실 영지를 확장함으로써 이제 단순히 토지세로서 수확의 1/10을 거두어 가는 것이 아니라, 이전에는 옛 소유주들이 거두어 가던 지대를 황제가 거둘 수 있게 된 것이다.

　제정기에 들어서 아프리카의 도시화가 진행될수록 로마로 수출되는 밀을 확보하는 일은 더욱 어려워졌다. 로마 제정기에 아프리카의 인구가 가장 늘어난 시기는 2세기였다. 그러나 이미 율리우스-클라우디우스 왕조기에도 도시가 발전하면서 아프리카의 농업에 부담이 되었다. 네로 시대 아프리카의 인구는 삼백만 내지 사백만 명에 달하였고 그중 도시 인구는 약 1/3에 달한 것으로 추산된다. 아프리카의 도시 인구를 먹여 살리는 데에도 많은 곡물이 필요하던 것이다. 따라서 네로는 로마에 수출되는 곡물을 보다 안전하게 확보하면서도 아프리카에 필요한 곡물에 지장을 초래하지 않기 위하여, 도시와는 멀리 떨어진 곳에 황실 영지를 만들고자 하였다. '여섯 명의 대지주'의 농장이 자리잡은 바그라다스강 계곡은 이러한 의도에서 선택된 지역이었다.

　황제가 토지를 소유하게 되고 수확의 1/3 가량을 지대로 납부하며 황제의 대리인이 감독을 하게 되면서, 아프리카에서는 국가와 그 대리인이 직접 소유하거나 감독하는 곡물이 더욱 더 많이 생산되었다. 아프리카에서 세금으로 거두어진 양이 아프리카 전체 곡물 수출량중에서 얼마나 차지하였을 것인지는 논란이 되고 있지만, 만약 시실리에 대하여 키케로가 말하는 수치가 여기에 적용될 수 있다면 로마로 들어오는 아프리카 곡물의 1/3은 직접세로 거두어진 곡물일 것이다.[217]

이러한 이유로 인하여 아프리카는 기원후 1세기 중엽 이후 로마의 주요 정치 위기시마다 제위에 대한 야심가들의 초미의 관심사였다. 후술하게 될 68년 네로의 몰락의 경우 이외에도, 69년 이집트에 진군한 베스파시아누스가 로마로 진군하기 전에 아프리카를 먼저 장악한 점, 70년 폭풍으로 인하여 아프리카의 곡물선단이 오지 못하자 로마 주민이 반란이 일어난 것으로 오해하고 일어난 정치적 해프닝, 2세기 말 셉티미우스 세베루스가 정적 니게르의 아프리카 장악을 견제하기 위하여 노심초사하던 점 등은 이러한 사실을 잘 말하여 준다.

아프리카의 행정을 위한 지역 사무소가 카르타고 이외에도 아마도 베스파시아누스 황제 때부터 하드루멘툼, 테베스테(Theveste), 타무가디 투가(Thamugadi Thugga), 히포 레기우스 등의 도시에 설치되었을 것이다. 황제는 아프리카의 주요 곡물공급지를 소유하게 되었고, 그의 대리인인 곡물공급관은 곡물공급 계획을 효과적으로 수행할 수 있게 되었다. 베스파시아누스 시절에 이러한 사무소들이 아프리카에 설치되었다는 사실은, 네로의 아프리카 농업 개발이 일시적이 아닌 영속적인 결과를 낳았음을 보여 주는 것이다. 앞서 살펴본 바와 같이 요세푸스가 네로 시절에 아프리카는 이집트 수출 곡물량의 두 배인 '8개월분의 곡물을 로마에 수출하였'고 말하게 된 배경은, 바로 이러한 아프리카의 농업 개발에 의해서 가능하게 된 것이다. 코모두스 황제는 2세기 말에 아프리카의 곡물을 안전하게 운송하기 위하여, 국영 곡물 상선대를 조직하였다. 아프리카 곡물의 중요성을 보여 주는 또 다른 증거다.

아프리카 개발 이외에도 네로는 조직적인 곡물 정책을 시도한 프린 켑스였다. 네로는 집권 전반기인 58년에 속주의 곡물 사정을 개선하기 위하여 징세청부업자(publicanii)의 횡포에 대한 제재조치를 취하였다. 그는 이탈리아의 곡물 생산을 늘리기 위하여 인근 폰티누스 습지의 물을 빼내어 경작지로 활용하고자 계획하였다. 특히 오스티아 항구의 내항 공사를 64년 이전의 어느 시기에 완공하여 곡물의 원활한 공급을 위하여 노력하였는데, 그 공사는 푸키누스호수의 배수 공사와 상수도 건설공사보다도 더욱 힘든 공사였다. 푸키누스호수 배수작업에는 3만 명의 사람이 11년간 작업을 벌였다.

네로는 치세 후반기에 발행된 주화를 통하여 곡물 문제에 대한 이러한 자신의 관심을 표명하였다. 고대 주화에 대한 연구는 문헌 사료 상의 내용을 확증하여 주고 문헌 사료상으로 나타나지 않은 사실을 보충해 주며, 실행되지 않은 정책 등의 계획에 대하여 알려주는 점에서 역사 연구에 중요하다. 네로의 주화에 새겨진 'ANNONA', 'CERES', 'CONGIARIUM' 등의 명문은 곡물 문제에 대한 그의 커다란 관심을 보여 준다. 특히 오스티아 항구 내항공사를 기념하는 세스테르티우스 주화의 발행은 안정된 곡물공급에 대한 네로의 관심과 오스티아 항구의 중요성을 잘 보여준다[218](사진21).

주화에는 '오스티아 시의 황제의 항구'(AVGVSTI POR(tus) OST(iae)), '원로원의 결의'(SC)라는 명문이 주위에 새겨져 있고, 선박의 정박 시설

(사진21) 네로 시대의 주화 :
64년 오스티아항구

이 가장 자리에 표시되어 있다. 아래에는 바다의 신 넵투누스가 묘사되어 있고 모두 일곱 척의 선박이 떠 있는 항구의 조감도 풍경이 묘사되어 있다.

황제에게는 긴급한 상황이 벌어졌을 때 자유롭게 이용할 수 있는 인접 지역이 필요하였다. 거대한 창고를 지어 비축 식량을 갖추는 일도 중요하지만, 그 조치는 창고의 저장 능력의 한계라는 문제점 이외에도 62년의 경우에서처럼 저장 곡물이 변질되는 불편을 야기할 수 있었다. 64년에 연이은 여러 재난에도 불구하고 곡물 가격이 폭등하였다거나 인민이 소동을 일으켰다는 기록은 나오지 않는다. 네로는 아프리카를 로마의 곡창으로 개발함으로써 아프리카 개발을 통하여 그에 대처할 수 있던 것이다.

## 4. 68년 로마시 곡물위기와 네로의 몰락

네로는 집권 후반기에 들어서 친평민적 정책을 실시하였고 안정된 곡물공급을 위하여 노력하였다. 62년에 네로는 파이니우스 루푸스를 친위대장직에 임명하였다.

> 파이니우스 루푸스는 군중의 사랑을 받았는데, 왜냐하면 그는 사욕을 채우지 않고 로마시에 곡물을 공급하는 일을 감독하였기 때문이다.[219]

파이니우스 루푸스가 친위대장직에 오르기 전에 맡던 곡물공급감독직이란 바로 '곡물공급관' 직을 가리키는 것이다. 곡물공급관직의 정치적 중요성과 곡물 문제를 네로가 중시하였음을 보여주는 인사조치다.

네로는 곡물위기가 닥칠 때마다 주민을 안심시키고 부족한 곡물을 들여오는 데 적극적이었다. 62년 오스티아 항과 티베르 강에서 곡물선이 화재와 폭풍우로 파괴되어 로마에 식량 위기가 닥쳤다. 네로는 저장 중인 곡물 중에서 상하여 못먹게 된 곡물을 티베르 강에 풀어서 주민을 안심시켰으며 긴급히 곡물을 수송하도록 하여 곡물위기를 해소하였다. 그는 64년 로마시 대화재 직후에 주민을 구제하고 급박한 식량 사정을 해결하기 위하여 노력하였다.

그럼에도 불구하고 네로의 몰락 원인에는 심각한 로마시 곡물위기가 크게 작용한 것으로 판단된다. 이것은 어찌된 일인가? 네로 정권의 붕괴 순간에 로마시에 곡물위기가 닥쳤다는 구체적이고 직접적인 언급은 나오지 않는다. 다만 수에토니우스는 네로 치세기간 중에서 구체적으로 언제인지는 밝히지 않으면서 다음과 같이 쓰고 있다.

그가 높은 곡가를 이용하여 사리를 취하였기 때문에 그를 증오하는 감정은 더욱 커졌다. 인민이 굶주림으로 고통을 당하는 동안 궁중 레슬러들을 위한 모래를 실은 배가 알렉산드리아로부터 도착하였다는 이야기가 전해졌다. 그리하여 그가 모든 이들의 증오를 받게 되자 그에게 온갖 욕설이 가해졌다. 그의 동상 머리 위에 곱슬 머리가 얹혀졌고 그리스 어로 다음과 같은 낙서가 쓰여졌다. '이제 진짜 시합이다. 너는 마침내 항복해야만 한다.' 또다른 동상에는 자루가 묶여졌고 다음과 같은 글귀가 쓰여졌다. '나는 내가 할 수 있

는 것을 했다. 그러나 너는 그 자루를 얻었다.'[220]

고대 로마에서 부친을 살해한 자는 개, 원숭이, 뱀, 수탉 등과 함께 자루에 넣어서 바다에 버렸다. '진짜 시합'이라는 말은 그 동안 네로가 무대에서 벌어진 경연에서 언젠가 우승을 한 사실을 빗대는 말이다. 위의 글에서 수에토니우스가 언급하는 상황이 어느 정도 사실인지는 확실하지 않다. 먼저 이러한 수에토니우스의 언급과 관련이 있는 이야기가 타키투스나 디오의 글에는 나오지 않는다. 오히려 타키투스는 『역사』 제 1권에서 네로의 사후 오토의 치세에 대하여 설명하면서 이와 모순되는 설명을 하고 있다.

> 모든 돈은 이제 병사들에게 이용되었고 식량의 가격은 폭등하였다. 그런 일은 일찌기 빈덱스의 봉기시에 평민들에게 없었다. 왜냐하면 그 당시 로마시는 안전하였고 전쟁은 속주에서 벌어지고 있었기 때문이다……[221]

타키투스는 69년에 오토가 비텔리우스와의 결전을 준비할 때 상황과 68년 봄 빈덱스의 봉기가 일어났을 때 로마시의 곡물 사정을 비교하면서, 전자의 상황에서 로마 주민은 곡물가격이 폭등하여 고통을 겪었으며, 그러한 고통은 이전에 빈덱스의 봉기시에도 없던 일이라고 말하고 있다. 그러나 수에토니우스가 '기근'(fames)이라는 표현을 쓰면서 주장하고 있는 내용을 전적으로 부정하기는 어렵다. 타키투스의 이야기는 69년의 상황이 68년보다 더욱 심각하였음을 의미하는 정도로 받아들여야 한다.

네로가 높은 곡가를 이용하여 폭리를 취하였다는 수에토니우스의 주장은 인정하기 어렵다. 공화정 말기 이래 집권 정치가는 위기시마다 식량 문제와 연관하여 비난의 대상이 되어 왔다. 폼페이우스, 키케로 그리고 안토니우스가 그로 인하여 로마 주민의 비난의 대상이 되었다. 제정기에는 황제들도 이 이유로 비난을 받았다. '인민을 굶주리게 하는 자'라는 비난은 인민의 지지를 상실한 통치자에게 흔히 가해지는 욕설이었다.

'인민을 굶주리게 한' 자로 비난 받은 인물에는 네로와 칼리굴라 이외에도 옥타비아누스가 있다. 기원전 40년 당시 로마는 섹스투스 폼페이우스와의 전쟁을 벌이는 중이었고, 시실리를 장악하고 있던 폼페이우스가 로마로 가는 곡물선단을 차단하여 로마는 극심한 곡물위기를 겪던 중이었다. 옥타비아누스는 섹스투스 폼페이우스와 싸움을 중지하고 강화하라는 인민의 요구를 거부하였기 때문에 인기를 잃고 이러한 비난을 받았다. 당시 옥타비아누스는 인민이 굶주림에 고통을 받는 동안 '12일간 잔치'를 벌였다는 비난을 받았다. 곡물 문제와 관련된 주민의 이러한 민감한 반응과 소문을 생각할 때, 네로황제에 대한 비난을 그대로 믿기는 어렵다. 제정기 황제들조차도 자유 시장을 조종하는 일은 불가능하였으며, 따라서 식량 부족 사태를 정치적 계략의 하나로 조작하는 일은 불가능하였다.[222]

이렇게 생각해 볼 때 수에토니우스의 글에 나오는, 낙서를 통해서 황제를 비방한 자들이 주민 중 어느 계층의 사람들이었는가에 대해서 다시 생각해 볼 필요가 있다. 낙서나 팜플릿 등 문자를 이용한 시위는 문헌 사료상으로는 네로 시대 이전에 두 차례 확인된다. 낙서를 통해서 네로를 비방한 자들이 타키투스의 글에 나오는, 네로가 죽은 직후에 그의 죽음을 애도한 '미천한 평민'(plebs sordida)일 리는 없다.

고대 세계에서 문자의 해독률은 그리 높지 않았다. 따라서 낙서 등 문자를 이용한 시위는 식량 부족으로 고통당하던 평민들이 이용한 것이라기 보다는, 황제와 정치적 갈등을 보이던 원로원 귀족들과 그 휘하의 피호민들이 주로 이용하던 방식이었을 것이다.[223]

수에토니우스는 네로 전기 중에서 제 40장에서 제 49장까지 모두 10개의 장에 걸쳐 네로의 몰락에 대하여 썼다. 즉, 그는 제 40장 1절에서 58년 3월 경으로 추정되는 빈덱스의 봉기 이야기를 시작하여 제 49장 4절에서 네로가 자결하는 것으로 이야기를 정리한다. 그러나 수에토니우스의 저술 순서만 가지고 제45장에 나오는 위의 구절이 68년의 상황이라고 단정할 수는 없다. 왜냐하면 수에토니우스는 연대기적 서술 방식 만을 따른 것이 아니라, 네로의 치세를 덕행과 악행으로 양분한 후에, 그에 해당하는 이야기를 시기에 관계없이 끌어다 이용하였기 때문이다.[224]

그러나 수에토니우스의 글을 통해서 네로 치세 언젠가에 로마시에 곡물 부족 사태가 있었다는 점은 인정할 수 있다. 그 시기는 구체적으로 언제일까? 그와 관련된 내용으로 우리는 몇가지 점을 생각해 볼 수 있다. 첫째, 수에토니우스의 인용문에 나오는 '곱슬머리'의 비유를 통해서 우리는 그 시기가 네로의 그리스 여행이 끝난 이후라는 점을 생각할 수 있다. 곱슬 머리 가발은 분명히 그가 그리스 여행 중에 긴 머리를 한 것을 빗대는 것이다. 둘째, 68년 4월 중순 이후 네로는 갈바가 빈덱스의 봉기에 가담하였다는 소식을 듣고 이탈리아에 군단병력을 소환하였다. 그리하여 북부 이탈리아에 발칸 반도에서 온 군단병이 다수 집결하였고, 이탈리아와 로마시에서도 새로이 군대가 모집되어 군량미 조달의 부담이 컸다. 이런 상황에서 로마시 곡물이 군량미로 전용됨으로써 로마시에 기근이 발생하였을 가능성이 매우 높다. 셋째, 만약 위의 곡물부족사태 시기를 68년 초로 잡는다면 타키투스 의 『연대기』에 이러한 상황에 대한 언급이 나오지 않는 점이 자연스럽 게 이해된다. 이 시기에 대한 타키투스의 『연대기』는 전해 오지 않기 때문이다.

　이러한 점들을 고려해 볼 때, 68년 늦봄이나 초여름에 로마시에 기 근이 닥쳤을 것으로 여겨지며 수에토니우스의 위 구절도 그 상황을 설 명하는 것으로 보인다. 그러면 이때 로마의 곡물 사정이 악화된 이유 는 무엇인가? 68년 봄 상황에서 로마에 식량부족 사태가 발생한 결정 적인 이유는 바로 아프리카 곡물공급이 차단당하였기 때문이다. 아프 리카 밀에 대한 로마의 의존도는 그 어느 때보다도 높았다. 이러한 상 황에서 아프리카 총독 마케르의 봉기로 인하여 곡물공급이 중단되자 로마시는 극심한 식량 위기를 겪을 수 밖에 없던 것이다. 로마의 식량 봉쇄로 인한 피해를 가장 심하게 그리고 직접적으로 당한 사람들은, 일반 시장에서 필요한 일용 식량을 구입하는 로마의 보통 주민들이다. 귀족이나 기사와 같은 높은 신분의 사람들은 가내에 비축 식량을 마련 해 두었을 것이기 때문이다. 마케르의 반란으로 인하여 로마가 기근에 휩싸이자, 로마시에서 네로황제는 평민의 지지를 상실하고 말았으며, 더 이상 정국의 주도권을 행사할 수 없게 되었다.[225]

# 8 제8장 '네로의 전쟁'과 네로의 몰락

## 1. 가이우스 빈덱스 봉기의 성격

'네로의 전쟁'은 초기 원수정 체제의 성격을 이해하는 데 대단히 중요하다. '네로의 전쟁'이라는 표현은 타키투스가 사용한 말로 68년 3월 중순 빈덱스의 봉기에서부터 그 해 6월 초순 네로가 자결할 때까지의 내란기를 가리킨다. 그러나 지금까지의 수많은 논의에도 불구하고 그에 대해서는 여전히 많은 논란이 있다.

'네로의 전쟁'을 처음 촉발시킨 인물은 속주 갈리아 루그두넨시스(Gallia Lugdunensis)의 총독 가이우스 율리우스 빈덱스(Gaius Julius Vindex)였다. 그는 아키타니아 왕실 가문의 후손이었다. 그 가문의 인물들은 클라우디우스 황제 시대에 원로원에 가입하였다. 그는 원로원 의원으로서 로마에 대한 충성심이 높고 지적인 인물로 명성을 얻고 있었다. 그가 봉기한 정확한 날짜는 문헌 사료상으로는 알려져 있지 않다. 그러나 긴박하게 진행된 '네로의 전쟁' 동안 주요 사건의 정확한 날짜를 파악하는 일은 주요 인물의 정치적 의도를 파악하는 데 중요하다.

문헌 사료에는 네로가 어머니 소 아그리피나의 기일(忌日)에 나폴리에서 빈덱스의 봉기 소식을 들었다고 전한다. 그렇다면 아그리피나의 사망일은 언제일까? 그녀는 59년 미네르바 축제(Quinquatrus) 기간 동안 죽음을 당하였는데, 그 축제는 3월 19일부터 23일까지 열렸다. 타키투스의 글에는 아그리피나가 구체적으로 몇 일에 죽음을 당하였는지 암시하여 주는 흥미로운 구절이 나온다. 그는 아그리피나가 죽음을 당한 당시 상황에 대해서 설명하면서, 그녀는 아들 네로가 화해를 가장하여 베푼 만찬에 밤늦도록 참석하고 난 후 자신의 별장으로 돌아오다가 호수 한 가운데에서 타고 가던 배가 난파되는 음모를 당하였는데 그때 '밤하늘에 별들이 빛나고 있었다' (noctem sideribus inlustrem)고 말하고 있다. '별이 빛나고 있었다' 는 이야기는 아직 달이 뜨지 않았음을 암시한다. 아그리피나는 호수에 빠졌지만 호숫가로 헤엄쳐 나와 목숨을 건졌다. 그녀는 아들의 음모라는 것을 알았다. 그러나 급박한 당시 상황에서 목숨을 보전하기 위해서는 모른 체해야 한다고 판단하고, 사절을 네로에게 보내

(사진22) 소아그리피나의 두상
밀라노 고고학박물관

어 사고 소식과 함께 자신은 다행히도 무사하다고 전하였다. 어린 시절부터 혹독한 궁중 음모 속에서 견뎌 온 게르마니쿠스 가문의 철의 여인다운 발상이었다(사진22). 그러나 그녀의 계산이 이번에는 적중하지 못하였다. 아그리피나의 생존 소식을 들은 네로는 크게 당황하였다. 그는 어머니 아그리피나의 복수와 원로원의 비난이 두려웠다. 결국 그는 그 사절에게 자신을 암살하려 했다는 누명을 씌운 후, 어머니 아그리피나를 살해하도록 명령을 내렸다. 이 일련의 일들이 모두 당일 동이 트기 이전에 이루어졌다. 그 상황 전개에 소요된 시간을 추산해 볼 때, 보트 음모 사건이 벌어진 시간은 자정 무렵이었을 것으로 볼 수 있고, 그렇다면 그 날짜는 3월 24일 새벽으로 보아야 한다. 과학적으로 따져 볼 때, 68년 3월 23일 달이 뜬 시각은 밤 12시 50분경이었고 동이 튼 시각은 오전 5시 57분이었다. 이 견해는 네로가 로마에 있는 원로원에 아그리피나의 죽음 소식을 전하는 데 걸린 시간을 고려해 볼 때에도 타당하다. 네로가 빈덱스의 봉기 소식을 들은 시간이 어머니의 기일인 68년 3월 24일이었다고 보면 봉기 소식이 갈리아에서 로마에 전해지는 시간을 고려해 볼 때 빈덱스가 봉기를 일으킨 날짜는 3월 중순경이 될 것이다. 정부의 급사(急使)가 공마(cursus publicus)를 이용하여 소식을 전하기 위하여 육로로 이동하는 속도는 보통의 경우 하루에 50로마마일이었고 긴급 상황이 발생하였을 경우에는 150로마마일까지 속력을 내었다. 본고에서는 68년 당시의 긴급 상황과 장거리 연락이었다는 점을 감안하여 소식을 전하는 사절의 이동 속도를 하루에 100로마마일로 가정하겠다.[226]

　　20세기 중엽에 이르기까지 빈덱스의 반란은 로마의 지배를 벗어나고자 하는 갈리아 민족주의 운동이었다는 견해가 지배적이었다. 이 견해를 처음 주장한 인물은 독일인 쉴러였고 헨더슨과 모밀리아노가 그 뒤를 따랐다. 싸임 역시 이러한 견해를 계승하여 빈덱스의 봉기는 "로마의 권력에 대항한 토착민의 봉기"라고 설명하였다. 특히 쉴러는 플루타르쿠스의 다음 구절에 주목한다.

> 갈바는 빈덱스의 대담한 조치에 자신의 이름을 단순히 빌려 줌으로써, 빈덱스의 반란에 내란의 성격을 부여하였다. 왜냐 하면 빈덱스의 반란은 통치자가 될 자격이 있는 자를 비로소 얻었기 때문이다.[227]

즉, 쉴러는 반란과 내란을 구별하는 플루타르쿠스의 이러한 언급이야말로 갈바를 끌어들이기 이전에 빈덱스의 목표는 로마의 제위를 차지하려는 것이 아니라 갈리아의 독립이었음을 분명하게 보여주는 것이라고 주장한다. 그 외에도 그들은 타키투스의 『역사』에 나오는 구절을 근거로 제시한다.

> 따라서 그들은 전쟁과 새로운 싸움을 찾았다. 그들은 더 이상 갈리아 인을 이전처럼 동맹자라고 부르지 않았고, 적 그리고 정복된 자라고 불렀다.[228]

즉, 타키투스의 표현에 의하면 라인 군단병들은 갈리아 인들을 적으로 간주하고 있다는 내용이다. 그들을 적으로 간주하였다는 것은 그들이 결국 로마의 지배를 거부하는 정치적 태도를 보였다는 것이며, 따라서 빈덱스의 봉기는 로마의 지배에 반대하는 독립 운동이었다고 그들은 주장한다. 그러나 이것은 69년 초 부유한 갈리아 속주를 약탈하여 전리품을 얻으려는 욕심에 사로잡힌 군단병을 묘사하는 내용이다.

그들의 감정을 근거로 하여 라인 군단이 로마의 지배권을 확보하였고, 빈덱스의 봉기는 반로마적인 것이었다라고 보기는 어려운 상황이었다. 특히 그 다음에 나오는 타키투스의 언급에 주목할 필요가 있다.

> 사실 갈리아 속주들 중에서 라인강에 인접한 지역의 주민들은 같은 편에 속해 있었고, 병사들을 부추기어 갈바의 무리들(Galbianos)을 쳐부술 것을 선동하였다. 그들은 빈덱스를 조롱하면서 그들을 그렇게 불렀다.[229]

라인 군단의 편을 들던 갈리아의 일부 속주민들이 빈덱스 세력을 '갈바의 무리'라고 부른 내용이다. 그러한 표현은 빈덱스의 봉기가 로마의 지배에 반대하는 것이 아니라 갈바와 연계되어 있고, 갈바가 대의로 제시한 바와 같이 네로의 지배에 반대하는 것이었음을 보여주는 것이다.

빈덱스가 봉기를 시작하면서 갈리아의 민회에서 행한 연설은 그 봉기의 성격을 잘 보여준다.

> 그는 전로마 세계를 망쳐 놓았습니다. 왜냐하면 그는 원로원의 지도자들을 살해하였고 자신의 어머니를 유혹하고 살해하였으며 최고 주권자의 겉모습조차 지키지 않았기 때문입니다…그렇다면 그 누가 그런 인물을 카이사르, 지배자, 아우구스투스라고 부를 것입니까? 결코 그렇게 부르지 않을 것입니다. 어느 누구도 이 신성한 칭호를 더럽히지 못하도록 합시다. 그 칭호들은 아우구스투스와 클라우디우스가 지닌 칭호였습니다…그러므로 이제 힘을 다하여 그 자에 대하여 봉기합시다. 그대들과 로마인들을 구원하시오. 전 세계를 해방시키시오![230]

빈덱스는 거사를 하는 자신들뿐만 아니라 로마인을 도와 줄 것과 황제 자격이 없는 자의 지배로부터 전세계를 해방시켜 줄 것을 갈리아인에게 호소하고 있다. 즉, 빈덱스는 로마의 지배로부터 갈리아인을 독립시키려 한 것이 아니라 네로의 폭정에 반대하고 그를 몰아내려 하였다.

20세기 중엽 이후 주전학의 연구 성과를 통해서 이 점은 확실하게 드러난다. 주화에 기록된 내용들을 통해서 우리는 빈덱스가 자신을 전통적인 로마의 가치들을 강조하고 폭군에 대항하여 로마 공동체를 지키는 인물로 표현하고자 노력하였음을 알 수 있다. 그 곳에는 '인류의 안녕' (SALVS GENERIS HUMANI), '구원과 자유' (SALVS ET LIBERTAS), '로마 인민의 수호신' (GENIUS P R), '부활된 로마' (ROMA RESTITUTA), '평화' (PAX), '자유' (LIBERTAS) 등의 명문이 새겨져 있다. 이처럼 빈덱스는, 아우구스투스가 세운 국법에 의한 원수정 체제를 가지고 폭군의 통치를 밀어내겠다는 정치적 태도를 분명하게 선전하고 있으며, 갈리아 민족주의에 대한 내용은 전혀 발견되지 않는다. 갈바 역시 네로에 대한 충성을 포기한 후, '회복된 자유' (LIBERTAS RESTITUTA), '새로이 탄생한 로마' (ROMA RENASC(ens)) 등의 명문이 새겨진 주화를 발행하여 로마의 전통을 강조하고 선전하였다. 즉, 그들은 원로원과 로마 인민에 대한 충성을 강조함으로써 로마의 정치적 전통을 존중할 것임을 분명히 하였다.[231]

빈덱스는 사전에 면밀하게 계획한 후에 봉기하였다. 그 근거로서 첫째, 그는 추방된 원로원 의원과 사전에 서신을 주고 받았으며 속주 총독들을 매수하려 했다. 네로는 빈덱스의 반란 소식을 접하자마자 모든 추방자들과 총독을 제거하려 하였는데, 이것은 당시 황제 네로와 원로원 신분 여러 인물들과의 갈등을 보여주는 것이다. 빈덱스의 편지 내용이 무엇이었는지, 누구누구의 이름이 적혀 있었는지는 알려져 있지 않다. 구체적으로 그 주요 인물의 이름이 거명되지는 않은 것 같은데, 왜냐 하면 빈덱스의 동참 요구를 서신으로 전해 들은 아키타니아의 총독은 빈덱스의 제의를 거절하고 갈바에게 도움을 요청하고 있기 때문이다. 즉, 그는 갈바가 빈덱스와 같은 편에 서게 될 것임을 모르고 있던 것이다. 따라서 빈덱스의 서신은 소수의 음모가들 사이에서 오가던 것이 아니라 네로의 실정을 비난하고 원로원 신분의 대의명분을 강조하면서 여러 총독의 동참을 공개적으로 호소하는 글이었을 것이다.

둘째, 빈덱스는 베르기니우스 루푸스의 전임 사령관인 스크리보니우스 형제와 이미 반란에 대한 예비 교섭을 하였을 가능성이 있다. 빈덱스는 봉기를 시작하면서 행한 연설에서, 자신은 그리스에서 네로의 범죄적 행위들을 목도하였다고 말하였다. 디오의 글에 나오는 빈덱스의 연설과 네로의 그리스 여행에 나오는 이야기는 여러 면에서 일치하며, 따라서 빈덱스의 주장이 사실일 가능성이 높다. 만약 빈덱스가 네로의 그리스 여행 중에 그리스에 있었다면, 그리스로 소환되어 죽음을 당한 스크리보니우스 형제와 함께 있었다는 말이 된다. 그는 스크리보니우스 형제와 함께 그리스에 있다가 간신히 네로로부터 목숨을 건지고 자신의 속주에 돌아와 봉기를 하게 된 것일 것이다.

이와 관련하여 갈바의 태도 역시 주목된다. 갈바는 빈덱스의 거사 계획을 사전에 알고 있었다. 빈덱스가 봉기 이전에 속주 총독들에게 보낸 서한을 돌렸기 때문이다. 그러나 갈바는 빈덱스의 제안에 대하여 아무런 태도도 보이지 않았다. 많은 속주의 총독들은 빈덱스의 제의를 거부하고 그 편지를 로마에 보내어 빈덱스를 고발하였다. 그러나 갈바는 아무런 조치도 취하지 않은 채 침묵하였다. 따라서 네로는 갈바가 빈덱스에게 가담한 것으로 판단하고 그를 제거하는 명령을 내린 것이다. 그 서신을 갈바가 중도에서 빼앗아 읽게 되었고, 갈바의 선택은 분명하게 되었다. 이와 관련하여 필로스트라투스의 글에는 티아나의 아폴로니우스가 갈바를 만나 빈덱스와 동맹하도록 조언하였다는 내용이 언급되어 있다. 아폴로니우스가 갈바를 만난 시점이 명시되어 있지는 않지만 분명히 빈덱스의 봉기 이전일 것이다. 즉, 갈바는 빈덱스와 사전 협의하였음이 분명하다. 이처럼 빈덱스의 봉기는 갈리아의 민족주의 운동이 아니라 네로의 지배에 반대하는 원로원 세력의 저항의 표현이었다. 이것은 반원로원 정책을 노골적으로 펴던 네로의 치세 말기에 나타난 당연한 결과였다.[232]

몸젠은 빈덱스를 로마 공화국의 자유(libertas)를 부활시키려 한 공화주의자로 설명한다. 그는 빈덱스의 봉기는 "50년전에 사망한 옛 공화국이, 무덤에서 기어나와 원수정 체제에 전쟁을 선언한 모습"이라고 표현하였다.[233] 몸젠은 빈덱스가 네로에 반대하면서 대의 명분으로 '원로원과 로마 인민'을 강조한 점과, 자유를 회복하고 네로의 폭정으로부터 해방시키겠다는 명분을 내세운 사실에 근거하였다. 그러나 제정 초기에 공화정으로의 복귀를 진지하게 고려한 적은 거의 없었다. 사료상으로는 가이우스의 몰락 이후 클라우디우스가 친위대에 의해서 추대되기 전에 원로원 의원들 사이에 그 문제에 대한 논의가 있던 것으로 전해지지만, 구체적인 대안은 없고 탁상 공론에 그치고 말았다. 무엇보다도 평민과 군대가 원수정 체제를 원하였고, 원로원도 공화정체로의 복귀가 불가능하다는 것을 잘 알고 있었다. 제정기 문헌 사료에 나오는 '자유'의 의미를 공화정기와 같은 의미로 해석해서는 곤란하다. 로마인에게 자유는 인간의 천부적인 권리와 능력이 아니라, 로마 법에 의하여 주어진 시민의 여러 권리를 종합한 것이었다. 특히 원수정 체제하 로마의 정치에서 자유는 '원로원의 자유'(libertas senatus)를 의미하였다. 그것은 국가의 중대사가 원로원 의원의 자유로운 의사표현을 통하여 그리고 원로원 회의를 통하여 결정되어야 함을 의미하였다. 즉, 그것은 원로원이 공화정기에서와 같은 최고의 자리를 되찾는 것이 아니라, 황제의 파트너로서 영예로운 지위를 유지하는 것이었다.[234] 따라서 몸젠의 설명은 시대착오적인 것이다.

빈덱스가 네로를 대신할 제위 후보자로서 갈바를 지목한 사실은 '네로의 전쟁'의 성격을 잘 보여 준다. 당시 히스파니아 지방 총독이던 갈바는 겨우 한 개의 군단 밖에 가지고 있지 않은 고령의 인물이었다. 그런 인물을 빈덱스가 선택한 이유는 무엇인가? 여기에서 우리는 앞서 인용한 플루타르쿠스의 설명에 다시 한 번 주목할 필요가 있다.

> 갈바는 빈덱스의 대담한 조치들에 자신의 이름을 단순히 빌려 줌으로써, 빈덱스의 반란에 내란의 성격을 부여하였다. 왜냐 하면 빈덱스의 반란은 통치자가 될 자격이 있는 자를 비로소 얻었기 때문이다.[235]

플루타르쿠스의 그 구절이 의미하는 바는 바로 그 다음 내용 즉, 로마 제국의 '통치자가 될 자격이 있는 자'라는 설명에 의해서 분명히 드러난다. 갈바는 바로 로마 공화정의 전통을 지닌 유력 귀족 가문 출신이었다. 빈덱스가 갈바를 선택한 이유는 바로 이 점 때문이었다. 갈리아 출신인 자신이 제국의 통치자가 되기에는 '네로의 전쟁' 기에 로마의 정치 전통은 너무나 강력했다. 폭군을 몰아내고 공화국의 전통을 회복시키겠다는 자신의 명분을 세우기 위하여 그는 유서깊은 귀족 가문의 인물이 필요하던 것이다. 이 사실은 네로가 보인 반응에서도 분명하게 나타난다. 네로는 빈덱스의 봉기 소식을 듣고도 전혀 놀라지 않았다. 그러나 그는 4월 중순 경에 갈바가 봉기하였다는 소식을 듣고 크게 놀라 군대를 동원하기 시작하였다. 이제 반란이 아니라 내란이 된 것이다.

네로의 의심을 사고 있던 갈바는 사실 빈덱스의 제의를 받아들일 수밖에 없는 상황에 처하였다. 칠버는 갈바가 생명의 위협을 느끼고 전통적인 로마의 노선을 따라서 당파(partes)를 조직하여 반발하였으며, 빈덱스에 이끌려 봉기한 것은 아니라고 주장한다. 그러나 사태를 주도적으로 이끌어 나간 것은 분명 빈덱스였다. 갈바는 봉기 시작부터 죽을 때까지 매우 무기력한 모습을 보여주었으므로 갈바가 봉기를 이끌었다고 추론하는 것은 무리다.

갈바가 로마에서 황제로 승인받기 이전에 이집트의 태수인 알렉산더(Ti. Julius Alexander)의 지지를 얻었다는 점은 사실로 여겨진다. 알렉산더는 7월 6일에 갈바의 명의로 알렉산드리아에서 사람들의 불평을 시정하는 포고를 내렸다. 알렉산더가 네로의 사망 소식을 들은 것은 6월 20일경일 것이다. 히스파니아에서 갈바가 네로의 사망 소식을 들은 것은 6월 18일이었다. 그러나 그 소식만을 듣고 갈바가 이제 자신이 황제의 지위에 오른다고 확신하기도 어려운 상황이었고, 비록 갈바가 자신이 제위에 오를 것이라는 확신을 가졌다고 해도 히스파니아에서 알렉산드리아까지의 거리를 생각할 때, 알렉산더가 포고한 갈바 명의의 포고문이 당시에 갈바로부터 명령을 받아서 나온 것이라고 보기는 어렵다. 결국 갈바와 알렉산더 양자는 네로에 대항한 봉기를

(사진23) 갈바 시대의 주화:
68년 갈바의 두상

사전에 협의하였음을 알 수 있다. 알렉산더가 공포한 포고문에는 빈덱스와 갈바가 주장한 것과 같은 '인류의 안녕' 등 대의 명분이 강조되어 있지만, 그렇다고 해서 그 협의가 갈바가 빈덱스의 봉기에 참여를 선언한 4월 6일 이전에 이루어졌다고 볼 필요는 없다. 따라서 알렉산더와의 사전 협의가 있었다고해서 갈바의 봉기가 빈덱스를 제외하고 혼자서 주도한 것이라고 볼 수는 없다. 즉, 빈덱스가 갈바를 제위 후보자로 선택한 것은 갈바가 사태를 주도하였기 때문이 아니라, 그가 명망있는 원로원 귀족이었기 때문이다[236](사진23).

갈바는 4월 6일 네로에 대항한 봉기를 선언하면서도 황제가 아니라 단지 '원로원과 로마 인민의 대리자'임을 자처하였다. 빈덱스 역시 갈바에게 봉기에 가담할 것을 제의하면서 '인류의 해방자이자 지도자가 되어 줄 것을'(ut humano generi assertorem ducemque se accommodaret) 부탁하였다. 그들은 원로원의 승인이 없는 상태에서 황제의 칭호를 의도적으로 거부하고 있는 것이다. 먼저 군사적으로 네로에 맞서기에는 크게 부족한 상황에서 그들은 많은 사람들의 지지를 얻어내고자 하였다. 또한 그들은 원로원에 대한 존중의 태도를 보임으로써 원로원이 갈바를 황제로 인정해 주기를 바라고 있었다. 69년 오토는 비텔리우스와의 결전을 위하여 이탈리아 북부 지역으로 출정하기에 앞서 다음과 같은 연설을 하였다.

원로원은 제국의 머리이자 모든 속주의 자랑입니다…비텔리우스는 몇몇 부족을 정복하였고 일부 군대를 차지하였습니다. 그러나 원로원은 우리 편입니다. 즉, 국가가 우리 편인 것입니다. 그대들은 가장 훌륭한 도시인 로마가 가옥과 공공 건물 그리고 돌더미로 이루어져 있다고 생각합니까? 이런 것들은 시간이 지나면 소멸되거나 제거될 수 있습니다. 그러나 우리의 힘은 영원하고 세계는 평화를 유지하며 나와 그대들은 안전할 것입니다. 왜냐 하면 원로원이 우리를 돌보기 때문입니다…우리가 우리의 조상으로부터 물려받았듯이 이제 이 원로원을 우리 후손들에게 물려줍시다. 원로원 의원이 그대들에게서 나오듯이 황제는 원로원 의원 중에서 나오는 것입니다.[237]

68년 보다 더욱 심각한 혼란기인 69년 동안에도 오토는 정권의 정통성 확보를 위하여 원로원의 지지를 얻고자 노력하고 있다. 빈덱스와 갈바가 신중하게 행동하여 원로원의 지지를 얻으려고 노력한 사실을 우리는 단순히 위선에 찬 행동으로 보아서는 안 된다. 당시 상황에서 국법의 전통을 준수하여 명분을 확보하고 그리하여 사람들의 지지를 얻는 일이 그들에게는 거사의 성패를 좌우하는 중대한 문제였다. 이후의 사건 진행은 그들의 노력이 헛되지 않았음을 보여 주었다.

## 2. '네로의 전쟁' 기 군단의 동향

### 1) 게르마니아 군단 사령관 베르기니우스 루푸스의 태도

당시 상황에서 게르마니아 지역 군단의 정치적 태도는 사태의 향방을 결정짓는 요인이었다. 여기에서 상부 게르마니아 속주 군사령관 베르기니우스 루푸스(Verginius Rufus)의 태도가 논란의 대상이 되고 있다. 기사 신분임에도 불구하고 그는 네로의 새로운 콘술 인사 정책에 의해서 63년에 정식 콘술이 되었고, 66년 스크리보니우스 형제가 처형을 당한 후에 그 후임으로 상부 게르마니아의 군사령관이 되었다. 그는 빈덱스의 봉기 소식을 듣고 대군을 이끌고 갈리아 속주로 남하하였다. 그의 군대와 빈덱스의 군대는 베손티오시에서 충돌하였고 빈덱스는 패배 후 자결하였다. 네로에 대한 루푸스의 충성심만 확고하였다면 68년의 반란은 여기에서 끝나고 네로는 건재하였을 것이다. 그러나 여기에서 그의 태도가 대단히 애매하였다.

> 많은 이들이 네로로부터 이탈하였고 그들 대부분은 갈바를 지지하였다. 아프리카의 클로디우스 마케르와 게르만 군단을 지휘하던 골 지방의 베르기니우스 루푸스만이 독자적인 노선을 걸었다…베르기니우스는 가장 강력한 군단을 지휘하였고 자주 그들에 의해서 황제로 환호를 받았으며 황제의 지위를 차지하도록 강력하게 요구받았다. 그러나 그는 그 자신이 황제의 지위를 차지하지 않을 것이며 원로원에 의해서 선발되지 않은 자 이외에는 그 누구도 그 지위를 차지하도록 허락하지 않을 것이라고 선언하였다.[238]

즉, 플루타르쿠스의 이야기에 따르면 갈바의 봉기로 제국에서 이반 세력이 나타나는 상황에서 루푸스는 원로원의 국법 상의 지위만을 강조하고 있는 것이다. 그의 그러한 태도는 진심이었는가?

루푸스의 태도에 대해서는 근대 학자들 간에 그 동안 많은 논쟁이 있어왔다. 최근에 이르기까지 주요 견해는 베르기니우스 루푸스가 황제 네로에 충성을 다하였으며 빈덱스를 격파한 베손티오전투는 그 분명한 증거라는 주장이었다. 대표적으로 사임의 말을 인용해 보겠다.

> 루푸스가 비록 애매한 태도를 보이기는 했지만, 네로에 대하여 공개적으로
> 반기를 든 인물은 아니었다…이후에 덮어 두거나 발뺌해야 할 일들이 분명
> 히 많았을 것이다. 가능한 한 그리고 경우에 어긋나지 않는 한, 네로에 충성
> 을 다한 사람들은, 갈바 치세하에서나 플라비아누스 왕조하에서, 그 일에 대
> 하여 많은 이야기를 하고 싶지 않았을 것이다.[239]

  즉, 이러한 견해를 보이는 학자들의 주장은 루푸스는 네로에게 충성
을 다했으며 그의 태도가 사료상으로 애매하게 나타난 이유는, 후대
정권 하에서 네로에게 충성을 다하였다는 사실을 숨기려는 태도에서
비롯된 것이라는 입장이다. 그러나 1959년 브런트의 논문이 나온 이래
학자들의 의견은 베손티오전투 시기에 이르면 루푸스가 네로를 포기
하였고, 아마도 암암리에 그 반란에 가담하였다는 견해로 기우는 경향
을 보인다. 이와는 약간 다른 견해로 헨즈워스는 루푸스가 네로를 배
반하였지만 갈바와 빈덱스를 지지하지는 않았으며, 베손티오전투는
그러한 루푸스의 태도를 보여주는 것이라고 주장하였다.[240] 그러나 이
러한 반론이 제기된 이후에도 싸임은 이전의 견해를 되풀이하여 "상부
게르마니아의 그 사령관은 자신의 의무를 인식하였고 군대를 소집하
여 베손티오에서 빈덱스를 격파하였다."고 주장하였다. 최근에는 레빅
이 뒤를 이어서 루푸스는 끝까지 네로에게 충성을 다하였다고 주장하
였다.[241]
  루푸스에 대한 사료의 신빙성을 검토해 보자. 소플리니우스는 언제
나 찬양하는 논조로 그에 대하여 이야기한다. 루푸스는 소플리니우스

가 아버지를 여읜 후에, 보호자로서 그의 공직 생활을 돌보아 주었으므로 플리니우스의 그러한 태도는 당연한 것이었다. 특히 『서한집』 제9권 19장 1절에는 베르기니우스를 찬양하는 그의 묘비명이 다음과 같이 기록되어 있다.

> 여기에 루푸스가 있다. 그는 빈덱스를 격파한 후에 제국을 자신에게가 아니라 조국에 바쳤다.[242]

타키투스의 『연대기』는 제 16권의 말미가 전해오지 않는 관계로 이 시기에 대해서 아무런 정보도 제공하지 못한다. 타키투스는 69년 초 갈바의 집권에서부터 기록한 『역사』를 통해서 이전 해인 68년의 상황에 대하여 간단히 언급하였다. 그 내용은 매우 간단할 뿐만 아니라 지극히 애매하게 표현되어 있다. 이러한 사정으로 인하여 타키투스가 루푸스에 대하여 호의적이었는지, 아니면 적대적이었는지 또한 학자들 간에 논란의 대상이 되고 있다.[243]

이 논쟁과 관련하여 레빅의 견해는 특히 주목된다. 그녀는 타키투스가 『역사』에서 루푸스에 대하여 애매하게 표현한 이유는 그에 대한 자신의 평가가 달라졌기 때문일 것이라고 가정한다. 타키투스는 97년 콘술로서 루푸스의 장례식에서 그를 찬양하는 애도연설을 하였다. 이 애도사는 타키투스의 친구 소플리니우스와의 우정을 생각할 때 당연하였다. 그 후 타키투스는 공직에서 물러난 후 저술 활동에 몰입하였는데, 레빅은 타키투스가 저술을 위한 자료를 조사하면서 68년 당시 루푸스의 정치적 태도에 대하여 정확하게 알게 되었고, 그리하여 이전에 그를 찬양한 자신의 태도와 모순되는 글을 써야 할 딜레마에 빠졌으며, 따라서 그는 『역사』에서 의도적으로 루푸스에 대해서 애매한 표현을 하게 되었을 것이라고 주장한다.[244]

구체적으로 68년의 사건 진행을 통해서 루푸스의 태도에 대해서 살펴 보자. 빈덱스가 갈바로부터의 원병을 기다리거나 네로를 반대하는 세력이 더 나타날 때까지 기다리지 않고 군사적으로 훨씬 강력한 루푸스와 대결을 벌인 것은 만용을 부린 것으로 여겨진다. 그러나 빈덱스의 행동은 그 이유가 있었다. 디오에 따르면 빈덱스와 루푸스가 서로 연락을 주고 받으면서 전투가 벌어지기 이전에 협상을 벌인 것이다. 디오의 설명을 살펴 보자.

> 그들은 메시지를 서로 주고 받았고 마침내 아무도 배석시키지 않은 채 두 사람이 회합을 가졌다. 추측에 의하면 그들은 합의를 도출한 것으로 이야기된다.[245]

그들이 어떤 합의를 도출하였는지는 확실하지 않지만, 어쨌든 루푸스가 반도들을 즉각 공격하지 않고 협상을 벌였다는 사실 자체는 그가 네로를 배신하였다는 것을 의미하는 것이다. 이와 관련된 타키투스의 애매한 표현을 살펴 보자.

> 게르마니아의 군대는…늦게서야 네로를 버렸다. 그리고 베르기니우스는 갈바를 즉각 지지하지 않았다(Germanici exercitus…tarde a Nerone desciverant, nec statim pro Galba Verginius).[246]

위 구절은 69년 초 갈바 정권 하에서 게르마니아 군단이 갈바에게 탄압을 당하지 않을까 두려워하였는데, 그들이 그렇게 판단한 이유를 설명하고 있는 내용이다. 여기에서 '늦게서야'라는 표현이 논란의 대상이 된다. '늦게서야'라는 표현은 구체적으로 언제인가? 베손티오전투 이전인가, 아니면 이후인가? 네로의 죽음 이전인가, 이후인가? 그러나 중요한 사실은 '버렸다'는 표현이다. 칠버는 타키투스가 'desciverant'라는 대과거 시제를 이용하여 표현한 것은 그 '버렸다'는 의미를 강조하고자 하는 것이라고 주장하고 게르마니아 군단이 네로가 죽기 전에 그를 배반하였다고 말한다.[247] '베르기니우스는 갈바를 즉각 지지하지 않았다'는 말도 마찬가지로 애매하다. '즉각'(statim)이란 갈바가 빈덱스에 의해 제위에 추대된 직후라는 말인지, 아니면 베손티오전투 직후라는 말인지, 아니면 네로가 죽고 원로원에 의해 갈바가 황제로 공식적으로 인정된 직후라는 말인지가 분명하지 않다. 그러나 앞의 내용과 비추어 볼 때 이 표현도 역시 네로의 사후를 뜻하는 것으로 보아서는 안 된다. 타키투스가 말하는 '즉각'이라는 표현은 게르마니아 군단과 같이 루푸스가 네로를 포기한 직후라는 의미로 보아야 한다. 즉, 그는 네로를 포기한 후에 '즉각' 갈바를 지지하지는 않은 것이다.

타키투스의 표현에는 게르마니아의 군대가 네로에 대항하여 봉기한 시점이 베손티오전투 이전인지, 이후인지 분명하지 않다. 앞에서 인용한 플루타르쿠스의 말에 의하면, 게르마니아 군단의 일탈은 분명히 베손티오 전투 이전에 일어났다. 왜냐 하면 그 군대는 루푸스를 '자주' 황제로 추대하고 그 지위를 수용하도록 강요하였을 뿐만 아니라, 이 소식이 그 전투 이전에 갈바에게 알려졌기 때문이다. 그러나 디오는 이와 유사한 이야기를 전하면서 그 시기를 베손티오전투 이후로 적고 있다.

> 루푸스는 그의 죽음을 크게 슬퍼하였다. 그의 병사들이 자주 황제의 자리를
> 강요하면서, 그가 쉽게 그 자리를 차지할 것이라고 말하였지만, 그는 황제의
> 지위를 거부하였다.[248]

즉, 디오에 따르면 루푸스는 빈덱스가 죽은 베손티오전투 이후에, 자신의 병사들이 황제의 지위를 차지할 것을 요청하였지만 이를 거부하였다. 베손티오전투 이전인지 이후인지 확실하지는 않지만, 어쨌든 네로가 죽기 이전에 루푸스가 그에 대한 충성을 거부하였다는 사실은 분명한 것으로 보아야 한다.

그렇다면 양 군대가 충돌을 벌인 베손티오전투는 어떻게 해서 벌어진 것일까? 이에 대하여 디오와 플루타르쿠스는 그 전투는 양 부대의 사령관 의도와는 달리 양 군대 사이의 뜻하지 않은 충돌로 발생한 것이라고 말한다.

> 이 회합 이후 빈덱스는 대담하게 그 도시를 점령하기 위하여 접근하였다. 루
> 푸스의 군대는 그들이 접근하는 것을 보고 자신들을 공격하는 것으로 생각
> 한 후에 사령관의 명령이 없는데도 스스로 진군하였고, 방어도 없이 무질서
> 하게 다가오는 빈덱스의 군대를 공격하여 그들 상당수를 살해하였다. 빈덱
> 스는 이 광경을 보고 비탄에 빠져 자결하였다.[249]

베르기니우스 루푸스의 군대와 빈덱스의 군대는 똑같이 자신들의 지도자를, 마치 고삐를 놓친 전차 몰이꾼처럼 거대한 전투 속으로 몰아넣었다. 빈덱스

는 이만 명의 병력을 잃은 후에 자결하였다. 모든 병사들이 베르기니우스가 거둔 승리를 보고 그가 황제의 권력을 차지하기를 원하였으며, 만약 그렇지 않으면 네로에 대한 지지로 돌아서겠다고 위협하였다는 이야기가 전해졌다.[250]

즉, 디오와 플루타르쿠스의 설명에 의하면 양 군대의 충돌은 마치 '고삐를 놓친 전차 몰이꾼처럼' 루푸스와 빈덱스의 의사와는 상관 없이 벌어졌다. 루푸스가 빈덱스의 죽음을 크게 슬퍼하였다는 디오의 설명을 통해 그 전투가 사고로 일어난 점을 인정할 수 있다. 즉, 루푸스는 베손티오전투가 있기 이전에 이미 네로에 대한 지지를 포기하였을 것이다. 이러한 해석은 빈덱스가 왜 막강한 군대를 가지고 남하한 루푸스에게 접근하였는가를 설명하여 준다.

베손티오전투를 전후한 베르기니우스 루푸스의 정치적 태도는 네로의 몰락을 결정지은 치명타였다. 68년 베손티오전투 전후 상황에서 루푸스의 태도가 어떠하였는지에 대하여 여러 가설을 생각해 보고 그 가능성을 검토해 보자.

첫째, 그는 네로의 충성스러운 장교로서 그 전투에 참가하였다.

둘째, 그는 네로를 배신하였다. 그러나 네로를 대신할 어떤 특정의 후보도 아직 받아들이지 않았다.

세째, 그는 베손티오 전투에 임할 당시 갈바를 지지하였다.

넷째, 베손티오전투 이후에 그는 자신이 직접 황제가 되는 것을 망설이고 있었다.

첫째 가설은 레빅과 싸임이 주장하는 것이다. 만약 이 가설이 사실이라면 갈바 치하에서 루푸스가 살해 당하지 않은 사실이 설명되지 않는다. 갈바는 69년 1월 10일 살해 당할 때까지 게르마니아 군단에 대한 어떠한 유화책도 쓰지 않았다. 그는 자신에게 반대하던 자들과 자신이 판단하기에 반대자라고 여기는 인물을 무분별할 정도로 가혹하게 제거하였다. 그 희생자 중에는 군단 사령관으로 유명한 폰테이우스 카피토(Fonteius Capito), 페트로니우스 투르필리아누스 등이 포함되었다. 네째 가설은 분명히 베손티오전투 직후에, 갈바가 루푸스에 대하여 품고 있던 생각이었다. 갈바는 베손티오전투 직후에 루푸스에게 다음과 같은 편지를 썼다.

> 갈바는 그때 크게 놀랐다. 그는 베르기니우스 루푸스에게 편지를 써서 제국의 안위와 로마 인의 자유를 위하여 함께 노력하자고 제안하였다. 그러나 편지를 쓰고 나서 그는 친구들과 함께 히스파니아의 한 도시인 클루니아(Clunia)로 물러가서 필요한 어떤 조치를 취하기보다는, 자신이 한 일에 대하여 후회하고 옛날의 편안한 생활을 그리워하면서 시간을 보냈다.[251]

즉, 갈바는 베손티오전투 이후 크게 낙담한 상태였고 루푸스가 제국의 제위를 차지할까 봐 두려워하고 있었다. 그러나 루푸스가 갈바 치하에서 살해 당하지 않고 살아 남은 점을 생각해 볼 때 그가 제위를 차지하기 위한 구체적인 행동을 한 것으로 볼 수는 없다. 일부 학자들은 갈바가 이처럼 낙담하고 심지어 자결할 생각까지 한 점으로 볼 때, 베르기니우스가 네로에게 충성을 다하고 있었음을 보여주는 것이라고 생각한다.[252] 그러나 만약 베르기니우스가 네로에게 충성을 다하였다면 그가 적장에게 편지를 띄운 사실이 매우 어색한 일이다. 만약 세째 가설이 사실이라면, 갈바가 정권을 장악한 후에 게르마니아 군단 사령관직에서 그를 해임시킨 이유가 설명이 되지 않는다.

그러므로 남은 가설은 둘째 뿐이다. 이것은 플루타르쿠스와 디오가 전하는 루푸스의 '국법 존중' 노선과도 일치한다. 베손티오전투의 시기에 이르면 그는 이미 네로에 대한 충성을 거부한 상태였지만 아직 어느 누구에 대해서도 지지를 천명하지 않았다. 루푸스는 로마의 국법을 존중하겠다는 자신의 입장을 끝까지 견지하였다.

> 그는 이 위기를 맞이하여 자신의 본래 결심에 충실하였고 황제를 선발할 수 있는 원로원의 권력를 주장하였다. 네로의 죽음이 확실한 것으로 알려지자 그의 병사들이 몰려와서 또다시 베르기니우스 루푸스에게 황제가 될 것을 요구하였다. 막사에 있던 한 천부장이 검을 빼어 들고 그에게 황제가 될 것인지, 칼을 받을 것인지 선택하라고 위협하였다. 그러나 군단 사령관인 발렌스(Favius Valens)가 솔선하여 갈바에게 충성을 맹세하고 원로원이 갈바를 인정한다는 서신이 전달되자, 그는 마침내 비록 어려움이 있기는 했지만 자신의 병사들로 하여금 갈바에 대하여 충성의 맹세를 하도록 하는 데 성공하였다.[253]

플루타르쿠스의 이 설명은 루푸스의 태도를 분명하게 보여주는 것이다. 갈바가 원로원에 의해서 황제로 정식으로 인정되자, 그도 그 결정을 따랐으며 갈바의 즉위는 순탄하게 이루어졌다. 가장 강력한 군대를 거느리고 있고 주위에서 강력하게 권유하였는데도 루푸스가 이러한 태도를 취하였다는 사실은, 제정 초기 원수정 체제하에서 공화정 정치 이념의 전통이 강력하였음을 잘 보여주는 것이다.

## 2) 군단의 동향

다음으로 '네로의 전쟁'과 관련하여 우리가 살펴보아야 할 내용은 네로는 왜 그처럼 무기력하게 좌절하고 결국 무너지고 말았는가하는 점이다. 루푸스가 변절하였다고 해도 그는 왜 제국 내 다른 군대를 동원하여 그와 맞서 싸우지 않았는가? 68년 네로가 몰락하던 상황에서 제국내 군단의 움직임에 대해서 살펴보자.

제정 초기 군대는 황제에게 충성을 다하였다. 네로황제 이전 군대가 황제에게 반기를 든 것은 42년의 스크리보니아누스(Camilus Scribonianus)의 반란이 유일하였다. 그 경우에도 군단병은 그 지휘관의 명령을 거부하고 황제에게 충성을 다함으로써 결국 쉽게 진압되고 말았다. 제정기 군대 병사들은 원로원 귀족이 아니라 로마 평민과 정치적 입장을 함께 하였다. 그들은 귀족의 억압을 막아주는 통치 체제로써 원수정 체제를 적극적으로 환영하였다. 율리우스-클라우디우스 왕조기 군단병은 이탈리아 시민이 대부분이었다. 제정 초기 로마의 군단병은 속주화되지 않았으며 로마 제국의 대의에 충실하였다.[254]

제정 초기 로마의 군단 배치는 변경을 중심으로 이루어졌으며 특히 이민족의 침입 위협이 높던 게르마니아 라인강 연안과 다뉴브강 연안 그리고 파르티아와의 동부 국경 지대에 집중되어 있었다. 68년 네로가 몰락하기 직전에 군단의 이동에 대해서 구체적으로 살펴보자. 고대 로마에서 군단이 장거리 이동을 할 때 속도는 하루 평균 15로마마일(milia passuum)이었고 파견부대(vexillationes)가 이동하는 보통 속도는 하루에 약 50로마마일이었다.

네로의 몰락 직전에 군대의 움직임에 대해서 살펴보자. 가장 주목되는 부대는 루푸스 휘하의 군단이다. 그 부대는 게르마니아 지방에서 베손티오로 이동하였다.

위의 도로망 지도에서 상부 게르마니아 군사령관이던 베르기니우스 루푸스는 모군티아쿰에 있는 본부에서 출발하였고, 하부 게르마니아의 콜로니아(Colonia) 지방에서 오는 군대와 합류하여 이동하였다. 따

**〈표5〉 베손티오 전투 직전 게르마니아 군단의 이동로[255]**

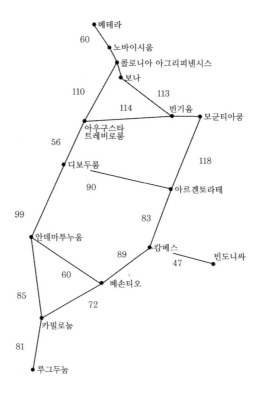

라서 가장 빠른 시간 내에 베손티오에 도착하는 코스는 베르기니우스의 부대가 아우구스타 트레비로룸(Augusta Trevirorum)으로 이동하여 콜로니아에서 오는 하부 게르마니아의 부대와 합류한 후에, 디보두룸(Divodurum)과 안데마투눔(Andematunnum)을 거쳐 베손티오에 이르는 길이었을 것이다. 베르기니우스 루푸스 휘하의 부대 규모에 대한 정확한 수치를 알기는 쉽지 않다. 그가 사령관으로 있던 상부 게르마니아에서 출동한 부대에 대하여 타키투스의 『역사』에 다음과 같은 구절이 나온다.

> 이 부대(상부 게르마니아 주둔 군단)는 빈덱스에 대항한 전투에서 전 부대를 동원하여 출동하였고, 네로가 죽을 때까지 갈바에게 충성을 맹세하지 않았으며, 하부 게르마니아에서 온 일부 파견부대보다 늦게서야 충성을 맹세하였다.[256]

이 시기 상부 게르마니아에는 3개 군단 병력이 주둔하고 있었다. 따라서 '전 부대'를 동원하였다는 타키투스의 말을 통해서 빈덱스에 대항한 출정에 상부 게르마니아에서는 3개의 군단이 동원되었음을 알 수 있다. 또한 하부 게르마니아에서 온 '일부 파견부대'가 이때 루푸스에게 합류하였다.

발렌스(Favius Valens)는 하부 게르마니아의 군사령관이었는데 베손티오전투 이후에 루푸스와 함께 있던 것으로 확인된다. 따라서 우리는 하부 게르마니아의 보나(Bonna)에 기지를 두고 있던 발렌스의 군단인 제일군단 '게르마니카'와 그 밖의 하부 게르마니아 주둔 군단에서 온 파견부대들이 규합하여 루푸스에게 합류한 것으로 여겨진다. 콜로니아로부터 베손티오에 이르는 전체 거리가 325로마마일이고 모군티아쿰으로부터는 329로마마일이므로, 루푸스가 이끄는 대부대가 베손티오에까지 가는 시간은 하루 15로마마일의 속도로 계산하면 약 22일이 걸렸을 것이다.

그러나 여러 정황으로 볼 때 루푸스가 이 행로가 아니라 모군티아쿰에서 라인강 계곡을 따라 하부 게르마니아에서 오는 부대를 기다렸다가, 아르겐토라테(Argentorate)와 캄베스(Cambes)를 거쳐 베손티오에 이르는 경로를 택하였을 가능성이 크다. 그 거리는 콜로니아로부터 403로마마일이고 모군티아쿰으로부터는 290로마마일이다. 전자의 코스보다 먼 거리지만 루푸스는 다음 세 가지 이유에서 이 코스를 택하였을 것이다. 첫째, 위 지도에서 보듯이 보나(Bonna)에서 온 발렌스의 군대와 합류하기 위해서 이 길을 선택했을 것이다. 둘째, 베르기니우스 루푸스는 상부 게르마니아 지역의 안보를 책임지며 당시 빈덱스의 봉기에 가담한 부족 중에서 베손티오에 근거지를 둔 세쿠아니(Sequani)족이 가까이 있었다. 따라서 루푸스는 세쿠아니족의 수도인 베손티오를 그 어느 곳보다도 중요한 공격 목표로 인식하고 있었을 것이고, 모군티아쿰에서 베손티오로 가는 가장 빠른 코스를 선택하여 행군하였을 것이다. 레빅에 의하면 베손티오는 세쿠아니족의 중심 도시였을 뿐만 아니라 빈덱스의 반란의 중심지였고, 그가 처음 반란을 선언한 장소였다. 셋째, 루푸스는 이 코스를 선택함으로써 모군티아쿰이 아닌 라인강 주변 어디엔가 있던 것으로 여겨지는, 상부 게르마니아 주둔 넷째 군단인 제 21군단 '라팍스'(Rapax)와 쉽게 합류할 수 있었을 것이다. 제 21군단의 군사 기지는 빈도니싸였는데 당시 전략적으로 중요한 캄베스 남서쪽에 주둔하고 있었을 것이다. 적과의 조우에 대비

해서도 이렇게 상·하 게르마니아 군대가 합쳐서 이동하는 것이 훨씬 안전하기 때문이다.[257]

이러한 추정을 근거로 베손티오전투가 벌어졌을 시간을 계산해 보자. 빈덱스가 68년 3월 15일 경에 루그두눔에서 봉기를 선언하였다고 가정한다면, 봉기의 소식은 대략 3월 18일까지는 모군티아쿰에 있는 루푸스와 콜로니아 아그리피넨시스에 있는 폰테이우스 카피토에게 전해졌을 것이다. 그 소식을 듣고 루푸스가 즉각 대응하기로 결정한 후에, 콜로니아와 연락을 취한 시간을 계산한다면 빨라야 3월 20일에 군대 동원이 시작되었을 것이다. 폰테이우스 카피토가 루푸스의 군대 동원 제안에 적극적으로 협조하여, 보나의 제 1군단 '게르마니카' 와 나머지 자신의 휘하에 있는 하부 게르마니아 주둔 세 개 군단의 파견부대를 합류시키기로 즉각 결정하였다고 해도, 장기간으로 예상되는 군사 작전을 위하여 출발 준비를 갖추기 위해서는 시간이 많이 필요하였을 것이다. 만약 장기간의 행군 준비에 필요한 시간에 대한 웰레슬리의 가설을 수용한다면, 베테라(Vetera)에서 온 파견 부대가 콜로니아에 도착하기까지는 적어도 6일간의 시간이 필요하였을 것이다.[258] 파견부대가 출동을 준비하는 데 필요한 시간 이틀과 행군 시간 나흘을 합친 것이다. 즉, 콜로니아에서 빈덱스 반란을 진압하기 위하여 출동을 시작한 시간이 대략 3월 26일경인 것으로 볼 수 있다.

루푸스의 부대가 둘째 코스를 따라 베손티오로 향했다면 그들이 베손티오에 도착한 시간은 4월 21일 경이 된다. 그들이 베손티오에 도착한 소식이 루그두눔을 포위 공격하고 있던 빈덱스에게 전해지기 위해서는 이틀의 시간이 필요하였을 것이다. 빈덱스가 루푸스의 베손티오 공격소식을 듣고 즉각 군대를 돌려 베손티오로 향하였다면, 베손티오와 루그두눔 사이의 거리가 153마일이므로, 그가 베손티오에 도착한 시간은 소식을 들은 4월 23일부터 8일 내지 10일의 시간이 지난 5월 1일 내지 3일 경이 될 것이다.

베손티오전투의 정확한 시기는 그 동안 많은 논란의 대상이 되었다. 그 정확한 날짜가 문제가 되는 이유는 그 급박한 상황에서 루푸스가 어떤 정치적 태도를 취하였는지를 알고자 하기 때문이다. 베손티오전투 날짜에 관한 논쟁은 크게 2가지 견해로 나뉜다. 하나는 5월 말이나 6월 초로 보는 견해이며[259] 다른 하나는 4월 말 경으로 보는 견해다.[260] 전자는 네로가 6월 9일 자결한 것은 베손티오 전투 소식을 못 들었기 때문일 것이라고 본다. 즉, 그들은 루푸스가 네로에게 충성을 다하였을 것이라고 가정한다. 또 갈바는 베손티오에서 빈덱스의 패배 소식을 듣고 자신의 고향인 클루니아 읍에 가서 자결을 생각하다가 네로의 자결 소식을 들었는데, 네로가 자결한 날짜가 6월 9일 경이므로 갈바가 네로의 사망 소식을 들은 것은 6월 16일경이다. 만약 베손티오전투가 4월 말이라면, 그 중대하고도 긴박한 시기에 갈바가 그렇게 오랫동안 머뭇거렸다는 이야기인데, 그것은 믿기 어렵다는 것이 이들의 주장이다. 후자는 게르마니아 군대는 상비군으로 출동 준비를 언제나 갖추고 있었을 것이며, 따라서 훨씬 빨리 베손티오에 도착하였을 것이라고 생각한다.

만약 루푸스가 네로에게 충성을 다하였고, 즉각 출동하여 빈덱스를 공격하였다면 베손티오전투의 날짜는 5월 초순이라고 볼 수 있다. 그러나 앞에서 살펴보았듯이 그는 그 전투 이전에 의심스러운 태도를 보였다. 그는 단호하게 행동하지 못하고 상당 시간을 망설였음이 분명하다. 따라서 베손티오전투는 5월 말경까지 늦추어질 가능성도 있으며,

이렇게 생각해 볼 때 4월 말 경으로 보는 견해는 배제되어야 한다.

이와 관련하여 네로의 태도도 주목된다. 그는 3월 24일 경 빈덱스의 봉기 소식을 듣고서는 전혀 동요하지 않고 아무런 조치도 취하지 않았다.

> 그는 나폴리에서 어머니가 시해된 날짜에 갈리아 속주의 봉기 소식을 들었다. 그는 너무도 침착하고도 무관심하게 그 소식을 접하였으므로, 사람들은 그가 그 기회를 이용하여 부유한 갈리아 속주를 약탈하려는 것이 아닐까, 따라서 그 봉기를 오히려 기뻐하는 것이 아닌가라는 의심을 받았다.[261]

사실 네로의 이러한 태도는 이상한 것이 아니었으니, 인접한 게르마니아 군단의 충성심만 변하지 않는다면 군단이 주둔하지 않은 갈리아 지방의 봉기는 전혀 문제될 것이 없기 때문이다. 그러나 4월 중순 경 갈바의 봉기 소식을 듣고 네로의 태도는 크게 달라졌다.

> 그 후 갈바와 히스파니아 지방의 속주들이 봉기하였다는 소식을 듣고, 그는 정신이 혼미해져 오랫동안 제정신이 아니었으며, 아무 말이 없이 마치 죽은 사람처럼 있었다. 정신이 돌아오자 그는 옷을 잡아찢고 이마를 치면서 이제 모든 것이 끝났다고 탄식하였다. 그의 나이 많은 유모가 이전의 황제들에게도 비슷한 일들이 일어났다고 말하면서 그를 달래자 그는 다른 황제들과는 달리 자신은 살아서 제위를 잃는, 일찍이 없던 일을 당할 것이라고 탄식하였다.[262]

갈바가 총독으로 있던 스페인에는 단지 한 개의 군단 밖에 없었으므로 군사적인 면에서는 전혀 낙담할 이유가 없다. 그러면 갈바의 봉기 소식에 네로가 이처럼 낙담한 이유는 무엇인가? 앞에서 언급하였듯이 갈바의 가세로 이제 빈덱스의 봉기는 반란이 아니라 내란의 성격을 얻었기 때문이다. 제위 계승의 원칙이 마련되어 있지 않은 제정 초기 원수정 체제의 문제점이 현실로 드러난 것이다.

다음으로 네로는 이미 이때 루푸스의 충성심을 의심한 것으로 보인다. 이 새로운 상황을 당하여 네로는 로마와 이탈리아 각지에서 군대를 모집하였고, 일리리쿰에 주둔해 있던 대규모 군단병에 대해서도 소환 명령을 내린 것으로 보인다. 네로가 일리리쿰 군단병에 대한 소환 명령을 언제 내렸는가하는 문제는 당시 그가 베르기니우스를 어떻게 생각하고 있었는가하는 문제와 연관되어 있다.

일리리쿰 지역은 달마티아, 판노니아 그리고 모에지아 속주를 모두 포함하였다. 이곳에는 많은 군단이 주둔하고 있었고, 제14군단 '게미나'가 동부 원정을 위하여 이동해 있었다. 달마티아에는 한 개의 군단이 있었는데, 부르눔(Burnum)에 주둔하고 있던 제11군단 '클라우디아'였다. 판노니아에는 두 개의 군단이 있었는데 카르눈툼(Carnuntum)에 주둔한 제10군단 '게미나'와, 포에토비오에 주둔한 제13군단 '게미나'였다. 모에지아에는 세 개의 군단이 있었는데 비미나키움(Viminacium)에 있는 제7군단 '클라우디아', 오이스쿠스(Oescus)에 있는 제3군단 '갈리카' 그리고 노바이(Novae)에 있는 제8군단 '아우구스타'였다. 제14군단 '게미나'는 브리튼 섬에 주둔하고 있다가 동부 원정을 위하여 출정 중이었는데, 당시 판노니아 속주에 머물고 있던 것으로 여겨진다. 그 군단은 네로에 대하여 충성심이 높기로 유명하였다. 타키투스는 『역사』에서 69년 오토 치하에서 일리리쿰 군단의 이동에 대하여 자세한 정보를 제공하여 준다. 68년 상황에서 군단의 이동도 비슷하였을 것이라고 가정한다면, 이 정보를 통하여 68년 상황을 추론할 수 있다.[263]

(표6) 69년 달마티아와 판노니아 속주 주둔 군단의 이동로

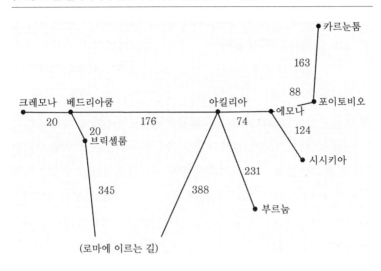

달마티아와 판노니아의 군단이 북부 이탈리아에 도착하기 위해서
걸리는 시간은 로마에서 출동 명령이 내려진 시간에서부터 5.5주에서
7.5주 정도였을 것이다. 로마에서 명령서를 지닌 급사가 군단에 소식
을 전하는 속도를 하루 100로마마일로 잡고, 군단이 명령을 받고 출정
준비를 하는 데 걸리는 시간을 10일로 잡았으며, 군단의 이동 속도를
하루 15로마마일로 잡아 계산한 날짜다. 그런데 일리리쿰 부대는 네로
가 죽기 이전에 이탈리아의 북부에 들어온 것으로 확인된다.

> 바타비아인 보병 연대는…제14군단의 정규 군단병을 저지시키고 이탈리아
> 를 네로로부터 **빼앗은** 군대가 바로 자신들이라고 자랑하였다.[264]

'네로로부터 **빼앗은**'이라는 표현은 아직 네로가 죽기 이전임을 암

시한다. 네로가 죽은 날짜인 6월 9일과 일리리쿰에서 오는 행군 시간을 고려해 볼 때, 그들이 네로로부터 출동 명령을 받은 시간은 4월 중순 경 즉, 4월 10일에서 15일 경이 된다. 이 날짜는 앞서 계산한 베손티오 전투 날짜 이전이다. 즉, 네로는 베손티오전투 이전에 갈바의 봉기 소식을 듣고 일리리쿰 군단에게 소환 명령을 내렸으며, 이것은 당시 네로가 루푸스의 배반을 알고 있었음을 의미한다.

위 인용문에서 언급된 바타비아인 보병 연대는, 로마의 주력 부대인 군단병과 보조군대(Auxilia) 이외에, 제정 초기 속주에서 모집한 원병(Hilfstruppen)이었다. 그들은 각 지방의 부족민으로만 구성되었고 지휘관도 종족의 일원이었지만 군사 훈련을 받고 무장하여 로마의 전투에 동원되었다. 그들은 로마의 보조군대와 달리 복무가 끝나도 제대증을 받지 못하였을 것이다. 베스파시아누스가 군대를 재조직하면서 이 원병은 해산되거나 보조 군대에 편입되었다. 그들은 로마에 대한 충성심이 군단병보다 덜하였을 것이고, 네로에게 불리해진 상황 속에서 주도적으로 이반을 선동하였을 것이다.[265]

타키투스는 『역사』에서 이탈리아로 들어온 일리리쿰 군단의 행적과 관련하여 다음과 같은 이야기를 전한다.

> 일리리쿰은 평화로왔다. 비록 네로가 그 곳에서 소환한 군단들이 이탈리아에서 꾸물거리면서 대표를 보내어 베르기니우스에게 협상을 제의하였지만 말이다.[266]

네로가 일리리쿰으로부터 군대를 소환하였으며, 일리리쿰의 부대가 이탈리아에 들어와 루푸스에게 제위를 둘러싼 협상을 시도하였음을 전하는 내용이다. 네로의 명령을 받고 이탈리아에 들어온 군대가 이런 행동을 한 이유는 무엇이겠는가? 이것은 당시 네로의 처지가 결정적으로 기울었음을 의미하는 것이다.

일리리쿰의 부대가 루푸스와 협상하였다는 사실을 통해서, 네로의 몰락 과정에서 루푸스의 역할이 매우 중요하였음을 짐작할 수 있다. 그는 여러 군단에서 주목받는 인물이었을 뿐만 아니라, 일리리쿰의 대군이 네로를 이반하도록 하는 데 결정적인 기여를 하고 있는 것이다.

> 갈바는 베르기니우스 루푸스가 그를 제위에 초청하는 사람들의 말에 귀를 기울일까 봐 두려워하였다. 왜냐 하면 어느 누구도 베르기니우스 만큼 위대하지 못하였으며 그 만큼 명성을 얻지 못하였으니, 베르기니우스 루푸스는 로마 국가에서 탐욕스러운 폭군과 갈리아의 전쟁을 제거하는 데 누구보다도 큰 영향력을 발휘한 인물이었다.[267]

즉, 일리리쿰 군대는 이탈리아에 도착하고 나서 이미 사태가 기울었다는 것을 인식하고 루푸스에게 제위를 제의하면서 네로를 배신하였던 것이다.

그 외에도 68년 봄에 네로는, '빈덱스의 봉기를 진압하기 위하여' '카스피아의 대문'에 파견해 둔 부대를 이탈리아로 오도록 명령을 내렸다. 그 파견부대는 게르마니아와 브리튼 그리고 일리리쿰 주둔 군단에서 차출된 부대로서 동부 원정을 위하여 그 곳에 파견되어 있었다. 또한 네로는 이집트 알렉산드리아에 게르마니아의 파견부대를 보냈다. 알렉산드리아와 '카스피아의 대문'은 멀리 떨어진 지역이다. 네로가 이 부대를 왜 이곳에 보내었는지는 알 수 없지만 이 부대들은 68년에 이탈리아로 소환 명령을 받았다. 그 부대가 69년 1월 초에 로마에 있던 것은 사실이지만 네로가 죽기 이전에 이탈리아에 도착하였는지는 의문이다.

> 게르마니아의 파견부대는 여전히 약하였고 갈바를 지지하고 있었다. 네로가 그들을 알렉산드리아로 보내었고 그들이 이탈리아로 돌아오는 동안 오랜 여행으로 병이 들었을 때, 갈바가 그들을 정성을 다하여 돌보아 주었기 때문이다.[268]

즉, 그 부대는 알렉산드리아에서 이탈리아로 돌아오는 동안 오랜 항해로 상당한 고생을 한 것으로 여겨진다. 네로가 일리리쿰의 군단들에게 이탈리아로 진군하도록 명령을 내린 시간과 동시에 이집트의 군대에 소환명령을 내렸다면, 이 메시지는 5월 초에 이집트에 전해졌을 것이고, 그들은 8월 초에 이탈리아에 도착하였을 것이다. 즉, 이 군대는 네로가 죽고 난 이후에야 도착하였다. 당시 이집트의 태수 알렉산더는 갈바가 원로원에 의해서 황제로 인정받기 이전에 분명히 갈바와 내통하고 있었다. 따라서 그들이 5월 말경에 알렉산드리아를 출발할 수 있었다면, 당시에 알렉산더는 아직은 자신의 본심을 드러내지 않았다는 이야기가 될 것이다.

속주 주둔 군단병에 대한 소환명령 이외에도 네로는 이탈리아에서 모집한 군단을 골 지방으로 파견한 것 같다. 69년 초에 루그두눔 시에 제1군단 '이탈리카'가 주둔해 있었는데, 그 부대는 네로가 죽기 이전에 그의 명령을 받고 그 곳에 이동하였을 것이다. 제1군단 '이탈리카'를 포함하여 이탈리아에서 네로의 명령을 받고 북부로 출동한 군대의 지휘관은 페트로니우스 투르필리아누스였다. 그는 네로에게 충성심이 높기로 유명한 사령관이었다. 그러나 그가 끝까지 네로에게 충성을 다하였는지에 대해서는 논란이 있다. 플루타르쿠스는 그가 네로에게 충성을 다하였다고 말하고 있으며 타키투스도 그는 '네로의 사령관'(dux Neronis)이라는 죄목으로 갈바에 의해서 처형되었다고 이야기한다. 그는 61년 콘술이었고 브리튼 섬의 봉기를 진압하고 피소 음모를 적발하는 데 큰 공을 세웠다. 그러나 여러 정황으로 볼 때 페트로니우스가 최후까지 네로에게 충성을 다하였다고는 확신할 수 없다. 타키투스는 그가 정식 재판을 받지 못한 채 네로의 협조자로 몰려 죽음을 당하였다고 전한다.

> 그들(Petronius와 Cingonius)은 변론도 하지 못한 채 처형을 당하였고, 그리하여 사람들은 그들이 무고하게 죽음을 당하였다고 믿었다.[269]

즉, 사람들은 페트로니우스가 네로의 장군이었다는 죄목을 믿지 않은 것이며, 이것은 그가 끝까지 네로에게 충성을 다하였다는 주장과 상반되는 것이다. 상층 신분의 사람을 이렇게 처형하는 것은 대단히 이례적인 것이었고, 갈바 정권은 그 가혹함으로 지지를 잃고 단명하였다. 페트로니우스가 만약 네로에게 끝까지 충성하였다면, 갈바가 로마에 입성할 때까지 처형되지 않았다는 점이 이해되지 않는다. 디오의 글에는 페트로니우스의 태도에 대하여 보다 분명한 이야기가 나온다.

> 그는 반도에 대항하여 대부분의 군대를 이끌고 가도록 보낸 페트로니우스마저 갈바의 편에 가담하였다는 소식을 듣고 군대에 대하여 아무런 희망도 가

질 수 없게 되었다.[270]

　이탈리아에서 모집한 군대를 이끌고 출정한 페트로니우스마저 네로를 저버림으로써 네로는 모든 군대에 의해서 배반을 당하게 된 것이다.
　이처럼 네로가 군대로부터 버림을 받고 곡물 부족으로 도시 로마의 주민들로부터 지지를 얻지 못하는 상태에서 그의 지위에 최후의 일격을 가한 인물은 친위대장 싸비누스(Nymphidius Sabinus)였다. 그는 네로의 몰락을 예견하고 갈바의 호의를 얻기 위하여 친위대를 매수하였다.

　　네로의 처지가 완전히 절망적으로 되고 그가 이집트로 달아나려 한다는 것이 분명해지자, 티겔리누스와 함께 친위대장에 있던 님피디우스 싸비누스는, 네로는 이제 궁정에 없으며 이미 달아났다고 말하면서, 병사들에게 갈바를 황제로 추대하도록 설득하였다. 그는 궁정 수비대와 친위대 병사들에게 한 사람당 7,500드라크마의 포상금을 주고, 로마 밖에서 봉사한 자들에게는 한 사람당 1,250드라크마의 포상금을 주겠다고 약속하였다.[271]

　친위대의 이반으로 인하여 로마시에서의 상황은 급전되었고, 이제 원로원은 네로를 공적(公敵)으로 선언하고 갈바를 황제로 인정할 수 있었다. 이러한 원로원의 선언은 갈바의 승리에 결정적으로 중요한 역할을 하였다. 원로원의 선언으로 인하여 이제 갈바가 네로의 뒤를 잇는 황제라는 점이 공식으로 인정되었고, 다른 누구도 국법상으로 제위를 요구할 수 없게 되었기 때문이다. 친위대의 이반은 싸비누스의 음모가 크게 작용한 결과였다. 그들은 황제가 충성을 다하는 자신들을 버리고 로마를 빠져나가 도망쳤다는 싸비누스의 거짓 이야기를 듣고 그를 포기하였다. 그들이 네로를 버린 데에는, 악화된 당시 로마시 여론이 또한 커다란 영향을 주었을 것이다. 로마시 곡물 위기로 인한 평민의 지지 상실은 이처럼 네로의 몰락 순간에 중요한 역할을 하였다.[272]

'네로의 전쟁'을 촉발시키고, 결국 네로의 몰락으로 이어진 일련의 사건 진행 과정에서 주도적인 역할을 한 것은 총독, 군단 사령관, 친위대장 등 지배층이었다. 로마시 곡물 위기로 도시 평민의 지지를 상실한 상황에서, 네로는 원로원에 의해 국가의 공적으로 선언됨으로써 고립무원의 상태에 빠지고 말았다.


## 3. 클로디우스 마케르의 봉기와 네로의 몰락

'네로의 전쟁' 과정에 로마시 기근 사태가 있었음은 앞서 지적한 바와 같다. 이 사태를 주도한 인물은 아프리카에서 봉기한 클로디우스 마케르(Clodius Macer)였다. 그러나 빈덱스 및 갈바와 비교해 볼 때, 그는 고대 문헌 사료에서 제대로 언급되지도 않을 뿐만 아니라 인정받지도 못하고 있다.

> 마케르는 아프리카에서 의심할 바 없이 소란을 일으키고 있었는데(haud dubie turbantem), 갈바의 명령을 받은 트레보니우스 가루티아누스(Trebonius Garutianus)에 의해서 처형되었다.[273]

마케르는 '의심할 바 없이 소란을 일으키는' 존재 정도로 간단히 언급되고 있는 것이다. 갈바가 마케르를 제거하도록 명령을 내린 시기는, 그가 원로원에 의해서 황제로 인정을 받은 이후였다. 따라서 갈바를 '정통' 황제로 인정하던 고대 저술가의 글에서 마케르가 제대로 평가받지 못하는 것은 당연하다.

일부 근대 학자들은, 마케르에 대한 이러한 과소평가로 인하여, 다음 사료를 잘못 해석하는 오류를 범하였다.

> 그녀(Calvia Crispinilla)는 네로에게 무절제한 욕망을 가르쳐 준 여자였는데, 클로디우스 마케르로 하여금 반란을 일으키도록 선동하기 위하여 아프리카에 건너갔고, 로마 인민을 굶주리게 하려고 분명히 시도하였다……(Magistra libidinum Neronis, transgressa in Africam ad instigandum in arma Clodium Macrum, famem populo Romano haud obscure molita……)[274]

그 동안 위 구절에서 'transgrassa'는 네로의 정부(magistra libidinum) 크리스피닐라가 네로에 의하여 아프리카로 '보내어졌다'라고 해석되어 왔다. 즉, 네로황제는 아프리카 곡물공급을 중단시켜 기근으로 로마 주민을 위협하여 복종을 얻어내기 위하여 크리스피닐라와 마케르를 이용하였다는 해석이다. 그들은 네로는 로마의 곡물 사정이 악화된 것을 이용하여 폭리를 취하였고 로마의 곡물공급을 봉쇄하여 인민을 위협하였다고 생각하였다.[275] 그러나 이것은 상식적으로 볼 때에도 매우 부자연스러운 해석이며, 네로가 로마의 안정된 곡물공급을 위하여 노력한 사실을 생각할 때 수용할 수 없다.

타키투스의 위 구절에서 '클로디우스로 하여금 반란을 일으키도록 선동하기 위하여'(ad instigandum in arma Clodium Macrum)라는 구절의 주어는, 네로가 아니라 크리스피닐라로 보아야 한다. 즉, 그녀는 네로의 정치적 입장이 불리해지자 그를 배신하고 로마로 건너가 마케르를 선동한 것이다. 이와 유사한 표현이 파테르쿨루스의 글에도 나타난다.

코린트인들은 반란을 일으켰고…….
(Corinthiis in arma...instigantibus…….)[276]

크리스피닐라에 대해서는 알려져 있는 바가 거의 없다. 그녀가 왜 네로를 배신하였는지는 알 수 없지만 네로 정권의 마지막 순간에 그것은 충분히 가능한 일이다. 특히 그녀는 네로 사후 갈바, 오토, 비텔리우스 치하에서 아무런 해도 입지 않고 생활하였고, 플라비아누스 정권 하에서 한 콘술급 귀족의 아내가 되어 유복한 생활을 하였다. 크리스피닐라에 대한 이러한 이후의 우대를 생각할 때에도, 그녀의 아프리카 행은 네로를 위한 봉사가 아니라 배신 행위로 보는 것이 자연스럽다.

본 구절에 대한 기존의 견해 중에서 수용하기 어려운 다른 내용은 크리스피닐라는 네로가 죽고나서야 아프리카로 건너갔다는 주장이다.[277] 그 주장의 근거는 플루타르쿠스의 다음 구절이다.

님피디우스 싸비누스는 갈바에게 깜짝 놀랄 이야기를 전하였다. 즉 그는 당시 로마시에는 소요와 불안의 요소들이 많이 잠재해 있고, 클로디우스 마케르가 아프리카에서 곡물공급을 차단하고 있으며, 게르마니아에 있는 군단들이 반란을 일으켰고, 시리아와 유대에서도 그와 비슷한 소식이 전해져 왔다고 갈바에게 알렸다.[278]

친위대장인 싸비누스가 이 편지를 쓸 당시는 물론 네로가 죽은 이후다. 그러나 이 구절만 가지고는 마케르의 로마시 곡물봉쇄가 네로가 죽기 이전에 시작되었는지, 아니면 사후에 시작되었는지 알 수 없다. 또한 마케르의 로마시 곡물봉쇄 전술이 크리스피닐라의 사주에 의한 것이라는 점이 확실하다고 해도, 이 구절을 가지고 그녀가 네로가 죽은 후에 아프리카로 건너갔다고 말할 수는 없다. 싸비누스가 이 시점에서 히스파니아에 있는 갈바에게 이 이야기를 전한 것은, 갈바의 환심을 얻으려는 이전의 시도가 좌절되자 이번에는 반대로 갈바를 초조하게 만들려는 생각에서였다. 그는 원로원 의원들과 뜻을 같이하고 친위대를 매수함으로써 네로의 붕괴를 초래하는 데 결정적인 역할을 한 인물이지만, 고대 저술가들의 판단에서 볼 때 결코 칭찬할 만한 인물이 아니었다. 따라서 위의 글에서 플루타르쿠스는 싸비누스를 나쁘게 묘사하려는 의도에서, 갈바를 배신하는 그의 행위를 이 시점에서 기록하고 있는 것이다. 크리스피닐라는 네로가 죽기 이전에 그를 배신하고 아프리카로 건너가 마케르를 선동하였고 마케르는 그녀의 조언을 수용하여 곡물공급을 봉쇄한 것이다.[279]

마케르는 갈바가 빈덱스의 거사에 참여한 후에 봉기한 것으로 여겨지지만 그와는 독자적인 노선을 걸었다. 그는 제3군단 '아우구스타'가 주둔하고 있던 누미디아 지방에서 봉기하여 카르타고를 장악하고 그곳에 주조소를 만들어 데나리우스화를 발행하였으며, 그 돈으로 또다른 군단을 모집하였다. 그는 자신의 정치적 입장을 선전하는 주요 수단으로 주화를 이용하였다. 그의 주화는 로마 정부가 발행한 것이 아닌, 이른바 '자치주화'(autonomous coins)였다. 자치주화는 주화상으로 그림이나 문자를 통하여 황제를 거론하지 않으며, 매우 다양한 그림과 구성을 보여주고, 주조 상태가 조잡하며, 주화의 그림과 명문을 통해서 공화정의 전통을 강조하는 등의 특징을 보인다.[280]

마케르의 주화를 통해서 그의 정치적 입장 및 전략을 엿볼 수 있다. 그는 자신의 이름과 두상 이외에도 'SICILIA' 라는 명문과 곡물의 이삭 그림이 새겨진 주화를 발행하였다. 이 그림은 시실리를 장악하여 로마로 가는 곡물을 차단하려는 그의 의도를 보여준다. 특히 그가 발행한 68년 경 주화에 보이는 전함 그림이 주목된다. 그 주화의 앞면에는 머리에 아무런 관도 쓰지 않은 마케르의 두상과 'L CLODIVS MACER SC' 라는 명문이 새겨져 있고, 뒷면에는 'PRO PRAE(tore) AFRICAE' 라는 명문과 노를 저어 가는 전함이 묘사되어 있다. 무관의 두상은 공화정의 국법을 존중하는 태도를 암시한다. 그러면서도 마케르는 전함 그림을 새겨넣음으로써 지중해의 전해상권을 장악하려는 야심을 드러내고 있다. 그리하여 그는 아프리카는 물론이고 이집트, 시실리 등지의 곡물을 수중에 넣어 로마시로 가는 식량을 봉쇄함으로써, 내란의 주도권을 장악하려는 정치적 야심을 선전하고 있는 것으로 보인다.[281]

마케르의 주화에서 주목되는 특징은 모든 데나리우스 화에 'SC' 라는 명문이 각인되어 있다는 점이다. 마케르의 주화에 나오는 'SC' 의 명문의 의미는 로마 제정 초기 정부의 동화에 나오는 'SC' 의 의미와는 분명히 다르다. 로마제정초기 동화에 새겨진 '원로원의 결의' (S(enatus) C(onsultum))의 의미가 원로원의 독자적인 동화 주조권을 가리키는 것이 아니라는 점은 분명하지만, 그 구체적인 의미에 대해서는 논란이 있다. 그리핀은 그것을 황제를 위한 명예로운 칭호를 나타내는 것이라고 보았고, 서덜랜드는 국고(aerarium)에서 실제로 동화를 방출하는 업무를 관장하는 원로원의 권한을 나타내는 것이라고 보았다. 네로 시대 전반기에는 동화뿐만 아니라 은화와 금화에도 'EX SC' 라는 명문이 새겨져 있는 점이 주목된다. 이것은 원로원이 정치를 주도하던 당시 상황에서 주화 발행권을 원로원이 실질적으로 회복한 사실을 의미하는 것으로 판단된다.[282]

마케르의 자치주화에 나타난 'SC' 라는 명문의 의미는 국고 인출 허가권 등의 구체적인 의미일 리는 없다. 그것은 공화정기의 전통을 존중하고 원로원을 대신하여 네로에 대항하여 봉기하였음을 보여주려는 마케르의 의도를 보여 주는 것이라고 할 수 있다. 주화만이 아니라 정치적 태도에서도 그의 이러한 입장이 확인된다. 그는 '임페라토르' 라는 칭호를 거부하였고 일련의 주화를 발행하여 '자유' (libertas)의 이념을 강조하였다. 이처럼 갈바와 빈덱스 뿐 만 아니라 마케르 역시 '네로의 전쟁' 기간 동안 로마의 전통을 강조하였다.

네로의 몰락시 아프리카 곡물의 봉쇄는 이전보다도 더욱 치명적인 결과를 가져왔다. 왜냐 하면 아프리카를 로마의 주요 곡창으로 만들려는 네로의 노력 결과 네로시대 말기에 이르러 아프리카 곡물에 대한 의존은 더욱 커졌기 때문이다. 수에토니우스가 네로의 몰락 당시 상황에 대하여 다음과 같이 설명한다.

> 그리하여 모든 이들의 미움이 그에게 쏟아졌고……(quare omnium in se odio incitato……)[283]

이 말은 기근에 휩싸인 로마에서, 평민의 지지를 상실하고 고립무원의 상태에 빠진 네로의 모습을 잘 드러내는 표현이라고 할 것이다. 타키투스 역시 네로의 몰락 원인에 대하여 다음과 같이 말하였다.

네로는 군대에 의해서라기 보다는 소식과 소문에 의해서 제위에서 쫓겨났
다.(Nero nuntiis magis et rumoribus quam armis depulsus.) [284]

타키투스가 말하는 소식과 소문이란 아마도 네로정권의 마지막 순
간에 나타난 속주주둔 군대의 이반, 곡물위기로 인한 로마 주민의 여
론악화, 허위 사실을 통하여 친위대를 매수한 싸비누스의 행동 등을
포괄적으로 가리키는 것일 것이다.

# 제9장 결론

네로황제는 오랫 동안 많은 사람들의 연구와 흥미로운 이야기의 대상이 되어 왔지만, 역사 속에서 공정한 평가를 제대로 받지 못하고 있다. 네로에 대한 올바른 평가를 위해서는 고대 문헌 사료가 지닌 여러 문제점을 인식하고 비판적으로 검토해야 하며, 그에 바탕하여 당대 로마 사회의 통치 구조와 사회 속에서 객관적으로 네로를 평가해야 한다.

네로는 율리우스-클라우디우스 왕조의 마지막 황제였다. 그의 몰락에는 로마 제정 초기 원수정 통치 체제의 문제점이 집약적으로 작용하였다. 원수정 체제는 도시 국가 로마가 세계 제국으로 팽창한 후에 생겨난 정치 체제였다. 로마인들은 공화정 말기의 쓰디쓴 내란을 겪고나서 1인 지배를 현실적인 것으로 받아들였다. 그러면서도 그들은 로마 공화국의 정치 전통을 포기하지 않았다. 그들은 로마 제국 최고 단체는 '원로원과 로마 인민'이라는 점을 인정받기를 원하였다. 원수정 체제는 이러한 양면적 요구를 반영하여 탄생되었다. 따라서 율리우스-클라우디우스 왕조시대 원수정 체제는 그 출발부터 구조적 문제점을 품고 있었고, 네로의 몰락은 이러한 체제 모순이 그 주요 원인으로 작용하였다.

원수정 체제 하에서 실질적 일인 지배자인 황제와 국법상 최고 기구인 원로원은 협력과 긴장이라는 양면적인 관계에 있었다. 따라서 원만한 국정 운영을 위하여 황제는 탁월한 정치력이 요구되었다. 네로 시대는 많은 정치, 문학 써클이 활발한 활동을 벌이던 시기였다. 그들은 문학, 사상, 정치 등 여러 분야의 주제를 가지고 활발한 토론을 벌였고 그러한 논쟁은 때로는 피를 부르는 갈등을 빚기도 하였다. 집권 후반기 네로황제는 헬레니즘 세계 군주의 모습을 받아들여 원로원 귀족을 누르고 강력한 권력을 행사하고자 하였다. 그의 이러한 정책은 원로원 세력과 심각한 갈등과 대립을 초래하였고 결국 그의 몰락을 초래한 정치 위기를 자초하고 말았다. 이제 원로원 세력은 관습적으로 인정되어 오던 율리우스-클라우디우스 왕조의 제위 세습의 권리를 부정하였다. 65년 피소의 음모는 이것을 보여주는 사건이었다.

다른 한편으로 네로황제는 로마평민의 지지를 확보하여 황제권을 공고히 하고자 하였다. 제정 초기 변화된 정치 환경 속에서 로마평민의 국법상의 역할은 공화정기에 비하여 크게 약화되었다. 제국내 각지에서 몰려든 사람들로 인하여 로마 평민은 양적으로 그리고 질적으로 공화정기에 비하여 크게 변화하였다. 그럼에도 불구하고 로마 주민은 정치적으로 중요한 영향력을 발휘하였다. 공화정의 정치 이념의 전통이 강력하던 당시 상황에서 세계제국 로마의 수도에 거주하는 주민으로서 그리고 '로마 인민'을 대표하는 집단으로서 로마시 평민의 지지는 황제권을 안정적으로 행사하기 위하여 중요하였다. 제정 초기 황제들이 로마 주민을 위하여 여러 가지 배려를 아끼지 않으면서 로마시 여론의 향배에 대단히 민감한 반응을 보인 것은, 불안정한 황제의 국법상의 지위와 로마 주민의 정치적 중요성을 동시에 보여주는 것이라고 할 것이다. 로마의 풍자시인 유베날리스가 이야기한 '빵과 써커스'의 문화를 역사적으로 올바르게 이해하기 위해서는, 조롱섞인 그 풍자시인의 붓끝에 좌우될 것이 아니라, 당대 로마사회의 이러한 정치적, 문화적 환경을 먼저 이해할 필요가 있다.

제정기 황제는 로마의 전통적인 사회 제도인 피호제를 이용하여 황제권을 강화하였다. 네로는 로마 평민에 대한 최고의 보호자를 자처하였다. 그의 재정 정책, 로마시 건설 정책, 문화 정책 등은 이러한 그의 친평민적 태도를 보여 주는 것이다. 네로황제의 그리스 여행은 이러한 문화 정책의 일환이었다. 그 여행은 또한 제국의 대속주 정책의 하나로써 의미있는 것이었다. 그는 옛 고전 문화의 본고장으로써 그리스 지역을 방문한 것이 아니라 로마 제국 내 한 속주인 아카이아 속주를 방문한 것이며, 이러한 모습을 여러 정책을 통하여 분명하게 보여 주었다. 그는 문화의 보호자로서 자신의 모습을 선전하여 그리스 세계의 주민의 지지를 확보하였고 그러한 문화 정책을 황제권의 지지 기반으로 삼고자 하였다. 네로의 친평민 정책과 친헬레니즘 정책은 이후 안토니누스 왕조시대 황제들에 의해서 계승되었다.

그러나 네로의 시도는 강한 반발에 부딪혔다. 율리우스–클라우디우스 왕조시대에 로마의 귀족층은 헬레니즘 세계의 군주제 이념을 수용할 수 없었다. 로마 공화정의 국법 전통이 여전히 강력하였고 원로원 귀족은 로마와 이탈리아 토지 귀족 출신으로서 그들의 전통적인 권한을 침해당하려고 하지 않았다. 그들은 네로의 여러 가지 혁신적 정책과 행동을 공화국의 전통과 원로원의 권위를 무시하는 폭군의 행동으로 그리고 천박하고 변덕스러운 군중의 욕구에 놀아나는 자의 소행으로 여겼다.

친평민 정책을 추구한 네로황제는 어느 다른 황제보다도 적극적으로 로마시 곡물 문제를 안정적으로 해결하기 위하여 노력하였다. 곡물의 안정된 공급은 거대 도시 로마의 주민을 위하여 매우 중요한 문제였다. 네로황제는 오스티아 항구의 내항을 건설하는 등 곡물의 안정된 수송을 위하여 노력하였다. 네로 시대 아프리카는 로마의 주요 곡창으로 기능하였다. 그러나 68년 '네로의 전쟁'이 벌어지고 아프리카의 총독 마케르가 봉기하여 아프리카의 곡물공급이 중단되자 로마는 극심한 기근 사태를 맞이해야 했다.

네로황제는 68년 봄 가이우스 빈덱스의 반란으로 시작된 이른바 '네로의 전쟁'으로 인하여 무너지고 말았다. 빈덱스의 봉기는 갈리아 민족주의 운동이 아니라 원로원 귀족의 네로황제에 대한 반대를 대변하는 봉기였고 사전에 여러 원로원 귀족을 대상으로 준비된 것이었다. 특히 한 개의 군단 밖에 거느리지 못한 스페인 지역 총독 갈바가 빈덱스에 의해서 제위 후보자로 추대된 사실과, 로마 원로원이 갈바를 네로의 뒤를 이은 황제로 선포한 사실 그리고 그러한 원로원의 결정을 군단 사령관들이 순순히 따른 사실 등은 68년 군대에 의한 혼란 상황에서도 공화정의 정치 전통이 그 힘을 발휘하고 있음을 잘 보여 주는 것이다. 네로는 반란 세력에 대하여 전투 한 번 제대로 해보지 못한 채 군대의 이반으로 몰락하고 말았다. 68년 군대의 이반을 주도한 것은 군단병이나 친위대 병사 등의 사병이 아니라 군단 사령관, 친위대장 등의 원로원 귀족이었다. 특히 네로의 몰락에 결정적 역할을 한 인물은 게르마니아 군단 사령관 베르기니우스 루푸스였다. 그 밖의 지역에 주둔해 있던 군단병들과 기타 부대들은 네로의 출동 명령을 받고 이탈리아로 향하였지만 네로의 몰락을 막기에는 너무 늦게 이탈리아에 도착하였고, 군단 사령관 루푸스의 태도를 좇아서 네로에 대한 충성을 철회하고 만 것이다. 루푸스는 원로원 귀족의 반네로 전선에 공감하여 네로를 배신하였다. 그는 휘하에 최강의 군단 병력을 거느리고 또한 68년의 혼란기에 있었지만, 미미한 기사 가문 출신으로서 자신이 감히 제위에 오를 수 있을 것이라고 생각하지 못하였다. 그는 로마 공화국의 국법의 전통을 존중하겠다고 공언하였고 원로원이 승인한 갈바를 순순히 황제로 인정하였다. 이러한 루푸스의 태도를 통하여 로마 공화정의 정치 이념이 제정 초기 로마사회에서 실질적으로 영향력을 발휘하고 있음을 알 수 있다.

69년 1월 갈바 황제가 살해된 이후 로마는 이른바 '네 황제의 해'라는 1년간의 끔찍한 내란을 겪어야 했다. 68년의 '네로의 전쟁'과 '4황제의 해'인 69년 동안의 내란은 그 성격이 분명히 다르다. 68년 '네로의 전쟁'에서 네로의 뒤를 이은 자는 로마 공화국의 명문 귀족 출신인 갈바였으나 69년 내란의 승리자는 군대의 힘에 의거한 기사 신분의 베스파시아누스였다. 그의 집권으로 인하여, 타키투스의 표현에 따르면, 이제 로마 밖에서 황제가 등장할 수 있다는 '제국의 비밀'이 폭로되었다. 베스파시아누스는 또한 집권한 이후에 공공연하게 제위세습의 원칙을 천명하였다. 세계제국 로마의 원만한 통치를 위해서 1인 지배가 불가피하다는 사실을 다시 한번 로마 인들은 깨달았다. 헬레니즘 세계의 군주제 이념이 한 걸음 더 로마에 다가온 것이다. 이러한 변화는 세계 제국으로써 통치 조직의 면모를 갖추어가는 과정에서 나타난 것이었다. 이제 로마는 도시국가 로마의 정치전통과, 로마와 이탈리아의 토지귀족으로 구성된 폐쇄적인 원로원 귀족에 의해서 다스려질 수 없었다. 네로의 몰락은 이러한 변화의 과정에서 빚어진 통치체제상의 갈등이 주요 원인으로 작용하였다. 그의 몰락은 율리우스-클라우디우스 왕조시대 원수정 체제의 특성과 한계를 잘 보여 주는 것이었다.

# 미주

〈약어표〉

AJAH      *American Journal of Ancient History*

AJP      *American Journal of Philology*

ANRW      *Aufstieg und Niedergang der Romischen Welt*

CAH      *The Cambridge Ancient History*

CIL      *Corpus Inscriptionum Latinarum*

CJ      *The Classical Journal*

CP      *The Classical Philology*

CQ      *The Classical Quqrterly*

ESAR      *An Economic Survey of Ancient Rome*

G&R      *Greece and Rome*

ILS      *Inscriptiones Latinae Selectae*

JRS      *The Journal of Roman Studies*

MAAR      *Memoirs of the American Academy in Rome*

NCRS      *Numistic Chronicle and Journal of the Royal Numismatic Society,*

P&P      *Past and Present*

PCPS      *Proceedings of the Cambridge Philological Society*

RE      *A. Pauly, G. Wissowa, and W. Kroll eds., Real-Encyclopadie der Klassischen Altertumswissenschaft,(Stuttgart: J.B.Metzler, 1894-1982)*

REA      *Revue des Etudes Anciennes*

RG      *Res Gestae Divi Augusti*

RIC      *Mattingly, H. and Sydenham, and Others, E.A., The Roman Imperial Coinage, (London: Spink, 1923-1981).*

RM      *Rheinisches Museum*

TPAP      *Transactions and Proceedings of the American Philological Association*

ZPE      *Zeitschrift fur Papyrologie und Epigraphik*

리비우스의 『로마사』와 카시우스 디오의 『로마사』는 저서명을 생략하였고 수에토니우스의 『황제전기』와 플루타르쿠스의 『영웅전』은 편명으로 저서명을 대신하였다. 재인용의 경우 근대 학자의 논저 제목은 약칭하였다.


1. 프린키파투스는 '프린켑스, 즉 제일시민에 의한 통치'를 의미하는 라틴어로서 우리말로는 흔히 원수정으로 번역된다. 그러나 원수란 '나라를 다스리는 사람', '국제법에서 외국에 대하여 나라를 대표하는 사람'이라는 의미이기 때문에, 아우구스투스가 황제를 의미하는 칭호로, 프린켑스라는 말을 처음 쓰기 시작하던 당시의 정치 상황과 그의 고민을 제대로 드러낸다고 보기 어렵다. 그러나 보다 적절한 단어를 찾지 못하는 상황에서, 관례상 원수정으로 번역하겠다.

2. H. Schiller, *Geschichte des Römischen Kaiserreiches unter der Regierung des Nero*, (Berlin, 1872).

3. B.W. Henderson, *The Life and Principate of the Emperor Nero*, (London, 1903).

4. A. Momigliano, "Nero" in *The Cambridge Ancient History,* vol. 10. (Cambridge, 1934), pp.702-742.

5. P.A. Brunt, "The Revolt of Vindex and the Fall of Nero", *Latomus*, vol. 18(1959), pp. 531-559.

6. B.H. Warmington, *Nero: Reality and Legend,* (New York, 1969); M. Grant, *Imperor in Revolt: Nero*, (New York, 1970).

7. A. Wallace-Hadrill, ed., *Patronage in Ancient Society*, (London, 1990); R.J.A. Talbert, *The Senate of Imperial Rome*, (Princeton, 1984); R. Saller, *Personal Patronage under the Early Empire*, (Cambridge, 1982); F. Millar, *The Emperor in the Roman World,* (London, 1977); P.R.C. Weaver, *Familia Caesaris*, (Cambridge, 1972); J.A. Crook, *Consilium Principis*, (Cambridge, 1955).

8. J. Elsner and and J. Masters eds., *Reflections of Nero: culture, history, and*

*representation,* (London, 1994).

9. M.Wyke, "Make like Nero! The appeal of a cinematic emperor", in *Reflesctions of Nero*, pp.11~28; G.Water, *Nero*,(London, 1957), pp.257~262;G.C .Jenks, *The Origins and Early Development of the Aneichrist Myth*,(Berlin,1991), pp.252~253

10. R. Syme, *Tacitus*, (Oxford, 1958), p.502.

11. P. Burke, *"Tacitism"*, in T.A. Dorey ed., *Tacitus*, (London, 1969), pp.149-160; Joan-Pau Rubies, "Nero in Tacitus and Nero in Tacitism", in *Reflections of Nero*, pp.29-47.

12. R. Mellor, *Tacitus*, (New York, 1993), p.89.

13. M.I. Finley, *The Use and Abuse of History*,(New York, 1975), pp.193-214; Syme, *Tacitus*, p.763.

14. M. Grant, *Greek and Roman Historians*, (London, 1995), p.30.

15. 예를 들어서 R. MacMullen, *Roman Social Relations*, 50 B.C.-A.D. 284, (New Haven, 1974); Millar, *The Emperor in the Roman World.*

16. R. Saller, "Anecdotes as Historical Evidence for the Principate", *G&R*, vol. 27,(1980), pp.70-72.

17. Syme, *Tacitus*, p.419.

18. R. Martin, *Tacitus*, (Berkeley: University of California Press, 1981), p.28.

19. Sextus Aurelius Victor, *Liber de Caesaribus*, 5. 1-4(J.G.C. Anderson, "Trajan on the quinquennium Neronis", *JRS* vol. 1, (1911), p.176에서 재인용).

20. *Incerti Auctoris Epitome de Caesaribus 5.* 1-5.

21. Henderson, *The Life and Principate*, p.75.

22. Momigliano, *CAH*, vol. 10, p.712.

23. Warmington, *Nero*, p.63.

24. Grant, *Nero*, p.59

25. O. Murray, "the 'quinquennium Neronis' and the Stoics", *Hsitoria*, vol. 14,

(1965), p.60.

26. Anderson, "Trajan on the quinquennium Neronis", p. 177.

27. J.G.F. Hind, "the Middle Year of Nero' s Reign", *Historia* vol. 20, (1971), pp.488-505.

28. M.K. Thornton, "The Enigma of Neor' s Quinquennium", *Historia* vol. 22, (1973), p.581 ff.

29. M.K. Thornton, "Nero' s Quinquennium: the Ostian Connection", *Historia*, vol. 38, (1989), pp.117-119.

30. R. Syme, *Emperors and Biography*, (Oxford, 1971), p.109.

31. Henderson, *The Life and Principate*, p.470.

32. A. Ferrill, "Seneca' s Exile and the ad Helviam: A Reinterpretation", *CP*, vol. 61,(1966), p.254.

33. B. Baldwin, "Seneca' s Potentia", *CP*, vol. 65,(1970), p. 188, n. 7.

34. Henderson, *The Life and Principate*; Momigliano, "Nero" in *CAH* vol 10.

35. Syme, *Tacitus*, p. 263; E. Cizek, *L' Époque de Néron et ses Controverses Idéologiques*,(Leiden, 1972), p.20, n. 1.

36. Cassius Dio, 63. 12. 3; Cizek, *L' Époque de Néron*, p.160.

37. B. Baldwin, "Exections, Trials and Punishment in the Reign of Nero", *Parola del Passsato*, vol. 22, (1967), p. 432 ff.

38. Cassius Dio, 61. 12; Tacitus, *Annales*, 14. 7; Griffin, *Seneca*, pp.133-135.

39. Cizek, *L' Époque de Néron*, p.160, n.5.

40. E. Keitel, "Principate and Civil War in the Annals of Tacitus", *AJP*, vol. 105, (1984), pp.306-325.

41. Z. Stewart, "Sejanus, Gaetulicus and Seneca", *AJP* vol. 74,(1953), p.70ff; Griffin, *Seneca*, p.92.

42. Suetonius, *Nero*, 27.

43. Tacitus, *Annales*, 14. 2.

44. Grant, *Nero*, p.188.

45. Walter, *Nero*, p.144.

46. Statius, *Silvae*, 1. 6. 28-52.

47. P. Veyne, *Bread and Circuses*,(London, 1990), pp. 406-407.

48. Z. Yavetz, *Plebs and Princeps*, (Oxford, 1969), p.124. '인민적 친근성' 에 대해
서는 본서 제 5장 1절에서 후술하겠다.

49. M.P. Charlesworth, "Nero:some aspects", *JRS* vol.40, (1950), pp.69-76

50. *RG*, 34.

51. Cassius Dio, 54. 6. 5.

52. E. Kornemann, *Doppelprinzipat und Reichsteilung im Imperium
Romanum*(Leipzig und Berlin, 1930).

53. *RIC*, p.78, no. 469.

54. Velleius Paterculus, *Historiae Romanae*, 2. 121.

55. Cassius Dio, 57. 24. 1.

56. Cassius Dio, 58. 24. 1

57. Suetonius, *Tiberius*, 24, 2.

58. Tacitus, *Annales*, 1. 3. 7.

59. Tacitus, *Annaels*, 3. 21.

60. Tacitus, *Annales*, 1, 7.

61. Suetonius, *Gaius Caligula*, 14.

62. Cassius Dio, 59. 3.

63. Cassius Dio, 1. 4.

64. Cassius Dio, 60. 3. 2.

65. Tacitus, *Annaels*, 12, 69.

66. *CIL* VI, 930.

67. B.W. Henderson, *Five Roman Emperors*(Cambridge, 1927), pp.25-26; C.G.
Starr, *Civilization and the Caesars*, (New York, 1954), pp.143-147.

68. D. Timpe, *Untersuchungen zur Kontinuität des Frühen Prinzipats, Historia Einzelschriften*, (1962), p.75 ;F. de Martino, *Storia della Costituzione Romana*(Napoli, 1965), p.502. 본법의 각 조문에 대한 분석과 제정 목적에 대해서는 졸고, "로마 황제 베스파시아누스의 임페리움에 관한 법", 『역사교육』 54,(1993), pp.113-152.

69. Cassius Dio, 59. 2. 1.

70. Suetonius, *Claudius*, 10. 2-4.

71. Cassius Dio, 60. 1. 2.

72. Tacitus, *Annales*, 12. 69.

73. E. Flaig, *Den Kaiser herausfordern. Die Usurpation im Römischen Reich*, (New York: Campus, 1992).

74. Tacitus, *Annales*, 1. 2.

75. Tacitus, *Annaels*, 3. 65.

76. Cassius Dio, 53. 19.

77. R. Syme, *The Roman Revolution*, (Oxford, 1939); Weaver, *Familia Caesaris*; H.G. Pflaum, *Les Carrières Procuratoriennes Equestres sous le Haut-Empire Romain*, vols. 3, (Paris, 1960-1961); Millar, *The Emperor in the Roman World*; Crook, *Consilium Principis*; R. Saller, *Personal Patronage under the Early Empire*, (Cambridge, 1982).

78. P.A. Brunt, " 'Amicitia' in the Late Republic", *PCPS*, vol. 11, (1965), p.1.

79. Seneca *De Clementia*, 1. 10. 1.

80. Seneca, *De Clementia* 1. 15. 3.

81. Crook, *Consilium Principis*, pp.21-22.

82. Tacitus, *Annales*, 15. 25. 1-6.

83. Tacitus, *Annales*, 13. 12.

84. R.S. Rogers, "The Emperor' s Displeasure - amicitiam renuntiare", *TPAP*, vol. 90,(1959), pp.224-237; R.S. Rogers,"Treason in the Early Empire", *JRS* vol.

49,(1959), pp.90-94.

85. M. Hammond, "Composition of the Senate, A.D. 68-235", *JRS* vol. 47, (1957), p.74; M.P. Charlesworth, in *CAH* vol. 10,(1934), pp.628-631.

86. A. Wallace-Hadrill, "Civilis Princeps: Between citizen and king", *JRS*, vol. 72, (1982), pp.32-48.

87. Béranger, J., *Recherches sur l'aspect idéologique du Principat*, (Basel, 1953), p.153; Philostratus, *Vita Apollonii*, 4. 38; A. Michel, *La philosophie politique à Rome d'Auguste à Marc Aurele*, (Paris, 1969), pp.24-26.

88. Tacitus, *Annales*, 3. 54.

89. J. Gagé, *Les Classes Sociales dans l'Empire Romain*, (Paris, 1971), pp. 236-238; G. Boissier, *L'opposition sous les Césars*, (Paris, 1962), pp.69-77.

90. Tacitus, *De Vita Iulii Agricolae*, 2. 3.

91. Seneca, *Epistulae*, 44. 5.

92. Seneca *De Beneficiis*, 3. 28. 1.

93. Seneca, *Epistulae*, 97. 1.

94. Tacitus, *Annales*, 15. 20. 5.

95. Seneca, *De Clementia*, 1. 1. 2-3.

96. Suetonius, *Nero*, 52.

97. Cassius Dio, 61. 4.

98. Tacitus, *Annales*, 13. 2.

99. M. Gelzer, *Kleine Schriften*, I, (Wiesbaden, 1962), pp.136-153; H. Hill, "Nobilitas in the Imperial Period", *Historia* vol. 18, (1969), pp.230-250; P.A. Brunt, "Lex Valeria Cornelia", *JRS* vol. 51, (1961), pp.71-83.

100. R.J. Rowland, Jr., "Nero's Consular Colleagues: a note", *AJAH* vol. 1, (1976), p.190-191.

101. Syme, *Tacitus*, pp.385-386.

102. Syme, *The Roman Revolution*, pp.502-503; H.-H. Pistor, *Prinzeps und*

*Patriziat in der Zeit von Augustus bis Commodus*, (Diss. Freiburg, 1965), pp.98-113.

103. H. Lewis, *The Official Priests of Rome under the Julio-Claudians: a study of the nobility from 44 B.C.-A.D. 68*, (Rome: American Academy in Rome, 1955), p.32, No. 28.

104. Syme, *Tacitus*, p.386, p.743, Griffin, *Seneca*, p.233, p.454.

105. J.R. Ginsburg, "Nero' s Consular Policy", *AJAH* vol. 1, (1981), p.55.

106. Hammond, "Composition of the Senate", p.77.

107. *ILS* 986; G.E.F. Chilver, *A Historical Commentary on Tacitus' Histories I and II*, (Oxford, 1979), p.248.

108. Suetonius, *Claudius*, 29; Seneca, *Apocolocyntosis*, 13; D. McAlindon, "Senatorial Opposition to Claudius and Nero", *AJP*, vol. 77, (1956), p.114; D. McAlindon, "Claudius and the senators", *AJP*, vol. 78, (1957), pp.279-286.

109. A. J. Toynbee, *Hannibal's Legacy*, I, (London, 1965), p.327, A. J. Graham, "The Limitations of Prosopography in Roman Imperial History", *ANRW*, II, 1, (Berlin, 1982), p.138.

110. Tacitus, *Annales*, 13. 1.

111. Tacitus, *Annales*, 14. 22.

112. K. Hopkins, *Death and Renewal*, (Cambridge, 1983), 제 3장; P. Garnsey and R. Saller, *The Roman Empire: Economy, Society and Culture*, (Berkeley, 1987), p.113ff; Baldwin, "Executions, Trials, and Punishment", p.437.

113. Tacitus, *Annales*, 15. 67.

114. Suetonius, *Nero*, 36.

115. Suetonius, *Nero*, 37. 3.

116. Cassius Dio, 63. 15. 1.

117. Juvenalis, *Satirae*, 10. 80-1.

118. Cassius Dio. 74. 13.

119. *CAH* vol. 10, 2nd ed. (1996), pp.1006-1137에 있는 참고 문헌 참고.

120. M.I. Rostovzeff, *Social and Economic History of Roman Empire*, (Oxford, 1957), pp.79-80.

121. Seneca, *De Beneficiis*, 2. 7. 3.

122. Wallace-Hadrill, "Civilis Princeps", pp.32-48.

123. Seneca, *De Clementia* 2. 1. 3.

124. H. Last, *CAH* vol. 9, p.402.

125. Béranger, *Recherches sur l' Aspect Idéologique*, pp.114-132.

126. Cicero, *Orationes Philipicae*, 13. 24.

127. R. Gilbert, *Die Beziehungen zwischen Princeps und Stadtrömischer Plebs im Frühen Prinzipat*, (Bochum, 1976), p.13.

128. Plinius, *Panegyricus* 46. 4.

129. H. Kloft, *Liberalitas Principis, Herkunft und Bedeutung: Studien zur Prinzipatsideologie*, (Köln, 1970), p.181.

130. R.P. Saller, "Corporal punishment, authority and obedience in the Roman Household", in B. Rawson ed., *Marriage, Divorce and Children in Ancient Rome*, (Oxford, 1991), pp.150-151; J.A. Shelton, *As the Roman Did*, (Oxford, 1988), p.340; J. Stambaugh, *The Ancient Roman City*, (London, 1990), p.229.

131. M.A. Wirszubski, *Libertas as a Political Idea at Rome*, (Cambridge, 1950), p.13, p.36; H.F. Jolowicz, *Historical Introduction to the Study of Roman Law*, (Cambridge, 1954), pp.87-88.

132. Cicero, *Epistulae ad Atticum*, 39. 3.

133. Suetonius, *Nero*, 39. 3.

134. Suetonius, *Vitellius*, 11; Suetonius, *Otho*, 7; 10.

135. Tacitus, *Annales*, 15. 36.

136. Tacitus, *Annales*, 15. 59.

137. Tacitus, *Annales*, 14. 42;13-16.

138. Tacitus, *Annales*, 14. 45.

139. Suetonius, *Nero*, 53.

140. Saller, *Personal Patronage,* pp.7-22; p.120, G.E.M. de Ste. Croix, "Suffragium: from Vote to patronage", *British Journal of Sociology* vol. 5, (1954), pp.33-48; Saller, *Personal Patronage,* pp.8-11, pp.127-130.

141. Seneca, *De Beneficiiis*, 1. 4. 2.

142. Syme, *The Roman Revolution*, p.386; R. Syme, *Tacitus*, p.8.

143. *RG*, 34.

144. Petronius, *Satyricon*, 1-5; Tacitus, *Annales*, 15. 49. 4; 16. 18. 2.

145. Tacitus, *Annales*, 14. 16. 1.

146. Lucanus, *Bellum Civile*, 1. 63-66.

147. Stambaugh, *The Ancient Roman City*, pp.225-233; Shelton, *As the Romans Did*, pp.331-342; T. Wiedemann, *Emperors and Gladiators*, (London, 1992), pp.1-12.

148. *RIC* I 2nd ed., p.158, nos. 73-82.

149. G. Dittenberger, *Sylloge Inscriptionum Graecarum*, 3rd ed. 814(Grant, *Nero*, p.231에서 재인용)

150. Cassius Dio, 62. 14. 4

151. Cassius Dio 62. 16. 1.

152. S. Alcock, *Graecia Capta*, (Cambridge, 1993), pp.175-80;D. Engels, *Roman Corinth*,(Chicago: University of Chicago, 1990).

153. S. Alcock, "Nero at Play?: The Emperor' s Graecian Odyssey", in *Reflections of Nero*, p.106; A. Wardman, *Rome' s Debt to Greece*,(London, 1976), pp.1-24.

154. Suetonius, *Nero*, 25. 1.

155. *RG*, 15.

156. T. Frank, *ESAR*, vol. 5, (New York: Octagon Book, 1940), pp.10-11.

157. M.K. Thornton and R.L. Thornton, "Manpower Needs for the Public Works

Programs of the Julio-Claudian Emperors", *Journal of Economic History* vol. 43,(1983), pp.373-378; M.K. Thornton, "Julio-Claudian Building Programs: Eat, Drink, and Be Merry", *Historia*, vol. 35, (1986), pp.28-44.

158. T. Frank, "The Financial Crisis of AD 33", *AJP*, 56, (1935), pp.336-341.

159. P.A. Brunt, "Free labour and Public Works at Rome", *JRS,* vol. 70, (1980), pp.89; L. Casson, *Ancient Trade and Society*, (Detroit, 1984), p.121.

160. Tacitus, *Historiae*, 1. 16.

161. P.A. Brunt, "The Fiscus and its Development", *JRS* vol. 56,(1966); F. Millar, "The Fiscus in the First two Centuries", *JRS,* vol. 53, (1963), p.29ff.

162. F. Millar, "State and Subject: the Impact of Monarchy", in F. Millar and E. Segal (eds.), *Caesr Augustus: Seven Aspects*, (Oxford, 1984), pp. 57-58; K.A. Raaflaub and M. Toher (eds.), *Between Republic and Empire: interpretations of Augustus and his Principate*,(Berkeley, 1990).

163. *Octavia*, 477-478.

164. *Octavia*, 504-509.

165. Suetonius, *Nero*, 31. 1.

166. Martialis, *Liber de Spectaculis*, 7. 34. 4.

167. Philostratus, *Vita Apollonii*, 4. 42.

168. Grant, *Nero*, pp.151-161; Warmington, *Nero*, pp.123-125; Z. Yavetz, "The Living Conditions of the Urban Plebs in Republican Rome", *Latomus* vol. 17,(1958), p.500ff.; Stambaugh, T*he Ancient Roman City*, p.128.

169. Tacitus, *Annales*, 15. 44.

170. Tacitus, *Annales*, 15. 43.

171. Suetonius, *Nero*, 31. 1-2.

172. J. Elsner, "Constructing Decadence: the representation of Nero as imperial builder", in *Reflections of Nero*, p.121.

173. Suetonius, *Nero*, 39.

174. Martialis, *Liber de Spectaculis*, 2. 4.

175. Warmington, *Nero*, p.81; K.R. Bradley, "A Publica Fames in A.D. 68", *AJP*, vol. 93, (1972), pp.451-458; B. Gallotta, "l' africa e i rifornimenti di cereali all' Italia durante il principato di Nerone", *Rendiconti classe di lettere e scienze morali e sroriche* vol. 109, (1975), pp.28-46.

176. O. Hirschfeld, *Die Kaiserlichen Verwaltungsbeamten*(Berlin, 1905), p. 235; G. Calza, "Il piazzale delle corporazioni e la funzione commerciale di Ostia", *Bullettino della Commissione Archeologica Communale in Roma*, vol. 43, (1915), pp. 178-206; Rostovtzeff, *The Social and Economic History of the Roman Empire*, p.159, p.607 n. 22; Pavis d' Escurac, *La Préfecture de l' Annone service Administratif Imperial d' Auguste à Constantine*(Rome: École française de Rome, 1976), p. 169, p. 253, p. 257.

177. J. P. Waltzing, *Étude Historique sur les Corporations Professionelles chez les Romains*(Louvain, 1896); G. Rickman, *Roman Granaries and Store Buildings*(Cambridge, 1971), p. 173, pp. 307-311; *idem, The Corn Supply of Ancient Rome*(Oxford, 1980), pp. 87-93. ; Casson, *Ancient Trade and Society*, p.99, n.17.

178. Suetonius, *Claudius*, 18-19.

179. A. Momgliano, *Claudius: the Emperor and his Achievement*(Cambridge, 1961), p. 49, p. 107; Rostovtzeff, "frumentum", in *RE*, vol. 7, cols. 177-178; D. van Berchem, *Les Distributions de Blé et l' Argent à la Plèbe Romaine sous l' Empire*, (Genève, 1975), p.72; Frank, *ESAR*, vol. 5, p. 41; M.P. Charlesworth, in *CAH* vol. 10, p.689.

180. G.E.F. Chilver, "Princeps and Frumentationes", *AJP*, vol. 70, (1949), pp.8-10.

181. Millar, "The Fiscus", pp.29-42; D.W. Rathbone, "The Imperial Finances", in *CAH*, vol. 10, 2nd ed. (Cambridge, 1996), p.320; Brunt, "The 'Fiscus' and its Development", pp.75-91; A.H.M. Jones, *Studies in Roman Government and*

*Law*(Oxford, 1960), 제6장.

182. Suetonius, *Caesar*, 41. 3.

183. Nippel, *Public Order*, p. 86; Stambaugh, *The Ancient Roman City*, p. 114.

184. Berchem, *Les Distributions*, pp.22-23, p.26; Brunt, *Italian Manpower*, p. 381; Rickman, *The Corn Supply*, p. 176.

185. Sallustius, *Epistulae ad Caesarem*, 1. 7. 2.

186. Sallustius, *Epistulae ad Caesarem*, 1. 8. 6.

187. Strabo, 8. 6. 23.

188. Berchem, *Les Distributions*, p.28, pp.34-45.

189. C. Virlouvet, "La plèbe frumentaire a l'époque d'Auguste", in A. Giovannini ed., *Nourrir la plèbe*(Basel, 1991), p.49.

190. Cassius Dio, 55. 10. 1.

191. 졸고, "아우구스투스의 곡물 평민(plebs frumentaria)", 『역사학보』, 174(2002), pp. 201-225 참조.

192. A.N. Sherwin-White, *The Roman Citizenship*, (2nd ed., Oxford, 1973), pp.328-330; Virlouvet, "La plèbe frumentaire", p.43-62, p.65.

193. C. Virlouvet, *Famines and Émeutes à Rome des Origines de la République à la Mort de Néron*(École française de Rome, 1985), p.6.

194. Cicero, *De Domo sua*, 89, Livius, 4.12; Dionysius of Halicarnasus, *Antiquitates Romanae*, 12.1.8.

195. Cicero, *Orationes Philipicae*, 1. 5.

196. Cicero, *De Domo Sua* 12; 15; Appianus, *Bellum Civile* 5. 19; Cicero, *De Domo Sua* 13.

197. Plutarchus, *Pompeius*, 25; 26. 2; Cassius Dio, 36. 23; Dionysius Halicarnassensis, *Antiquitates Romanae*, 7. 16. 2; Appianus, *Bellum Civile* 5. 68.

198. Dionysius Halicarnassensis, *Antiquitates Romanae*, 7. 14. 1; Livius, 2. 35. 4, Virlouvet, *Famines and Émeutes*, p.70.

199. Cicero, *Epistulae ad Atticum*, 14.3.

200. Suetonius, *Caligula*, 26.9.

201. *ILS* 6085.

202. *ILS* 6071.

203. *ILS* 6069.

204. *ILS* 6070.

205. S.B. Platner and T. Ashby, *A Topographical Dictionary of Ancient Rome*, (London, 1929), p.424.

206. P. Garnsey, "Famine in Rome", in P. Garnsey and C.R. Wittaker ed., *Trade and Famine in Classical Antiquity*, (Cambridge, 1983), p.60.

207. Tacitus, *Annales*, 12, 43.

208. Stambaugh, *The Ancient Roman City*, pp.269-272; Calza, "il piazzale delle corporazioni", p.179; R. Meiggs, *Roman Ostia*, (Oxford, 1977), p.283; *CAH*, vol. 10, 2nd ed. p.588 지도 참고.

209. Josephus, *Antiquitates Iudaicae* 2.383-5.

210. Aurelius Victor, *Epitome*, 1.

211. K. Hopkins, *Conquerors and Slaves*, (Cambridge, 1978), pp.96-8; Duncan-Jones, *The Economy of the Roman Empire*, (Cambridge, 1974), 제 6장; Elio Lo Cascio, "The Size of the Roman Population: Beloch and the Meaning of the Augustan Census Figures", *JRS*, vol. 84, (1994), p.27, p.34.

212. K.J. Beloch, *Die Bevölkerung der Griechisch-Römischen Welt*, (Leipzig, 1886), p.374ff.; Lo Cascio, "The Size of the Roman Population", p.32; Brunt, *Italian Manpower*, p.113.

213. Brunt, *Italian Manpower*, pp.382-383.

214. P. Garnsey, "Rome's African Empire under the Principate", in P.D.A. Garnsey and C.R. Whittaker eds., *Imperialism in the Ancient World*(Cambridge, 1978), pp. 224-230; C. R. Whittaker, "Roman Africa:

Augustus to Vespasian", in *CAH* vol. 10 (2nd ed.) pp. 586-596; Heywood, "Roman Africa", in *ESAR*, vol 4,(New York, 1938), pp.34-42; D. Crawford, "Imperial Estates" in M.I. Finley, ed., *Studies in Roman Property* (Cambridge, 1976), pp. 35-70.

215. Garnsey, "Rome's African Empire", p.241; Whittaker, "Roman Africa", p. 602.

216. Plinius, *Naturalis Historia*, 18. 35.

217. Cicero, *In Verrem*, 3. 163; Garnsey, "Rome's African Empire", p. 240.

218. E.A. Sydenham, *Historical References on Coins of the Roman Empire from Augustus to Gallienus*, (Chicago, 1968), p.5; C.H.V. Sutherland, *The Emperor and the Coinage: Julio-Claudian Studies*, (London, 1976); *Roman History and Coinage 44 BC-AD 69,* (Oxford, 1987), p.81; *RIC*, pp.150-151, nos. 73-78.

219. Tacitus, *Annales*, 14. 51. 5.

220. Suetonius, *Nero*, 45. 1.

221. Tacitus, *Historiae*, 1. 89

222. Virlouvet, *Famines and Émeutes*, pp.44-48.

223. W. Harris, "Literacy and epigraphy I", *Zeitschrift für Papyrologie und Epigraphik*, vol. 82, (1983), pp. 87-111; Virlouvet, *Famines et Émeutes*, pp.73-74; A. Wallace-Hadrill, *Suetonius*, (London, 1983), pp.1-25.

224. A. Wallace-Hadrill, *Suetonius*, (London, 1983), pp.1-25.

225. Bradley, "A Publica Fames", pp.451-458; Warmington, *Nero*, p.81.

226. L. Casson, *Travel in the Ancient World,* (Baltimore, 1994), pp.188-189.

227. Plutarchus, *Galba*, 29. 3.

228. Tacitus, *Historiae*, 1. 51.

229. Tacitus, *Historiae*, 1. 51.

230. Cassius Dio 63. 22.

231. C.M. Kraay, "The Coinage of Vindex and Galba, AD 68, and the Continuity

of the Augustan Principate", *NCRS*, vol. 9, (1949), p.129 ff.; Surtherland, *Roman History and Coinage*, 41장-46장 참조; *RIC*, I, 2ed., p.233ff.

232. Philostratus, *Vita Apollonii* 5. 10; J.B. Hainsworth, "Verginius and Vindex", *Historia* vol. 11(1962), p.90.

233. T. Mommsen, "Der Letzte Kampf der Römischen Republik", *Hermes* vol. 13, (1878), pp.90-105.

234. M.A. Wirszubski, *Libertas as a political Idea at Rome*, (Cambridge, 1950), p.137.

235. Plutarchus, *Galba*, 29. 3.

236. E.G. Turner, "Tiberius Iulius Alexander" *JRS* vol. 44, (1954), p.60.

237. Tacitus, *Historiae*, 1. 83-84.

238. Plutarchus, *Galba*, 6. 3.

239. Syme, *Tacitus*, p.179, p.462. 그외에도 이러한 견해를 보이는 학자들로서는 Kraay, "The Coinage of Vindex and Galba", pp.144-146; Chilver, "The Army in the Politics", pp.32-33.

240. Brunt, "The Revolt of Vindex", pp.537-543; D.C.A. Shotter, "Tacitus and Verginius Rufus", *CQ,* vol. 17, (1967), p.375; J.B. Hainsworth, "Verginius and Vindex", *Historia* vol. 11, (1962), p.90, 92, pp.94-95.

241. R. Syme, "Partisans of Galba", *Historia* vol. 31, (1982), p.469; B. Levick, "L. Verginius Rufus and the Four Emperor", *RM*, vol. 128, (1985), p.330.

242. Plinius, *Epistulae*, 2. 1; 6. 10; 9. 19. 1.

243. 타키투스가 루푸스에게 호의적이었다고 보는 학자로는 G.B. Townend, "The Reputation of Verginius Rufus", *Latomus* vol. 20, (1961), p.337; J.B. Hainsworth, "The Starting-Point of Tacitus' Historiae: fear or favour by omission", *G&R*, vol. 11,(1964), p.134 등이 있고, 비판적이었다라고 보는 학자는 D.C.A. Shotter, "The Starting-Dates of Tacitus' Historical Works", *ClQ*, vol. 17, (1967), p.161가 있다.

244. Levick, "L. Verginius Rufus and the Four Emperor", p.345.

245. Cassius Dio 63.

246. Tacitus, *Historiae*, 1. 8. 2.

247. Chilver, *A Historical Commentary*, p.8.

248. Cassius Dio 63. 24-25

249. Cassius Dio 63.

250. Plutarchus, *Galba*, 6. 3.

251. Plutarchus, *Galba*, 6. 5.

252. Kraay, "The Coinage of Vindex and Galba"; Levick, "L. Verginius Rufus and the Four Emperor"

253. Plutarchus, *Galba*, 10.

254. M. Grant, *The Army of the Caesars*, (London, 1974), pp.149-152(스크리보니아누스의 봉기). J.B. Campbell, *The Emperor and the Roman Army 31B.C.-A.D. 235*, (Oxford, 1984); Flaig, *Den Kaiser herausfordern*, 제 3장 참고.

255. 수치는 로마마일(milla passum)으로 계산되었다. Murison, 위의 책, p.7-8에서 재인용.

256. Tacitus, *Historiae* 1. 53. 2.

257. Levick, "L. Verginius Rufus and the Four Emperor", p.237.

258. K. Wellesley, "A Major Crux in Tacitus: *Hsitories* II, 40", *JRS* 61,(1971), p.41.

259. Kraay, "The Coinage of Vindex and Galba", p.129; Chilver, "Army in the Politics", p.32; Hainsworth, "Verginius and Vindex", pp.86-87; Grant, *Nero*, p.242.

260. H. Mattingly, "Verginius at Lugdunum", *NCRS*, vol. 14, (1954), p.349; D.C.A. Shotter, "A time-table for the 'Bellum Neronis'", *Historia* vol. 24, (1975), p.69; Warmington, *Nero*, p.160; K.R. Bradley, *Suetonius' Life of Nero, A Historical Commentary*, (Brussels, 1978), p.257.

261. Suetonius, *Nero*, 40. 4.

262. Suetonius, *Nero*, 42.

263. Hallermann, *Untersuchungen zu den Truppenbewegungen*, pp.38-51,

Murison, *Galba, Otho and Vitellius*, pp.96-99에서 재인용.

264. Tacitus, *Historiae*, 2. 27. 2.

265. Hallermann, *Untersuchungen zu den Truppenbewegungen*, p.13.

266. Tacitus, *Historiae*, 1.9.3

267. Plutarchus, *Galba*, 10.2.

268. Tacitus, *Historiae*, 1. 31.

269. Tacitus, *Historiae*, 1. 6.

270. Cassius Dio 63. 27.

271. Plutarchus, *Galba*, 2. 1-2.

272. Brunt, "The Revolt of Vindex", p.542.

273. Tacitus, *Historiae*, 1. 7.

274. Tacitus, *Historiae*, 1, 73.

275. Henderson, *Life and Principate*, pp.407-408.

276. Velleius Paterculus, *Historiae Romanae*, 1. 12. 1.

277. *RE*, s.v. "Calvius" no.4(Groag, 1899).

278. Plutarchus, *Galba*, 13.3

279. Bradley, "A Publica Fames", p.456.

280. Surtherland, *Roman History and Coinage*, p.108; Sydenham, *Historical References on Coins*, pp.61-64.

281. *RIC* I², p.195, no.29; Surtherland, *Roman History and Coinage*,, p.107;Surtherland, *Roman History and Coinage*, p.107.

282. Griffin, *Nero*, p.59; Surtherland, *Roman History and Coinage*, pp.37-38.

283. Suetonius, *Nero*, 45.

284. Tacitus, *Historiae*, 1. 89. 2.

# 참고문헌

## 1차 자료

Appianus of Alexandria, *Bellum Civile*

Cicero, M. Tullius, *De Domo Sua, De Inventione, De Officiis,*
*Epistulae ad Atticum, Orationes Philipicae, Pro Archia,*
*Pro Sestio, Pro Lege Manilia, Rhetorica ad Herennium*

Livius, T.,*Ab Urbe Condita Libri*

Cassius Dio Cocceianus, *Historia Romana*

Dionysius of Halicarnassus, *Antiquitates Romanae*

Josephus, Flavius, *Antiquitates Iudaicae*

Juvenalis, Decimus Iunius, *Satirae*

Lucanus, M. Annaeus, *Bellum Civile*

Martialis, M. Valerius, *Liber de Spectaculis*

Petronius, *Satyricon*

Philostratus, Flavius, *Vita Apollonii*

C. Plinius Secundus, *Naturalis Historia*

C. Plinius Caecilius Secundus, *Epistulae, Panegyricus*

Plutarchus, L. Mestrius, *Vitae Parallelae*

C.Sallistius Crispus, *Epistulae ad Caesarem*

Seneca, L. Annaeus, *Controversiae*

Seneca, L. Annaeus, *Apocolocyntosis, De Beneficiiis, De Clementia,*
*De Tranquillitate Animi, Epistulae, Questiones Naturales*

Statius, P. Papius, *Silvae*

Strabo, *Geographia*

C. Suetonius Tranquillus, *De Vita Caesarum*

Tacitus, Cornelius, *De Vita Iulii Agricolae, Annales, Historiae*

Velleius Paterculus, *Historiae Romanae*

Victor, Sextus Aurelius , *Liber de Caesaribus*

*Digesta*

*Octavia*

*Res Gestae Divi Augusti*

*Scriptores Historiae Augustae*

*Corpus Inscriptionum Latinarum, 1863-.*

H. Dessau, *Inscriptiones Latinae Selectae, 1892-1916*

V. Ehrenberg and A.H.M. Jones, *Documents illustrating the Principates of Augustus and Tiberius, 2nd ed.,* (Oxford: Clarendon Press, 1955).

E.M. Smallwood, *Documents illustrating the Principates of Gaius,Claudius and Nero,* (London: Cambridge University Press, 1967).

## 2차 자료

(1) 저서

Alcock, S.E., *Graecia Capta: the landscapes of Roman Greece,* (Cambridge: Cambridge University Press, 1993).

Badian, E., *Foreign Clientelae: 264-70 B.C.,* (Oxford: Clarendon Press, 1958).

Bagnall, R.S. and Frier, B.W., *The Demography of Roman Egypt,* (Cambridge: Cambridge University Press, 1994).

Balsdon, J.P.V.D., *Life and Leisure in Ancient Rome,* (New York: McGraw-Hill, 1969).

Beloch, J., *Die Bevölkerung der Griechisch-Römischen Welt,* (Leipzig: Duncker und Humblot, 1886).

Béranger, J., *Recherches sur l' Aspect idéologique du Principat,* (Basel: F.Reinhardt, 1953).

Berchem, D. van., *Les Distributions de Blé et d' Argent à la Plèbe Romaine sous l' Empire,*

(Geneve, 1975).

Boissier, G., *L' Opposition sous les Césars,* (Paris: Hachette, 1962).

Bowman, and Champlin, E., eds., *The Cambridge Ancient History: the Augustan Empire 43 B.C.-A.D. 69,* vol. 10, 2nd ed., (Cambridge: Cambridge University Press, 1996).

Bradley, K.R., Suetonius' *Life of Nero, An Historical Commentary,* (Bruxelles: Latomus, 1978).

Brunt, P.A., *Italian Manpower: 225 B.C.-A.D. 14,* (London: Oxford University Press, 1971).

Campbell, J.B., *The Emperor and the Roman Army, 31 B.C.-A.D. 235,* (Oxford: Oxford University Press, 1984).

Canavesi, M., *Nerone: saggio storico,* (Milano: G.Principato, 1945).

Carcopino, J., *Daily Life in Ancient Rome: the people and the city of the height of the empire,* (New Haven: Yale University Press, 1941).

Casson, L., *Ancient Trade and Society,* (Detroit: Wayne State University Press, 1984).

Casson, L., *Ships and Seamanship in the Ancient World,* (Princeton: Princeton University Press, 1971).

Casson, L., *Travel in the Ancient World,* (Baltimore: Johns Hopkins University Press, 1994).

Chilver, G.E.F., *A Historical Commentary on Tacitus' Histories I and II,* (Oxford: Oxford University Press, 1979).

Cizek, E., *L' Époque de Néron et ses Controverses Idéologiques,* (Leiden: Brill, 1972).

Clarke, M.L., *Rhetoric at Rome: a historical survey,* (London: Cohen and West, 1953).

Costa, C.D.N., ed., *Seneca,* (London: Routledge, 1974).

Cook, S.A., Adcock, F.E., and Charlesworth, M.P. eds., *The Cambridge Ancient History: the Augustan Empire 44B.C.-A.D.70,* vol. 10, (Cambridge:

Cambridge University Press, 1934).

Crook, J.A., *Consilium Principis: imperial councils and counsellors from Augustus to Diocletian,* (Cambridge: Cambridge University Press, 1955).

D' Escurac, P., *La Préfecture de l' Annone: service administratif impérial d' Auguste à Constantine,*(Rome: École française de Rome, 1976).

Dorey, T.A. ed., *Latin Biography,* (London: Routledge, 1967).

Dorey, T.A. ed., *Tacitus,* (London: Routledge, 1969).

Duncan-Jones, R., *The Economy of the Roman Empire,* (Cambridge: Cambridge University Press, 1974).

Elsner, J. and Masters, J., ed., *Reflections of Nero: culture, history, and representation,* (London: Duckworth, 1994).

Engels, D., *Roman Corinth,* (Chicago: University of Chicago, 1990).

Finley, M.I., *The Use and Abuse of History,* (New York: Viking Press,1975).

Finley, M.I. ed., *Studies in Roman Property,* (Cambridge: Cambridge University Press, 1976).

Finley, M.I. ed., *Studies in Ancient Society,* (London: Routledge, 1974).

Flaig, E., *Den Kaiser Herausfordern. Die Usurpation im Römischen Reich,* (New York: Campus, 1992).

Frank, T. ed., *An Economic Survey of Ancient Rome, vols 5,* (New York: Octagon Books, 1940).

Gagé, J., *Les Classes Sociales dans l' Empire Romain,* (Paris: Payot, 1971).

Garnsey, P. and Saller, R., *The Roman Empire: economy, society and culture,* (Berkeley: University of California Press, 1987).

Garnsey, P. and Whittaker, C.R., eds., *Imperialism in the Ancient World,*(Cambridge: Cambridge University Press, 1978).

Garnsey, P. and Wittaker, C.R., ed., *Trade and Famine in Classical Antiquity,* (Cambridge: Cambridge Philological Society, 1983).

Gelzer, M., *Kleine Schriften, I,* (Wiesbaden: F.Steiner, 1962).

Gilbert, R., *Die Beziehungen zwischen Princeps und Stadtrömischer Plebs im Frühen Prinzipat,* (Bochum: Studienverlag Brockmeyer, 1976).

Giovannini, A., ed., *Nourrir la Plèbe: actes du colloque tenu a Genève les 28 et 29. IX. 1989 en hommage a Denis van Berchem,*(Basel: F.Reinhardt, 1991).

Grant, M., *Imperor in Revolt: Nero,* (New York: American Heritage Press, 1970).

Grant, M., *The Army of the Caesars,* (New York: Scribner, 1974).

Grant, M., *Greek and Roman Historians: information and misinformation,* (New York: Routledge, 1995).

Griffin, M.T., *Seneca: a Philosopher in Politics,* (Oxford: Clarendon Press, 1976).

Griffin, M.T., *Nero: the end of dynasty,* (London: Routledge, 1985).

Halfmann, H., *Itinera Principum: Geschichte und Typologie der Kaiserreisen im Römischen Reich,* (Stuttgart: F.Steiner Verlag Wiesbaden, 1986)

Hallermann, B., *Untersuchungen zu den Truppenbewegungen in den Jahren 68/69 n. Chr.,* Diss., (Würzburg, 1963).

Hammond, M., *The Augustan Principate in Theory and Practice during the Julio Claudian Period,* (Mass.: Harvard University Press, 1933).

Hands, A.R., *Charities and Social Aid in Greece and Rome,* (London: Thames and Hudson, 1968).

Henderson, B.W., *The Life and Principate of the Emperor Nero,* (London: Methuen and co., 1903).

Hopkins, Ks., *Conquerors and Slaves,* (Cambridge: Cambridge University Press, 1978).

Hopkins, K., *Death and Renewal,* (Cambridge: Cambridge University Press, 1983).

Jenks, G.C., *The Origins and Early Development of the Antichrist Myth,* (New York: W. de Gruyter, 1991).

Jolowicz, H.F., *Historical Introduction to the Study of Roman Law,* (Cambridge:

Cambridge University Press, 1954).

Jones, A.H.M., *Studies in Roman Government and Law,* (Oxford: Basil Blackwell, 1960).

Jones, A.H.M., *Augustus,*(New York: Norton, 1970).

Kloft, H., *Liberalitas Principis: Herkunft und Bedeutung,* (Köln: Böhlau, 1970).

Latte, K. ed., *Histoire et Historien dans l' Antiquité: sept exposés et discussions,* (Vandoeuvres-Geneve: Fondation Hardt pour l' Étude de l' antiquité classique, 1958).

Le Glay, M., Voisin, J.-L., et Le Bohec, Y., *Histoire Romaine,* (Paris: Presses universitaire de France, 1991).

Lewis, H., *The Official Priests of Rome under the Julio-Claudians: a study of the nobility from 44 B.C. to A.D. 68,* (Rome: American Academy in Rome,1955).

MacMullen, R., *Roman Social Relations, 50 B.C. - A.D. 284,* (New Haven:Yale University Press, 1974).

Magie, D., *Roman Rule in Asia minor to the End of the Third Century after Christ,* (Princeton: Princeton University Press, 1950).

Martin, R., *Tacitus,* (Berkeley: University of California Press, 1981).

Martino, F. de., *Storia Economica di Roma Antica,* (Firenze: La Nuova Italia, 1979).

Martino, F. de., *Storia della Costituzione Romana,* (Napoli: E.Jovene, 1965).

Mattingly, H. and Sydenham, and Others, E.A., *The Roman Imperial Coinage,* (London: Spink, 1923-1981).

Meiggs, R., *Roman Ostia,* (Oxford: Clarendon Press, 1973).

Mellor, R., *Tacitus,* (New York: Routledge, 1993).

Michel, A., *La Philosophie Politique à Rome d' Auguste à Marc Aurele,* (Paris, 1969).

Millar, F., *The Emperor in the Roman World 31 B.C.-A.D. 337,* (New York: Cornell University Press, 1977).

Millar, F. and Segal, E. eds., *Caesar Augustus: Seven Aspect,* (New York: Clarendon Press, 1984).

Momigliano, A., Claudius: *the emperor and his achievement,* (Cambridge: Heffer, 1961).

Murison, C.L., *Galba, Otho and Vitellius: careers and controversies,* (New York: G.Olms Verlag, 1993).

Nicolet, C., *The World of the Citizen in the Republican Rome,* (Berkeley: University of California Press, 1980).

W. Nippel, *Public Order in Ancient Rome,* (Cambridge: Cambridge University Press, 1995).

Pflaum, H.-G., *Les Carrières Procuratoriennes Equestres sous le Haut-Empire Romain, vols. 3,* (Paris: P.Geuthner, 1960-1961).

Picard, G. Ch., *La Civilisation de l'Afrique Romaine,* (Paris: Plon, 1959).

Picard, G. Ch., *Augustus and Nero: the secret empire,* (New York: T.Y.Crowell Co., 1965).

Pistor, H.-H., *Prinzeps und Patriziat in der Zeit von Augustus bis Commodus,* Diss., (Freiburg, 1965).

Platner, S.B. and Ashby, T., *A Topographical Dictionary of Ancient Rome,* (London: Oxford University Press, 1929).

Raaflaub, K.A., and Toher, M., ed., *Betwen Republic and Empire: interpretations of Augustus and his principate,* (Berkeley: University of California Press, 1990).

Rawson, B. ed., *Marriage, Divorce and Children in Ancient Rome,* (Oxford: Oxford University Press, 1991).

Rickman, G., *The Corn Supply of Ancient Rome,* (Oxford: Oxford University Press, 1980).

Rickman, G., *Roman Granaries and Store Buildings,* (Cambridge: Cambridge University Press, 1971).

Rostovtzeff, M.I., *The Social and Economic History of the Roman Empire, 2nd ed.*, (Oxford: Clarendon Press, 1957).

Rude, G., *The Crowd in History: a study of popular disturbances in France and England 1730-1848*, (New York: Wiley, 1964).

Saller, R., *Personal Patronage under the Early Empire*, (Cambridge: Cambridge University Press, 1982).

Schiller, H., *Geschichte des Römischen Kaiserreiches unter der Regierung des Nero*, (Berlin: Weidmann, 1872).

Schumann, G., *Hellenistische und Griechische Elemente in der Regierung Neros*, (Leipzig: Schwarzenberg und Schumann, 1930).

Shelton, J.-A., *As the Romans Did: a source book in Roman social history*, (Oxford: Oxford University Press, 1988).

Sherwin-White, A.N., *The Roman Citizenship, 2nd ed.*, (Oxford: Clarendon Press, 1973).

Sirks, A.J.B., *Food for Rome: the legal structure of the transportation and processing of supplies for the imperial distributions in Rome and Constantinople*, (Amsterdam: J.C.Gieben, 1991).

Stambaugh, J., *The Ancient Roman City*, (Baltimore: Johns Hopkins University Press, 1990).

Starr, C.G., *Civilization and the Caesars*, (New York: Cornell University Press, 1954).

Ste. Croix, G.E.M. de, *The Class Struggle in the Ancient Greek World from the Archaic Age to the Arab Conquests*, (New York: Cornell University Press, 1981).

Sutherland, C.H.V., *The Emperor and the Coinage: Julio-Claudian Studies*, (London: Spink, 1976).

Sutherland, C.H.V., *Roman History and Coinage: 44 BC - AD 69*, (Oxford: Oxford University Press, 1987).

Sydenham, E.A., *Historical References on Coins of the Roman Empire from Augustus to Gallienus,* (London: Spink, 1968).

Sydenham, E.A., *The Coinage of Nero,* (London: Spink, 1920).

Syme, R., *The Roman Revolution,* (London: Oxford University Press, 1966).

Syme, R., *Tacitus, vols 2,* (Oxford: Clarendon Press, 1958).

Syme, R., *Emperors and Biography: studies in 'Historia Augusta',* (Oxford: Clarendon Press, 1971).

Talbert, R.J.A., *The Senate of Imperial Rome,* (Princeton: Princeton University Press, 1984).

Timpe, D., *Untersuchungen zur Kontinuität des Frühen Prinzipats, Historia Einzelschriften,* (1962)

Toynbee, A.J., *Hannibal's Legacy: the Hannibalic War's effects on Roman life,* (London: Oxford University Press, 1965).

Treggiari, S., *Roman Freedmen during the Late Republic,* (Oxford: Clarendon Press, 1969).

Veyne, P., *Bread and Circuses: historical sociology and political pluralism,* (London: The Penguin Press, 1990).

Virlouvet, C., *Famines and Émeutes à Rome des Origines de la République a la Mort de Néron,* (Rome: École française de Rome, 1985).

Wallace-Hadrill, A., *Suetonius: the scholar and his caesars,* (London: Duckworth, 1983).

Wallace-Hadrill, A., ed., *Patronage in Ancient Society,* (London: Routledge, 1990).

Walter, G., *Nero, Emperor of Rome,* (London: Allen and Unwin, 1957).

Waltzing, J.P., *Étude historique sur les Corporations Professionelles chez les Romains depuis les origines jusqu'à la Chute de l'Empire d'Occident,* (Bruxelles: F.Hayez, 1895-1896).

Wardman, A., *Rome's Debt to Greece,* (London: P.Elek, 1976).

Warmington, B.H., *Nero: Reality and Legend,* (New York, 1969).

Warmington, B.H., *Suetonius, Nero,* (Bristol: Bristol Classical Press, 1977).

Weaver, P.R.C., *Familia Caesaris: a social study of the emperor's freedmen and slaves,* (Cambridge: Cambridge University Press, 1972).

Wellesley, K., *The Long Year AD 69,* (London: Westview Press, 1976).

Westermann, W.L., *The Slave Systems of Greek and Roman Antiquity,* (Philadelphia: American Philosophical Society, 1955).

Wiedemann, T., *Emperors and Gladiators,* (London: Routledge, 1992).

Wirszubski, M.A., *Libertas as a Political Idea at Rome*, (Cambridge: Cambridge University Press, 1950).

Yavetz, Z., *Plebs and Princeps,* (Londin: Oxford University Press, 1969).

허승일, 『증보 로마공화정연구』, (서울대학교 출판부, 1995).


(2) 논 문

Anderson, J.G.C., "Trajan on the quinquennium Neronis", *JRS,* vol. 1, (1911), p.176ff.

Baldwin, B., "Executions, Trials, and Punishment in the Reign of Nero", *La Parola del Passato,* vol.22, (1967).

Baldwin, B., "Seneca's Potentia", *CP,* vol. 65,(1970), pp.187-188.

Bishop, J.D., "Dating in Tacitus by moonless nights", *CP,* vol. 55, (1960), pp.164-170ff.

Bradley, K.R., "A Publica Fames in A.D. 68", *AJP,* vol. 93, (1972), pp.451-458ff.

Brunt, P.A., "The Revolt of Vindex and the Fall of Nero", *Latomus* vol. 18, (1959), pp.531-559ff.

Brunt, P.A., "Lex Valeria Cornelia", *JRS,* vol. 51, (1961), pp.71-83ff.

Brunt, P.A., "Amicitia in the late Roman Republic", *PCPS,* vol. 9, (1965), p.1ff.

Brunt, P.A., "The Roman Mob", *P&P,* vol. 35, (1966), p.17ff.

Brunt, P.A., "The Fiscus and its Development", *JRS* vol. 56, (1966),pp.75-91.

Brunt, P.A., "Free Labor and public works at Rome", *JRS* vol. 70, (1980), p.81-100ff.

Calza, G., "Il Piazzale delle Corporazioni e la Funzione Commerciale di Ostia",
  *Bullettino della Commissione Archeologica Communale in Roma*, vol. 43
  (1915), pp.178-206ff.

Casson, L., "Speed under Sail of Ancient Ships", *TPAP*, vol. 82, (1951), p.145ff.

Charlesworth, M.P., "Nero: Some Aspects", *JRS* vol. 40, (1950), pp.69-76ff.

Chilver, G.E.F., "Princeps and Frumentationes", *AJP*, vol. 70, (1949), p.12ff.

Chilver, G.E.F., "The Army in the Politics", *JRS* vol. 47, (1957), p.29ff.

Ferrill, A., "Seneca's Exile and the ad Helviam: A Reinterpretation",*CP*, vol. 61,
  (1966), p.254ff.

Flambard, J.M., "Clodius, les Collèges, la Plèbe et les Esclaves" *Mélanges d'
  Archéologie et d' Histoire de l' École Française de Rome*, vol. 89, (1977),
  pp.115-156ff.

Frank, T., "The Financial Crisis of AD33", *AJP*, vol. 56, (1935), pp.336-341ff.

Gage, J., "Vespasien et la Mémoire de Galba", *REA*, vol. 54, (1952), p.290ff.

Gallivan, P.A., "Nero's Liberation of Greece", *Hermes* vol. 102, (1973), pp.230-34ff.

Gallotta, B., "L' Africa e i Rifornimenti di Cereali all' Italia durante il Principato
  di Nerone", *Rendiconti Classe di lettere e Scienze Morali e Storiche* vol. 109,
  (1975), pp.28-46ff.

Gapp, K.S., "The Universal Famine under Claudius", *The Harvard Theological
  Review*, vol. 28, (1935), pp.258-265ff.

Ginsburg, J.R., "Nero's Consular Policy", *AJAH,* vol. 1, (1981), p.55ff.

Graham, A.J., "The Limitations of Prosopography in Roman Imperial History",
  *ANRW*, II, 1, p.138ff.

Hainsworth, J.B., "Verginius and Vindex", *Historia* vol. 11, (1962), p.87ff.

Hainsworth, J.B., "The Starting-Point of Tacitus' Historiae: Fear or Favour by

Omission", *G&R,* vol. 11, (1964), p.134ff.

Hammond, M., "The Transmission of the Powers of the Roman Emperor from the Death of Nero in A.D. 68 to that of Alexander Severus in A.D. 235", *MAAR,* vol. 24, (1956), p.63ff.

Hammand, M., "Composition of the Senate, A.D. 68-235", *JRS* vol.47, (1957), p.77ff.

Harris, W., "Literacy and Epigraphy I", *ZPE,* vol. 82,(1983), pp.87-111ff.

Hill, H., "Nobilitas in the Imperial Period", *Historia* vol. 18, (1969), pp.230-250ff.

Hind, J.G.F., "the Middle Year of Nero' s Reign", *Historia* vol. 20, (1971), pp.488-505ff.

Keitel, E., "Principate and Civil War in the Annals of Tacitus", *AJP,* vol. 105, (1984), pp.306-325ff.

Kraay, C.M., "The Coinage of Vindex and Galba, AD 68, and the Continuity of the Augustan Principate", *NCRS,* vol. 9, (1949), p.129ff.

La Piana, "Foreign Groups in Rome during the First Centuries of the Empire" *Harvard Theological Review,* vol. 20, (1927), pp.183-403ff.

Lepper, F.A., "Some Reflections on the 'Quinquennium Neronis' ", *JRS* vol.47, (1957), p.102ff.

Levick, B., "L. Verginius Rufus and the Four Emperor", *RM,* vol. 128, (1985), p.330ff.

Lo Cascio, E., "The Size of the Roman Population: Beloch and the Meaning of the Augustan census figures", *JRS* vol. 84, (1994), p.27ff.

Manning, C.E., "Acting and Nero' s Conception of the Principate",*G&Rome,* vol. 22, (1975), p.171ff.

McAlindon, D., "Senatorial Opposition to Claudius and Nero", *AJP,* vol. 77, (1956), p.113ff.

McAlindon, D., "Claudius and the Senators", *AJP,* vol. 78, (1957), pp.279-286ff.

Martin, S., "Images of Power: the imperial Senate", *JRS,* vol. 75, (1985), p.222ff.

Mattingly, H., "Verginius at Lugdunum", *NCRS,* vol. 14, (1954), p.349ff.

Millar, F., "The Fiscus in the first two Centuries", *JRS* vol. 53, (1963), p.29ff.

Mirmont, H. de la Ville de, "C. Calpurnius Piso et la Conspiration de l' An 818/65", *REA,* vol. 15, (1913), p.420ff.

Morford, M., "Nero' s Patronage and Participation in Literature and the Arts", *ANRW* II, 2, (1985), pp.2003-2031ff.

Murray, O., "the 'Quinquenium Neronis' and the Stoics", *Historia* vol. 14, (1965), pp.41-61ff.

Packer, V.E., "Housing and Population in the Imperial Ostia and Rome", *JRS* vol. 57, (1967), pp. 80-89ff.

Picard, G.C., "Neron et Blé d' Afrique", *Les Cahiers de Tunisie,* vol. 14, (1956), p.163ff.

Ramage, E.S. "Denigration of Predecessor under Claudius, Galba and Vespasian", *Historia,* vol.32, 91983), pp.201-214ff.

Rathbone, D.W., "The Slave Mode of Production", *JRS,* vol. 73, (1983), pp.160-168ff.

Rogers, R.S., "A Tacitean Pattern in Narrating Treason-Trials" ,*TPAP*, vol. 83, (1952), pp.279-311ff.

Rogers, R.S., "Heirs and Rivals to Nero", *TPAP*, vol. 86, (1955), pp.190-212ff.

Rogers, R.S., "Treason in the Early Empire", *JRS* 49, 1959, 90-94 ff.

Rogers, R.S., "The Emperor' s Displeasure - Amicitiam Renuntiare", *TPAP*, vol. 90, (1959), pp.224-237ff.

Roper, T.K., "Nero, Seneca and Tigellinus", *Historia* vol. 28, (1979), pp.346-357ff.

Rostovtzeff, M.I., "Römische Bleitesserae", *Klio* vol. 3, (1905), p.52ff.

Rostovtzeff, "frumentum", in *RE*, vol. 7, cols. 177-178.

Rowland, R.J. Jr., "Nero' s Consular Colleagues: a Note", *AJAH* vol. 1, (1976), p.190ff.

Rugé, J., "La Navigtion Hivernale sous l' Empire Romain", *REA*, vol. 54,

(1952), p.316ff.

Saller, R., "Anecdotes as Historical Evidence for the Principate", *G&R*, vol. 27, (1980), pp.69-83ff.

Saller, R., "Martial on Patronage and literature", *CQ*, vol. 33, (1983), pp.246-257ff.

Shelton, J.A., *CP*, vol. 90, (1995), p.296ff.

Shotter, D.C.A., "A Time-Table for the 'Bellum Neronis'", *Historia*, vol. 24, (1975), p.69ff.

Shotter, D.C.A., "Tacitus and Verginius Rufus", *CQ*, vol. 17, (1967), p.375ff.

Shotter, D.C.A., "The Starting-dates of Tacitus' Historical Works", *CQ*, vol. 17, (1967), p.161ff.

Ste. Croix, G. E. M. de, "Suffragium: from Vote to Patronage", *British Journal of Sociology* vol. 5, (19540, pp.33-48ff.

Stewart, Z., "Sejanus, Gaetulicus and Seneca", *AJP*, vol. 74(1953), p.70ff.

Syme, R., "Partisans of Galba ", *Historia* vol.31 (1982), pp.460-483ff.

Thornton, M.K., "The Enigma of Nero' s Quinquennium", *Historia*, vol. 22, (1973), pp.570-582ff.

Thornton, M.K., "The Augustan Tradition and Neronian Economics", in *ANRW*, II.2, (1975), pp.153-169ff.

Thornton, M.K., "Julio-Claudian Building Programs: Eat, Drink, and Be Merry", *Historia*, vol. 35, (1986), 28-44 ff.

Thornton, M.K., "Nero' s Quinquennium: the Ostian Connection", *Historia*, vol. 38, (1989), pp.117-119ff.

Thornton, M.K. and Thornton, R.L., "Manpower Needs for the Public Works Programs of the Julio-Claudian Emperors", *Journal of Economic History*, vol. 43, (1983), pp.373-378ff.

Townend, G.B., "The Reputation of Verginius Rufus", *Latomus* vol. 20, (1961), p.337ff.

Townend, G.B., "Calpurnius Siculus and the Munus Neronis", *JRS*, vol. 70, (1980), pp.169-171ff.

Turner, E.G., "Tiverius Iulius Alexander", *JRS* vol. 4, (1954), pp.54-64ff.

Wallace-Hadrill, A., "The Emperor and his Virtues", *Historia*, vol.30(1981), p.298ff.

Wallace-Hadrill, A., "Civilis Princeps: Between Citizen and King" ,*JRS*, vol. 72, (1982), pp.32-48ff.

Wallace-Hadrill, A., "Image and Authority in the Coinage of Augustus", *JRS*, vol. 76, (1986), pp.66-87ff.

Wankenne, "Encore et Toujours Néron", *L' Antiquité Classique* vol. 53, (1984), pp.249-265ff.

Waters, K.H., "The Second Dynasty of Rome", *Phoenix* vol. 17, (1963), pp.198ff.

Wellesley, K., "A Major Crux in Tacitus: Histories II, 40", *JRS*, vol. 61, (1971), pp.28-51ff.

West, L.C., "Imperial Publicity on Coins of the Roman Emperors", *The CJ*, vol. 45, (1949-50), pp.19-26ff.

White, P., "Amicitia and the Profession of Poetry in Early Imperial Rome", *JRS*, vol. 68, (1978), pp.74-92ff.

Yavetz, Z., "The Living Conditions of the Urban Plebs in Republican Rome", *Latomus* vol. 17, (1958), p.500ff.

김덕수, 「아우구스투스의 프린키파투스의 형성 과정에 관한 연구」, 서울대학교 대학원 박사학위논문, 1996.

안희돈, 「로마황제 베스파시아누스의 임페리움에 관한 법(A.D. 69)」, 『역사교육』, 제 54집,(1993), pp.119-121ff.

안희돈, 「아우구스투스의 곡물평민(plebs frumentaria)」, 『역사학보』, 제174집, (2002), pp.201-227ff.

차전환, 「로마 공화정말 제정 초기의 colonus와 소작제의 기원」, 『역사교육』 제 63집, (1997), pp.125-160ff.

# 찾아보기

고대인의 인명의 경우 널리 알려진 이름과 본문에서 사용된 이름은 그대로 정리하였다. ex) 소플리니우스(C. Plinius Caecilius Secundus), 빈덱스(C. Iulius Vindex). 그 이외의 인물명은 3개의 이름이 모두 알려진 경우에는 개인명(praenomen)을 제외하고 씨족명(nomen)과 가문명(cognomen)을 이용하여 정리하였다. ex) 플라비우스 사비누스(T. Flavius Sabinus)

가비니우스법(leges Gabiniae) 191

가이우스황제 66 69 199

갈바황제 222 224 226 235 243

게르마니아지역 군단 238

게르마니쿠스(Nero Claudius Germanicus) 112

겔쩌(M. Gelzer) 88

고발인(delatores) 81

곡물공급감독(cura annonae) 174

곡물공급관(praefectus annonae) 174 208 211

곡물공급정책 178 196

곡물배급제도(frumentationes) 176 179 193 196

곡물배급관(praefecti frumenti dandi) 174

곡물창고(horrea) 193

곡물평민(plebs frumentaria) 179 184

공동주택(insula) 180 201

공동통치제(Doppelprinzipat) 60

공화정귀족 89 90

국고(aerarium) 176 255

국부(pater patriae) 110

궁정(aula) 73

권위(auctoritas) 113 126 180

권한(potestas) 113

기근(fames) 186

기원전 111년 농지법 206

네로황제 95 115

　거상(colossus) 168

　건축계획 153

　그리스여행 134, 140

　기독교도 박해 162

　네로의 농장(saltus Neronianus) 206

　네로의 5년(quinquennium Neronis) 36-43
　　132 165

　네로의 전쟁(bellum Neronis) 216 224

　네로의 축제(Neronia) 132 134

　도시건물양식에 대한 네로의 법(lex Neronis
　　de modo aedificiorum urbis) 164

　문화의 보호자 124 132

연결궁전(domus transitoria) 157
재정운영 142
주화 133 154 156 209
피호제 135
황금궁전(domus aurea) 157 165
노빌리타스(nobilitas) 88
노플리니우스(C. Plinius Secundus) 26 206
님피디우스 사비누스(Nymphidius Sabinus) 250

대역죄(crimen maiestatis) 78
데모스(demos) 188
데모테스(demotes) 188
도미티아누스황제 53 195
도미티아 레피다(Domitia Lepida) 206
동업조합(collegia) 192

렉스(rex) 80
로마군단 237
로마시 곡물위기 211
로마시 대화재 157
로마시 인구문제 201
로마시장관(praefectus urbi) 180
로마시행정구역(regiones) 180
로마평민(plebs romana) 107 114
로스토프체프(M.I. Rostovtzeff) 108
루디(ludi) 130
루벨리우스 블란두스(Rubellius Blandus) 206

루벨리우스 플라우투스(Rubellius Plautus) 97
128
루카누스(M. Annaeus Lucanus) 45 82 128
129 151
르낭(E. Renan) 23
리키니우스 크라수스 가문 99
리키니우스 크라수스 프루기(M. Licinius
Crassus Frugi) 90 99

마르스의 광장(Campus Martius) 155 158 195
마르켈루스(Marcellus)(아우구스투스의 조카)
59
마르티알리스(Valerius Martialis) 154 170
마이케나스(C. Maecenas) 59
마케르(Clodius Macer)(제정초기) 215 251
메미우스 레굴루스(C. Memmius Regulus) 92 100
메살리나(Valeria Messallina)(클라우디우스황
제의 아내) 44
멜라(Annaeus Mela) 46 82
몸젠(T. Mommsen) 223
무네라(munera) 130
미누키우스의 주랑(porticus Minucia) 195

바그라다스강 205 207
바레아 소라누스(Barea Soranus) 103
발렌스(Fabius Valens) 239
배급표(tesserae) 194

배우황제 115

베르기니우스 루푸스(L. Verginius Rufus) 93
94 228 234 236

베손티오전투 228 233 242

베스파시아누스황제 67 91 137 170 208

벨레이우스 파테르쿨루스(Velleius Paterculus)
61 150 253

보궐콘술(consul sufectus) 93

부디카(Boudicca)의 반란 95

브런트(P. A. Brunt) 147

부루스(Sextus Afranius Burrus) 82

브리타니쿠스(Ti. Claudius Caesar Britannicus)
50 114

비니키아누스의 음모 102

비상대권(imperium extraordinarium) 191

비코마기스트리(vicomagistri) 180

비쿠스(vicus) 180

비텔리우스가문 90

비텔리우스황제 118

빈덱스(C. Iulius Vindex) 140 216 221


사임(R. Syme) 90 126 229

사치(luxuria) 144

살루스티우스(C. Sallustius Crispus) 181

선행(beneficia) 111 125

세네카(Lucius Annaeus Seneca) 47 85
『서한집』 83 94

『선행론』 83 111 125

『자비론』 75 76 85 112 152

세네카써클 81

세레누스(Annaeus Serenus) 45

세르키우스(L. Sercius) 190

섹스투스 폼페이우스(Sextus Pompeius) 193 213

센키비치 22

소아그리피나(Julia Agrippina) 92 114 217

소카토(Porcius Cato) 82 188

소플리니우스(C. Plinius Caecilius Secundus)
229

속주센서스 202

수사학 29

수에토니우스(C. Suetonius Tranquillus) 33
『황제전기』
'가이우스' 편 66 193
'네로' 편 52 86 102 103 118 125 140
153 166 170 212 243 256
'비텔리우스' 편 119
'카이사르' 편 179
'클라우디우스' 편 70 175
'티베리우스' 편 63

수에토니우스 파울리누스(C. Suetonius
Paulinus) 92 95

술라 펠릭스(Cornelius Sulla Felix) 49

스크리보니아(Scribonia)(아우구스투스의 아
내) 99

스크리보니아누스(Camilus Scribonianus) 237
스크리보니우스 형제(P. Sulpicius Scribonius
Proculus, P. Sulpicius Scribonius Rufus)
  101 222 228
스타티우스(P. Papius Statius) 54
스트라보 182
스푸리우스 마일리우스(Spurius Maelius) 187
시민의 관(corona civica) 65
시빌라(sibylla)의 신탁 160
신성가도(Via Sacra) 154 168
신인(novus homo) 88
실라니우스의 원로원결의(Senatus Consultum
  Silanianum) 121
실바누스 아일리아누스(Plautius Silvanus
  Aelianus) 95

아그리콜라(Cn. Julius Agricola) 34
아그리파(유대국왕) 200
아니우스 비니키아누스(Annius Vinicianus) 97
아르발 형제단(Fratres Arvales) 102
아우구스투스(Augustus) 110
아우구스티아니(Augustiani) 132
아우렐리우스 빅토르(Sextus Aurelius Victor)
  37 201
아카이아속주 138
아텔라나(atellana) 118
아폴로니우스(Apollonius of Tyana) 223

아프리카속주 197 207
안노나(annona) 174
안토니우스(M. Antonius) 192
알렉산더(Ti. Julius Alexander)(이집트태수) 225
야베츠(Z. Yavetz) 108
『업적록』(Res Gestae Divi Augusti) 126 130
  143 148 150 202
오비디우스(P. Ovidius Naso) 127
오스티아 항구 155 178 199
오토(Otho)황제 226
『옥타비아』 50 151 152
요세푸스(Flavius Josephus) 200
『요한게시록』 23
우정(amicitia) 75 125 129
원로원 72 94 98
원병(Hifstruppen) 246
원수정(Principatus) 14 151
위엄(dignitas) 116
유니우스 갈리오(Annaeus Junius Gallio) 45 82
유니우스 마룰루스(Q. Junius Marullus) 51
유니우스법에 의한 라틴인(latini Iuniani) 185
유니우스 실라누스(M. Junius Silanus) 89
유니우스 실라누스 가문 97
유대인 137 160
유베날리스(D. Junius Juvenalis) 106
유베날리아축제 132
율리우스-클라우디우스 왕조 108 151

이집트속주 197

인민적 친근성(levitas popularis) 56 109 136

일리리쿰지역 군단 244

일화(anecdotes) 31


자유(libertas) 223

자치시(municipium) 182

자치주화(autonomous coins) 254

재센서스(recensus) 179 184

적크리스트(antichrist) 23

절교선언(amicitiam renuntiare) 78

정규콘술(consul ordinarius) 87

정치이념논쟁 79

제정귀족 88

조합광장(Piazzale delle Corporazioni) 173 119

집단전기학(prosopography) 74 96

징세청부업자(publicanii) 206 209


출신증명(origo) 182

친위대 70


카르타고 205

카시우스 디오(Cassius Dio Cocceianus) 59 62
　　63 66 67 70 71 74 86 104 107 136 138
　　183 220 231 233 250

카시우스 론기누스(C. Cassius Longinus) 122

카이사르(C. Julius Caesar) 95 113 180

카이세니우스 파이투스(L. Caesennius Paetus)
　　90 93

칼푸르니우스써클 84

칼푸르니우스 피소(C. Calpurnius Piso) 84 98

칼푸르니우스 피소의 음모 100 120

코르넬리우스 돌라벨라(P. Cornelius
Dolabella) 190

코르두스(Cremutius Cordus) 127

코르불로(Gn. Domitius Corbulo) 34 95 101 154

코린트 134 137 139

코모두스황제 209

콜루멜라(L. Junius Moderatus Columella) 82

『쿠오바디스』 20

크리스피닐라(Calvia Crispinilla) 252

클라우디우스황제 95 96 154

클로디우스(P. Clodius Pulcher)(공화정말기)
　　187 190

클루비우스 루푸스(Cluvius Rufus) 26 159

키케로(M. Tullius Cicero)
　　『아티쿠스에게 보내는 편지』 117 192
　　『필리피카의연설』 113 189

킨키나투스(Cincinnatus) 188


타키투스 27
　　『역사』 148 212 219 220 227 231 245 246
　　248 249 251 252 257
　　『연대기』 25 52 64 65 67 71 72 77 80 84

87 97 98 101 120 121 122 129
162 165 198 211
『아그리콜라전기』 81
타키투스주의 28
뛰라누스(tyrannus) 80
트라시아써클 83
트라시아 파이투스(P. Clodius Thrasea Paetus)
103 128
트라야누스황제 53
트레벨리우스 막시무스(Trebellius Maximus)
46
트로이축제(ludus Troianus) 132
티겔리누스(C. Ofonius Tigellinus) 43
티리다테스(Tiridates) 103 134
티베리우스황제 63 106 111 150

파비우스 루스티쿠스(Fabius Rusticus) 27 82
파이니우스 루푸스(Faenius Rufus) 45 210
파피우스 포파이우스 법(lex Papia Poppaea)
178
팔라스(Pallas) 177
페다니우스 세쿤두스(Pedanius Secundus) 121
페르시우스(Persius Flaccus) 85 128
페리오도니케스(periodonikes) 136
페트로니우스(Petronius Arbiter) 128
페트로니우스 니게르(T. Petronius Niger) 94
페트로니우스 투르필리아누스(P. Petronius

Turpilianus) 90 92 235 249
포풀루스(populus) 188
폰테이우스 카피토(Fonteius Capito) 93 235
241
폼페이우스(Cn. Pompeius Magnus) 191
폼페이우스 파울리누스(Pompeius Paulinus) 45
플라비우스(Flavius) 가문 26 90
플라비우스 사비누스(T. Flavius Sabinus) 91
플라우티아 우르굴라닐라(Plautia Urgulanilla)
96
플라우티우스(Plautius) 가문 96
플라우티우스 라테르누스(Plautius Laternus)
97
플렙스(plebs) 188
플루타르쿠스(L. Mestrius Plutarchus) 219 224
228 234 235 236 247 250 253
피호제 71 123 125 126
필로스트라투스(Philostratus) 156

하사품(congiaria) 142
헬비디우스 프리스쿠스(Helvidius Priscus) 83
호민관의 권한(tribunicia potestas) 110
황제건축가 150
황제금고(fiscus) 149 176
황제의 친구들(amici principis) 74 87 129
황제의 협의회(consilium principis) 76
후사(liberalitas) 55 111 148

## 네로시대 연표

기원후

| | |
|---|---|
| 37년 | 12월 15일, 네로가 출생하다.(본명은 루키우스 도미티우스 아헤노바르부스) |
| 39년 | 네로의 어머니 아그리피나가 추방되다. |
| | 네로가 고모인 도미티아 레피다의 집에서 자라다. |
| 40년 | 네로의 아버지인 그나이우스 도미티우스 아헤노바르부스가 죽다. |
| 41년 | 클라우디우스가 칼리굴라의 뒤를 이어 황제가 되다. |
| | 아그리피나가 추방지에서 돌아오다. |
| 48년 | 클라우디우스의 아내인 메살리나가 죽다. |
| 49년 | 클라우디우스가 아그리피나와 혼인하다. |
| | 세네카가 네로의 가정교사가 되다. |
| | 네로가 클라우디우스의 딸인 옥타비아와 약혼하다. |
| 50년 | 네로가 클라우디우스의 아들로 입양되다. |
| 51년 | 네로가 성인의 토가를 입다. |
| 53년 | 네로가 옥타비아와 혼인하다. |
| | 네로가 첫 번째 대중연설을 하다. |
| 54년 | 10월 12일 네로가 클라우디우스의 뒤를 이어 황제가 되다. |
| | 아르메니아 전쟁이 시작되다. |
| 55년 | 클라우디우스의 아들 브리타니쿠스가 죽다. |
| | 코르불로가 동부 지역 군사령관이 되다. |
| 59년 | 아그리피나가 죽다. |
| | 유베날리아 축제가 열리다. |
| 60년 | 브리튼 섬의 반란이 일어나다. |
| | 네로의 축제가 열리다. |

| 62년 | 친위대장이던 부루스가 죽다. |
|---|---|
| | 티겔리누스와 파이니우스 루푸스가 함께 그의 뒤를 이어 친위대장이 되다. |
| | 옥타비아가 네로에게 이혼당한 후 살해 당하다. |
| | 네로가 포파이아와 혼인하다. |
| | 파이투스가 란데이아에서 파르티아인들에게 항복하다. |
| 63년 | 네로의 딸 클라우디아가 태어났지만 곧 죽다. |
| 64년 | 로마에 대화재가 일어나다. |
| | 네로가 기독교도를 박해하다. |
| | 황금궁전 건축이 시작되다. |
| 65년 | 피소의 음모가 발생하다. |
| | 세네카와 루카누스가 죽다. |
| | 님피디우스 사비누스가 티겔리누스와 함께 친위대장직에 오르다. |
| | 포파이아가 죽다. |
| 66년 | 페트로니우스, 트라시아 파이투스 그리고 바레아 소라누스가 죽다. |
| | 네로가 스타틸리아 메살리나와 혼인하다. |
| | 유대인 반란이 시작되다. |
| | 아르메니아의 티리다테스가 로마를 방문하다. |
| | 비니키아누스의 음모가 발생하다. |
| | 네로가 그리스여행을 시작하다. |
| 67년 | 코르불로가 죽다. |
| | 네로가 그리스 축제에 참가하여 그리스의 해방을 선언하다. |
| 68년 | 갈바가 스페인에서 자신이 원로원과 로마인민의 대표자임을 선언하다. |
| | 베르기니우스 루푸스가 베손티오에서 빈덱스를 격파하다. |
| | 빈덱스가 죽다. |
| | 6월 9일, 네로가 죽다. |